KB·MA BEVERAGE MASTER

개정6판

NCS 국가직무능력표준
National Competency Standard

You will become a Good Barista!

바리스타 자격증
쉽게 따기

커피 이론·문제·해설/바리스타 자격증/카페메뉴마스터

KBMA (사)한국베버리지마스터협회 공식 도서

KABA 한국바텐더협회 공식 도서

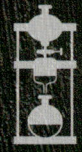

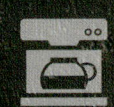

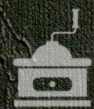

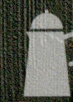

베버리지출판사

You will become a Good Barista!
바리스타 자격증 쉽게 따기

(사)한국베버리지마스터협회 출판위원회
이석현 · 김상진 · 김선일 · 김종규 · 김학재 · 김홍일
박근도 · 양웅식 · 이정주 · 이재숙 · 조영현 · 지계웅
[감수] 이정기

2015년 2월 28일 초판 발행
2025년 2월 17일 개정6판 발행

발행인 | 이석현
발행처 | 베버리지출판사
　　　　서울특별시 동작구 사당로30길 133
　　　　TEL. 02.581.2911
　　　　www.bartender.or.kr

ISBN 979-11-959063-7-6 13570

Copyright © 2025, 2015 KBMA(Korea Beveravege Masters Association) and Editors made this Book
온·오프라인상의 무단 사용을 금합니다.

이 책의 저작권은 베버리지출판사와 저자들 및 에디터에게 있습니다.
이 책은 디자인소리가 기획 · 편집하였습니다.
이 책은 Adobe CC 라이선스로 제작되었습니다.
이 책의 글꼴은 산돌 라이선스로 제작되었습니다.
이 책의 이미지 저작권은 디자인소리와 제공자에게 있고, 일부 이미지 저작권은 (주)엔파인과의 계약에 의해 (주)엔파인에 있습니다.

가격 30,000원

바리스타 자격증 쉽게 따기

You will become a Good Barista!

You will become a Good Barista!

Preface

　1998년 창립이래 우리나라 음료문화 발전을 위해 심혈을 기울여 온 (사)한국베버리지마스터협회가 현장에서 근무하는 최고의 바리스타들과 대학에서 학생들을 지도하는 교수들, 그리고 각 분야 최고 전문가들과 함께 바리스타 양성과 자격증 취득을 위한 교재를 준비하여 출판하게 되었습니다.

　이 책은 커피 관련 공부를 좀더 쉽고 재미있게 하고 자격증 취득을 쉽게 하며, 나아가 최고의 커피 전문가가 될 수 있도록 하기 위한 노력으로, 조주기능사 쉽게 따기 및 소믈리에 자격증 쉽게 따기와 함께 최초로 시도되는 음료 관련 자격증 교재입니다.

　특히 이번 개정을 통하여 커피 원두 선택과 커피 기계 운용 파트를 국가직무능력표준(NCS)에 의거하여 새롭게 개편하여 일선 교육현장에서도 손쉽게 교육 및 실습에 활용할 수 있게 하였고, 바리스타를 꿈꾸는 이들과 커피를 사랑하고 배우고자 하는 이들에게 최고의 교재가 될 것이라는 자부심을 갖고 있습니다.

　부족한 점은 보완하고 개정하여 더욱 좋은 교재로 발전시켜 나갈 것을 약속드리며, 이 책이 나오기까지 도와주신 모든 분들과 가족들에게 감사의 인사를 전합니다.

You will become a Good Barista!

저자 일동

Contents

Part 1. 커피의 기원과 역사

1. 커피의 발견과 기원 — 17
  1) 칼디의 전설 — 17
  2) 오마르의 전설 — 17
  3) 커피, 바다를 건너다 — 18

2. 커피의 역사 — 19
  1) 재배지의 확산 — 19
  2) 음용문화의 전파 — 21
  3) 우리나라의 커피역사 — 22

3. 커피의 어원 — 25

  기출문제 커피의 역사 — 26

Part 2. 커피 원두 선택 [NCS]

학습 1_ 커피 원두 종류와 배합 비율(블렌딩) 선택하기   33

    1.1 아라비카종과 로부스타종의 특징   33
        1 아라비카종의 특징   33
        2 로부스타종의 특징   34
        3 아라비카와 로부스타의 차이   35
        4 원두의 산지별 종류 및 특징   36
        5 커피의 재배와 가공   40
        6 그린커피의 보관 및 명칭   48
        7 커피 산지   56

    기출문제 커피 원두 선택(산지)   89

        8 블렌딩Blending   101
        9 커핑Cupping   106

    기출문제 커피 원두 선택(블렌딩)   116

학습 2_ 커피 원두 볶음 정도(로스팅) 선택하기   120

    2.2 원두 로스팅 단계   120
        1 로스팅이란   120
        2 로스팅 방식   121
        3 로스팅 과정   123
        4 커피 원두 로스팅 단계(볶음정도) 선택하기   125

    2.3 커피 볶음도 - 강도와 향미 특성   127
        1 커피 볶음도 - 강도와 향미 특성   127
        2 산지별 커피콩의 특징   128

학습 3_ 커피 원두 숙성 정도 선택하기   134

    3.1 로스팅 후 그린커피의 변화   132
        1 로스팅 후 그린커피의 변화   134

② 볶은 커피의 CO_2방출과 잔존량 — 136

3.2 추출의 개념과 CO_2 잔존량에 따른 추출의 변화 — 137
① 추출의 개념 — 137
② CO_2잔존량에 따른 추출의 변화와 차이 — 138

학습 4_ 커피 원두 평가하기 — 143

4.1 에스프레소 추출과 크레마 — 143
① 에스프레소 추출 — 143
② 크레마 — 144

4.2 드립커피 추출의 원리와 방법 — 145
① 드립 커피 추출의 원리와 방법 — 145
② 드립 시 부풀림의 원인과 상태 — 146
③ 커피의 신선도와 산패도 판별법 — 146

기출문제 커피 원두 선택(로스팅) — 152

Part 3. 커피 기계 운용 [NCS]

학습 1_ 커피기계 설정하기 — 161

1.1 커피기계 설정 — 161
① 에스프레소 추출 머신 — 161
② 에스프레소 머신의 구조 — 164
③ 에스프레소 머신의 온도 설정 — 167

학습 2_ 커피기계 상태 확인하기 — 171

2.1 커피기계 상태 확인 — 171
① 에스프레소 머신 기본 점검 — 171
② 에스프레소 운용 — 172

학습 3_ 소모품 교체하기 　　　　　　　　　　　　　176

3.1 커피기계의 소모품 교체 　　　　　　　　　　　　176
- 그룹 개스킷Group Gasket 　　　　　　　　　　　176
- 스팀완드스팀노즐 　　　　　　　　　　　　　177
- 샤워 필터 　　　　　　　　　　　　　　　　177
- 추출 필터 　　　　　　　　　　　　　　　　177
- 정수기 필터 　　　　　　　　　　　　　　　177

학습 4_ 커피기계 세척하기 　　　　　　　　　　　　　180

4.1 커피기계 부품 세척하기 　　　　　　　　　　　180
1. 에스프레소머신 세척기법 　　　　　　　　　180
2. 에스프레소 머신 매일 마감 청소: 백플러싱 　180
3. 에스프레소 머신 주 단위 청소 　　　　　　182

기출문제 커피 기계 운용 　　　　　　　　　　　　185

Part 4. 커피 그라인더 운용

1. 커피의 분쇄 　　　　　　　　　　　　　　　　　195
1) 분쇄의 종류 　　　　　　　　　　　　　　　196
2) 커피 사용량 조절 　　　　　　　　　　　　196

2. 커피 그라인더 작동하기 　　　　　　　　　　　　197
1) 감각적 분쇄도 세팅 　　　　　　　　　　　197
2) 정밀 분쇄도 세팅 　　　　　　　　　　　　198

3. 커피 그라인더 청소하기 　　　　　　　　　　　　199

기출문제 커피 그라인더의 운용 　　　　　　　　　　200

Part 5. 커피 추출

1. 추출   207
    1) 추출의 의미   207
    2) 추출의 과정   207
    3) 추출의 종류   207
    4) 좋은 커피를 위한 조건   208
    5) 커피의 보관   208
    6) 물의 종류와 조건   209
    7) 커피의 추출시간   209

2. 에스프레소 추출하기   210
    1) 에스프레소 추출 동작   210
    2) 에스프레소 추출 동작의 이해   213

3. 드립   216
    1) 드립과 에스프레소   216
    2) 드립의 도구   216
    3) 드립의 자세 및 물줄기   218
    4) 준비도구 및 준비과정   219
    5) 뜸(적셔주기)   219
    6) 추출방법   221
    7) 추출 시 발생하는 문제점   223

4. 사이폰 추출하기   224

5. 콜드 워터 브루잉(더치 추출)   225

6. 이브릭 추출하기   226

기출문제   커피 추출   227

Part 6. 커피음료 우유 포밍

1. 우유   239
    1) 우유의 성분   239
    2) 우유 살균법   239
    3) 온도의 변화   239

2. 커피 음료용 우유 거품내기   240
    1) 우유 스티밍의 정의   240
    2) 우유 거품내기   240
    3) 공기주입   240
    4) 혼합과 안정화   241
    5) 스팀노즐의 위치   241
    6) 잘못된 동작   241
    7) 거품의 크기와 온도에 따른 맛의 변화   242

3. 커피 스팀노즐 관리하기   242

기출문제 커피 음료 우유 포밍   243

Part 7. 에스프레소 커피음료 제조

1. 에스프레소 잔   249

2. 에스프레소 음료 만들기   251

3. 응용 에스프레소 커피음료 만들기 · 252
- 1) Hot Menu · 252
- 2) Cold Menu · 258
- 3) Beverage Menu · 261

4. 라떼아트 만들기 · 268
- 1) 라떼아트 Latte Art · 268
- 2) 우유거품과 크레마의 관계 · 271
- 3) 그리기 과정 · 271
- 4) 디자인의 이해와 방법 · 273
- 5) 바로 붓기 · 276
- 6) 캐릭터 에칭 · 279

기출문제 에스프레소 커피음료 제조 · 282

Part 8. 바리스타 실기시험 매뉴얼

1. 응시자격 · 289
2. 준비물 및 복장 · 289
3. 심사기준 · 290
4. 감점 및 실격 사항 · 290
5. 문의사항 및 계좌번호 · 290
6. 바리스타 실기시험 매뉴얼 · 291

기출문제 바리스타 실기시험 매뉴얼 · 295

부록 카페메뉴플래너 자격증 시험 매뉴얼

What is the Barista?

바리스타Barista는 이탈리아어로
바 안에서 근무하는 사람이라는
뜻을 가지는데,
바텐더와 같은 의미이던 것이
최근에는 커피를 만드는 전문가를
가리키는 용어로 일반화되었다.
바리스타는
커피에 대한 지식과 이해를
바탕으로 다양한 기법을 활용하여
커피를 제조하며,
고객에게 서비스하고
커피매장을 관리·운용하는
직무를 수행하는 사람을 말한다.

Part 1

커피의 기원과 역사
The History of the Coffee

You will become a Good Barista!
Part 1. 커피의 기원과 역사

1. 커피의 발견과 기원

1) 칼디의 전설

커피에 관한 최초의 전설이 전해져오는 곳은 에티오피아이다. 6~7세기경 에티오피아 험준한 산맥에 염소 치는 소년 칼디Kaldi가 살고 있었다.

어느 날 소년은 이상한 광경을 목격하였는데, 자신이 기르고 있던 염소들이 갑자기 춤을 추듯이 뛰고 달리는 것이었다. 이를 본 뒤부터 칼디는 염소들을 주의깊게 관찰하기 시작하였고, 이내 숲 속의 작은 나무에 달려 있는 빨간 열매를 먹은 염소들이 흥분을 하고 밤에 잠도 자지 못하는 것을 알아냈다.

호기심이 강했던 칼디는 직접 그 열매를 따먹어 보았는데, 갑자기 온몸에 힘이 넘치고 흥분되며 상쾌해짐을 경험했다. 그래서 소년은 그 열매를 따다가 가까운 곳에 있는 이슬람 승려들에게 보여 주었다.

승려들은 여러 가지 실험을 거쳐 이 붉은 열매가 잠을 쫓는 효과가 있다는 것을 알아냈다. 그 후로 커피는 에티오피아 이슬람 승려들의 밤 기도를 위한 음료로 이용되었다고 한다. 또한 칼디가 커피나무를 발견했다는 지역의 이름인 카파Kaffa도 커피Coffee라는 말의 어원이라는 주장이 정설로 받아들여지고 있다. 따라서 에티오피아가 커피 역사의 기원이 되었다는 것은 틀림없는 듯하다.

2) 오마르의 전설

아라비아의 이슬람 승려 쉐이크 오마르Sheik Omar는 기도와 약으로 병자를 치료하는 능력이 있었다. 그러나 1258년경 정적들의 모함을 받아 왕으로부터 버림을 받게 되어, 예멘 모카항 근처의 사막으로 쫓겨난 오마르는 굶주림으로 죽음의 문턱까지 이르게 되었다. 자신의 조국에서 쫓겨나 서글픈 마음으로 산길을 걷던 오마르는 갑자기 이상한 광경을 목격하게 되었다. 화려한 깃털의 새가 작은 나무숲에 내려앉는 것을 발견한 것이다. 나무숲에는 아름다운 붉은 열매가 달려 있었는데, 오마르는 이를 알라신의 가호라 여기며 그 열매로 허기를 채우려 했지만 빨간 열매는 매우 맛이 써서 그냥 먹을 수 없었다. 그래서 열매를 달여 마셔보았는데, 신기하게도 몸의 피로

가 풀리며 온종일 힘이 솟는 것처럼 느껴졌다.

오마르는 이 새로운 음료를 이용해 환자들을 치료하였고, 그 소문은 빠르게 퍼져나가 이내 그가 머무는 곳에는 환자들이 끊이질 않게 되었다. 결국 커피 덕분에 오마르는 왕으로부터 죄를 면하게 되고 모카의 성인으로까지 추앙받게 되었다.

3) 커피, 바다를 건너다

커피는 처음 일부 사람들에게만 알려져 있었으나, 커피의 효능이 널리 알려지면서 많은 사람들이 마시게 되었다.

커피의 대중화로 아라비아 반도 예멘에서만 생산되던 커피가 부족하게 되어, 열대 지역을 중심으로 커피의 재배지가 확장되었다. 당시에는 커피 묘목을 외국에 유출하는 것은 엄격히 규제되고 있었다. 그러나 이 시대에 목숨을 걸고 커피 묘목을 외국에 반출한 두 남자가 있었는데, 그 중 한 사람이 카리브 해 마르티니크 섬에 커피를 전한 프랑스 장교 크류다.

18세기경, 프랑스령 마르티니크 섬에 주재하던 크류는 프랑스의 식물원에서 반출이 금지된 식물을 입수해 배를 타고 마르티니크 섬으로 향했다. 두 달에 걸친 긴 항해 동안 폭풍을 만나는 등 엄청난 고생이 따랐지만 크류는 물이 부족할 때조차도 자신이 마실 물을 묘목에 주면서 정성껏 키웠다.

또 다른 한 사람은 프랑스 령 기아나에서 브라질로 커피 묘목을 전한 파리에타 소령이다. 18세기 초 기아나에서 커피묘목을 해외로 반출하는 것을 법으로 엄격하게 금지하고 있던 시기에 파리에타 소령은 분쟁을 조정하고, 브라질에 커피 묘목을 전해야 한다는 사명을 가지고 기아나를 찾는다. 그곳에서 소령은 기아나 총독 부인과 사랑에 빠지게 되었고 시간이 흘러 소령은 귀국을 앞두게 된다. 소령이 귀국하던 바로 그 날, 기아나 총독 부인은 소령을 환송하는 연회에서 꽃다발 속에 커피 묘목을 숨겨주어 소령은 아무런 의심도 받지 않고 커피 묘목을 브라질로 가져갈 수 있었다. 이 두 영웅 덕분에 커피의 재배지가 중남미로 퍼져 나갈 수 있었던 것이다.

2. 커피의 역사

커피라는 음료가 세계에 전파되어온 과정은 재배생산지의 전파 과정과 음용문화, 즐기는 문화의 전파과정으로 나누어 살펴볼 수 있다.

1) 재배지의 확산

초기에 커피벨트에 놓인 식민지의 싼 노동력을 따라 형성되더니, 지금까지도 저렴한 노동력에 의존해 생산되고 있으며 그 수익성이 인정되어 오히려 국가의 중요 산업 중의 하나로 발전해왔다.

15세기에 식민주의의 시작으로 인해 부의 축적이 이루어짐과 동시에 소비가 늘어나면서 16세기에 들어 영국으로부터 산업혁명이 시작되었다.

커피의 원산지는 에티오피아로 알려져 있는데, 6~7세기에 에티오피아에서 커피가 발견됐다는 기록이 있다. 9세기에는 페르시아의 내과의사인 라제스라틴명의 의학 서적에 커피라는 말이 최초로 등장약용으로 사용된 기록한다. 커피의 약리효과를 처음 언급한 사람은 11세기 페르시아의 의사이자 철학자인 아비세나이다.

역사가들은 11세기 초에 아라비아의 무역상들이 예멘으로 커피나무를 가지고 오면서 커피 재배가 본격적으로 시작 됐다고 본다. 커피가 세계인의 음료로 자리 잡기까지는 이슬람교도의 역할이 컸다.

17세기에 인도의 무슬림승려 바바부단이 예멘에서 일곱 개의 커피 씨앗을 몰래 반출하였고, 그로부터 인도에서 커피가 재배되기 시작했다.

17세기 말, 1690년에 유럽 최초로 네덜란드 암스테르담 식물원에 커피나무를 이식하였는데 깜짝 놀랄 정도로 잘 자랐다고 한다. 그러자 네덜란드상인들에 의해 식민지였던 인도네시아 자바 섬에서 본격적으로 상업적인 경작이 시작된다.

1714년, 암스테르담 시장이 프랑스 루이 14세에게 커피 묘목을 선물하여 프랑스 왕립식물원에서 커피가 자라기 시작했고, 1723년, 커피나무는 프랑스 장교 가브리엘 마티외 드 크리외에 의해 서인도제도 마르띠니끄 섬으로 이식되었다. 이로부터 서인도제도 전역과 브라질 등으로 전파된 커피는 티피카인데, 이 품종은 암수한몸으로 자가 수분에 의해 열매를 맺는 것이어서 유전적 변화가 거의 없이 서인도제도와 중남미 전역으로 서식지를 넓혀 갔다.

주로 식민지 노동력으로 생산하였던 그린커피는 네덜란드와 프랑스 등, 지배국가들에게 상당한 수입원이 되었기 때문에 커피 종자의 국외 반출을 엄격히 금하였다. 그러나 브라질에서

대량으로 생산되기 시작하자 이런 통제는 의미가 없어지고 말았다.

예멘에서 재배가 시작된 이후 인도, 실론, 인도네시아를 경유하여 서인도제도와 중남미를 거쳐 원산지 에티오피아와 국경을 마주 대고 있는 케냐에서 커피가 경작되기 시작하기까지는 600년이나 걸렸다. 거기에는 여러 가지 이유가 있었겠지만 독점을 위한 폐쇄성도 큰 원인이 되었을 것이다.

2) 음용문화의 전파

커피는 처음엔 과육을 먹는 과실이었다. 그러다 언제부터인가 씨앗을 끓여 우려낸 성분을 음용하게 되었는데 이렇게 마시는 커피를 살타나 커피Sultana coffee, Sultan coffee, 가장 오래된 추출법으로 추출하는 아라비아 식 커피. 볶지 않고 그린커피를 갈아서 끓여낸 황갈색의 액즙에 향료를 첨가한 음료를 말함.라고 했다. 오스만왕조로부터 유래하는 이름이다.

이렇게 우려낸 커피는 끓이는 조건이 디카페인 커피 만들 때의 조건과 비슷하기 때문에 카페인 성분이 많았을 것이다. 그 맛은 완두콩 삶은 물처럼 별 맛이 없었으리라 본다.

그래서 커피에 향신료를 첨가하는 방법으로 발전했을 것이다. 지금도 쩨즈베Cezve, 이브릭Ibriq, 달라Dallah(Turkish coffee Tea pot)를 사용하여 추출한 아라비아 식 커피튀르키예 커피에 허브나 향신료 등을 첨가하면 향기와 맛이 전혀 다르게 느껴짐을 경험할 수 있다.

기호음료로서 커피의 가치는 향기와 맛에 있다고 할 수 있다. 초창기 제조기술의 커피라 하더라도 볶은 커피를 사용했기에 지금처럼 구수한 맛은 깔려 있었을 것이다. 아라비아 식 커피

를 보면 아주 약하게 볶았거나 아주 강하게 볶은 것을 만날 수 있는데, 추출시간이 매우 길어서 신맛이나 쓴맛, 혹은 톡 쏘는 듯한 자극적인 맛은 거의 없었을 것이다.

그러나 여기에 향신료를 첨가하고 대추야자 같은 단 음식을 곁들이면 맛이 잘 어우러진다. 카페인 때문에 각성 효과가 강했을 것이라 생각된다.

맛이 없던 커피가 세계 최고의 음료가 되기까지 일등공신은 우유와 설탕일 것이다. 커피와 설탕의 생산과 유통은 비슷한 경로를 거치므로 세계 최대의 커피 생산국인 브라질이 동시에 설탕 생산도 최고이다.

사라센 제국의 이슬람 사원의 전유물이었던 커피 음용 문화가 일반인에게로 전파된 이유는 1204년 십자군의 점령과 1261년의 탈환 전쟁으로 인한 사라센 제국의 쇠락과 더불어 사원 경제도 어려워졌기 때문이다.

60년 가까운 전쟁과 약탈에 의해 이슬람 사원의 재정이 악화되면서 커피는 사원 밖으로 흘러나오게 된다. 그리고 커피의 유통이 시작되면서 생커피생원두가 상하지 않게 하고 싹을 틔우지 못하게 커피 씨앗에 불을 대기 시작한다. 그래서 약하게 볶아진 상태로 유통되고 추출되기 시작하였고 지금도 예멘에서는 이어져오고 있다.

예멘의 음용 습관 가운데 천천히, 매우 약하게 볶은 커피를 추출하여 대추야자와 함께 즐기는 방법이 있는데, 약볶음이 가지는, 은근히 느껴지는 신맛과 구수함, 말린 대추야자의 달콤함이 어우러져서 근사한 맛이 나타난다. 그러다가 가면서 매우 강하게 볶는 단계까지 되었던 듯하다. 일반적으로 알려져 있는 튀르키예식 로스트는 이탈리안 에스프레소보다 더 강한 볶음이다.

1453년 오스만제국의 메메드 2세는 동로마제국의 수도였던 콘스탄티노플을 점령하고 이스탄불로 이름을 바꾸어 버린다. 기록상으로는 튀르키예터키의 이스탄불에서 생커피를 삶아 추출하여 만든 살탄커피와 볶은 후 갈아서 만든 커피가 순차적으로 나타난다.

이스탄불은 역사적으로 동양과 서양, 유럽과 아시아가 만나는 지점이었다. 여기에서 유럽으로 전해져 가는 시기에 대해서는 몇 가지 기록들에 의존할 수밖에 없다.

영국 최초의 커피하우스가 1650년에 문을 열었고 미국 보스턴의 거트리지 커피하우스가 1670년에 문을 열었으며, 프랑스 최초의 커피하우스인 프로코프는 1686년에 문을 열었다고 알려져 있다.

전파의 시기에 대해서는 기록에 의존할 수밖에 없으니 누가 어떻다고 하면 그렇다고 믿는 수밖에 없다.

유럽 여러 국가들의 음용 전통을 보면 재미있는 현상이 하나 있다. 일반적으로 알려져 있는 튀르키예식 로스팅은 거의 태우듯 볶은 상태이다. 튀르키예에서 홍해를 건너 지중해를 타고

Part 1. The History of the Coffee

서쪽으로 가면 이탈리아. 이탈리안 로스트는 30년 전만 해도 매우 강한 볶음이었으나, 요즘엔 풀씨티로스트가 대세이다.

프랑스는 프렌치로스트로 이탈리안로스트보다 약하다. 스위스 비엔나는 저먼로스트, 풀씨티로스트 정도이고, 영국은 씨티로스트가 일반적이다. 씨티는 이전 대영제국의 식민지였던 뉴욕New York City를 말한다.

독일에서 더 서북쪽으로 가면 스칸디나비아 반도를 둘러싸고 있는 북유럽 여러 나라들. 훨씬 약한 볶음을 선호하는 곳으로 묽은 커피를 머그컵에 가득 담아 손난로 삼아 들고 다니는 곳이다. 묽어지면, 신맛이나 단맛이 필요하다. 그래서 약볶음이고, 신맛이나 단맛은 아라비카종의 특성이어서 수입 생커피 거의 대부분이 아라비카종이다.

이스탄불에서 서쪽으로 전해져 가면서 또, 북쪽으로 멀리 전파되어 갈수록 커피는 약하게 볶아지고, 굵게 분쇄되었으며, 묽게 마시는 전통으로 바뀌어갔다.

최근 미국을 중심으로 일어난 스페셜티커피 운동은 에스프레소를 중심으로 진행되는 문화임에도 불구하고 로스팅 정도가 매우 약하다. 게다가 좀 더 고급을 지향하는 커핑 점수가 90점을 넘는 초고급 커피인 Ninty Plus 커피를 추구하는 이들은 훨씬 약하게 볶는 경향을 보인다. 일본은 네덜란드로부터 커피가 도입되면서 비교적 강볶음으로 자리 잡게 된 듯 하다.

3) 우리나라의 커피역사

우리나라에 커피가 처음 소개된 것은 약 100여 년 전의 일이다. 1895년 명성황후 시해사건 때 러시아공사관으로 피신 갔던 고종 황제가 커피를 마셨다고 왕실 기록에 남아있다. 우리나라 다방의 시작은 1896년 국내에 와 있던 러시아인이 경영하는 잡화점 안에 병설하였던 다실이라고 전해진다. 그러나 근대적 성격의 다방은 1942년 이후 일본인들이 국내에서 본격적인 상업 행위를 시작하면서부터 서울에서 시작하였다. 그 후 우리나라 사람들도 커피에 대한 인식이 점점 높아지게 되었으며 1945년 8.15해방과 더불어 시작된 서양 문명의 급속한 전파로 말미암아 커피에 대한 인식이 급상승하게 되었다. 1960년 이후 우리나라에서도 커피가 문화인의 일상 음료로 생각될 정도로 커피 소비인구는 급증하였고, 이러한 증가 추세는 커피의 국산화와 그 보조를 맞추게 되었다.

1970년 9월 동서식품이 국내 최초로 인스턴트커피를 생산하기에 이르렀다. 1970년대 말까지 평범한 도시인들의 사업장이나 휴식공간으로 자리 잡았던 다방중심의 커피문화는 1980년대에 들어서면서 새로운 모습으로 변모되었다. 80년대 중반부터 시작된 외식산업의 성장은 커피에 관한 소비자의 인식을 바꾸는 계기가 되었다. 인스턴트커피Soluble coffee가 전부였던

정관헌과 고종황제

커피 시장에 원두커피Regular Coffee가 처음으로 선보인 시기이기도 하다.

90년대 후반부터 론칭한 스타벅스Starbucks, 커피 빈Coffee bean 등 다국적 외국 브랜드의 국내 시장 진입과 성공은 한국 커피 시장의 가능성을 열어주는 계기가 되었다. 소비자의 라이프 스타일변화에 따른 욕구를 인지하고 전개된 스페셜티 커피시장은 외식산업의 형태에서 테이크아웃 시장을 더욱 성장시켰다.

이러한 커피산업의 양적인 성장은 커피를 전문적으로 추출하고 서비스하는 바리스타Barista를 인기있는 직종으로 만들었고, 산지별 커피콩에 대해 다양한 지식을 가진 전문가가 탄생하게 되었다.

커피의 역사

연 도	내 용
6~7세기	아프리카의 에티오피아 고원에서 처음 커피 열매 발견
6~10세기	이슬람교 수도승들이 기도할 때 정신을 맑게 하기 위해 사용
11세기	아라비아 예멘으로 전파되어 처음으로 재배하기 시작
12~16세기	메카, 카이로, 페르시아 등의 아랍 도시와 오스만 투르크로 전파
1616	네덜란드인들이 커피나무와 씨를 유럽에 들여옴.
16세기 후반	교황 클레멘트 8세가 크리스트교 음료로 선포하면서 유럽에 널리 퍼짐.
17세기	유럽으로 전파, 영국 옥스퍼드와 이탈리아 베니스에 최초의 커피하우스 탄생
17세기 말	네덜란드상인들이 커피나무를 인도네시아 자바와 서인도제도에서 재배하기 시작
18세기 초	중앙아메리카와 카리브 해 연안에서 커피 재배
18세기	브라질이 대규모 재배, 세계 최대 커피 생산국
18세기 후반	미국은 보스턴 차사건(1773년12월16일)으로 홍차대신 커피마시기를 독립운동으로 권장
1877	네덜란드인이 일본에 커피 전파
1896	러시아공사관 피신시기에 고종 황제가 커피를 마심.

3. 커피의 어원

커피coffee라는 말의 어원은 커피나무가 야생하는 곳의 지명이기도 한 아프리카의 에티오피아에서 유래한다. 에티오피아의 카파kaffa는 '힘'을 뜻하고, 이 말은 힘과 정열을 뜻하는 아랍어 'kaweh'와 통한다. 이것이 아라비아에서 'Qahwa'와인의 아랍어: 식물에서 만들어진 포도주, 커피 및 여러 음료를 총칭하는 말이 되고, 튀르키예에서 'kahve', 프랑스에선 'cafe', 이탈리아에서는 'caffe', 독일에서는 'Kaffe', 네덜란드에서는 'Koffie', 영국에서는 'Coffee'로 불린다. 실제로 17세기 초 유럽에 소개된 커피는 "아라비아의 포도주"라고 불리기도 하였는데, 영국에서 1650년경 블런트 경이 커피라고 부른 것이 계기가 되었다.

또 다른 주장은 시詩에서 와인을 일컫던 'Quahweh'라는 아라비아 말에서 나왔다는 것으로, 와인이 금지되어 있던 이슬람교도들 사이에서 커피로 바뀌었다는 것이다. 에티오피아인들은 커피를 'Bun', 커피 추출액을 'Bunchung'으로 부르는데, 이 말이 독일에서는 'Bohn', 영국의 'Bean'의 어원이 되었다. 또한 'Mocha'라고 불리는 커피의 이름은 홍해의 커피를 운반하던 모카 항에서 유래된 것이다. 일본에서는 '코히', 러시아에서는 'Kophe', 그리고 체코슬로바키아에선 'Kava', 베트남에서는 'Caphe'로 불리고 있다. 참고로 커피는 에스페란토어로 'kafva', 덴마크에서는 'kaffe', 핀란드에서는 'kahvi', 헝가리에서는 'kave', 체코에서는 'kava', 폴란드에서는 'kawa', 루마니아에서는 'cafwa', 크로아티아에서는 'kafa', 세르비아에서는 'kava', 스웨덴에서는 'kaffe', 튀르키예에서는 'kahue', 그리스에서는 'kafeo', 캄보디아에서는 'kafe', 말레시아에서는 'kawa'로 불린다.

팔레스타인 커피 마시는 모습

기출문제 | 1. 커피의 역사

01 커피의 전파 순서로 알맞은 것은?

① 에티오피아 - 예멘 - 튀르키예 - 인도네시아
② 예멘 - 에티오피아 - 인도 - 인도네시아
③ 에티오피아 - 예멘 - 인도네시아 - 튀르키예
④ 예멘 - 튀르키예 - 인도네시아 - 네덜란드

> **해설** **AD 525년** : 당시 강대국이던 에티오피아가 아라비아 남부 예멘지방을 침략. 역사가들은 이 시기를 전후하여, 혹은 그 이전에 아프리카 원산의 커피가 아라비아로 건너갔다고 추측
> **15세기** : 예멘에서 커피 재배
> **1453년** : 오스만 제국에 의해 콘스탄티노플에 커피가 소개됨
> **1696년** : 네덜란드인에 의해 인도네시아 자바섬에 커피 도입

02 유럽 국가 중 가장 먼저 커피나무의 경작을 주도하였으며, 인도네시아에서 커피를 재배하여 대규모로 커피를 생산한 나라는?

① 네덜란드
② 영국
③ 이탈리아
④ 프랑스

> **해설** **네덜란드** - 17세기 유럽국가 중 가장 먼저 커피나무의 경작을 주도하였고 인도네시아에서 커피를 재배하여 대규모 커피경작의 역사를 연 나라이기도 함

03 6세기경 에티오피아의 기원에 따라 염소가 붉은 열매를 먹고 하는 행동을 통해 커피를 발견한 사람은?

① 칼디
② 오마르
③ 마호메트
④ 셰이크 게말레딘

> **해설** **오마르 발견설** : 커피를 의약제로 사용 - 아라비아
> **마호메트 발견설** : 가브리엘이 꿈속에 나타나 커피 음용법을 알려줌
> **셰이크 게말레딘 발견설** : 이슬람교 율법학자

04 우리나라에서 기록상 커피를 가장 먼저 마신 인물은?

① 고종황제
② 세종대왕
③ 박영효
④ 김홍집

> **해설** 19세기말 러시아 공사에 의해 커피가 처음 들어와 고종 황제가 처음 음용하였다고 한다.
> 당시에 커피를 '양탕국'이라고 불렀으며, 한일병합조약이 이루어진 뒤 궁중에서 커피를 끓이던 상궁들이 나와
> 전통차와 함께 양탕국을 팔면서 초기 다방문화가 형성되었다.

05 커피나무의 원산지로서 현재 전설로 받아들여지는 지역은?

① 콩고　　　　　　　　　　　② 프랑스
③ 에티오피아　　　　　　　　④ 말레이시아

> **해설** 동아프리카 에티오피아에서 최초로 발견된 커피나무가 곧 전 세계로 퍼져나간 모든 아라비카종의 조상이다.

06 각 국가별 커피의 어원이 잘못 연결된 것은?

① 프랑스 - cafe　　　　　　　② 이탈리아 - caffe
③ 튀르키예 - kaffe　　　　　　④ 영국 - coffee

> **해설** 튀르키예에서 'kahve', 프랑스에선 'cafe', 이탈리아에서는 'caffe', 독일에서는 'Kaffe',
> 네덜란드에서는 'Koffie', 영국에서는 'Coffee'로 불린다.

07 커피의 역사와 거리가 먼 것은?

① 칼디의 커피의 발견은 아랍문화권에서 시작되었다.
② 1475년 최초의 커피하우스 '키바 한'이 생겼고 철학과 예술 및 문학을 논하는 장소였다.
③ 프랑스는 인도를 통해 커피를 접하게 되면서 18세기 커피는 대중의 음료가 되었다.
④ 예멘의 모카항은 커피의 중심지로 변모하면서 큰 규모의 무역항이 되었다.

> **해설** 프랑스는 오스만 투르크족과의 교류를 통해 커피를 접하게 되었고 처음에는 치료의 목적으로 사용하였으며
> 카페의 등장으로 많은 사람들이 마실 수 있게 되었다. 18세기 커피는 대중의 음료였다.

08 다음 ( ) 안에 들어갈 말로 순서대로 알맞게 짝지어진 것은?

> 우리나라 커피의 시작은 (㉠)년 쯤으로, 기록상 커피를 처음 마신 최초의 한국인은 (㉡)이다.
> 커피는 '가배차'라 기록하고 있으며, 1895년 을미사변으로 (㉡)이 러시아공사관에 피신해 있을
> 때 러시아공사 웨베르가 (㉡)에게 권하였다고 한다.

① ㉠ 1890　㉡ 명성황후　　　② ㉠ 1680　㉡ 숙종
③ ㉠ 1680　㉡ 인경왕후　　　④ ㉠ 1890　㉡ 고종

09 한국의 커피역사와 거리가 먼 것은?

① 1902년 독일여성 손탁이 정동에 최초의 호텔을 설립하고 커피를 판매한 것이 최초의 다방이 되었다.
② 일제시대에는 일본인들이 서양식 다방을 개점하여 한국의 커피문화를 전파하기 시작했다.

③ 1970년대 초반 동서식품에서 미국의 제너럴 후드사와 제휴하여 맥스웰 하우스를 만들었다.
④ 해방 후 커피의 전파는 일본을 통해 전파되었다.

> **해설** 해방 후 커피의 전파는 미군부대 등을 통하여 흘러나오던 불법 외제품이 그 주역을 맡게 되었다.

10 커피의 어원이 된 아랍어는?

① Qahwa
② Kisher
③ Cova
④ Chaube

> **해설** '카와(Qahwa)'는 와인의 아랍어, 식물에서 만들어진 포도주, 커피 및 여러 음료를 총칭하는 말이다.

11 커피의 전파에 대한 설명으로 알맞지 않은 것은?

① 커피는 성스러운 것으로 취급되고 이슬람 수도승들의 원기회복의 식품으로 인식되었다.
② 가장 최초의 문헌기록은 15세기 프랑스의 [의학집성]이란 서적이다.
③ 커피열매는 약리효과와 종교의식에 사용되면서 약 11세기경 대량 경작이 시도되었다.
④ 13세기 말경 사라센제국의 쇠락으로 재정적 어려움에 처한 이슬람사원은 커피를 일반인들에게 판매하기 시작했다.

> **해설** 가장 최초의 문헌기록은 10세기 아라비아 내과의사 라제스 (Rhazes, 865~925년) 에 의한 [의학집성]이란 의학서적에서 "커피는 소화나 강심, 이뇨에 효과가 있다" 라고 하였다.

12 한국의 커피역사에 대한 설명으로 알맞지 않은 것은?

① 커피에 대해 기록한 최초의 한국인은 명성황후 이다.
② 한국의 커피는 1895년에 발간한[서유견문(西遊見聞)]을 통하여 소개되었다.
③ 일반인에게 본격적으로 보급된 것은 1945년 이후 6.25전쟁이 끝나고 부터이다.
④ 1970년 동서식품은 국내 최초로 인스턴트커피 생산에 성공하였고 1976년에 세계 최초로 커피믹스를 개발하였다.

> **해설** 커피에 대해 기록한 최초의 한국인은 구한말 선각자 유길준(1856~1914)이다. 최초의 미국유학생으로 유학 도중 유럽을 순방하며 1895년에 발간한 서유견문(西遊見聞)을 통하여 소개했다. 이 책에서 유길준은 1890년경 커피와 홍차가 중국을 통해 조선에 소개되었고, 서양 사람들은 주스와 커피를 한국인들이 숭늉이나 냉수 마시듯이 한다고 기록하였다

13 에티오피아에서 홍해를 건너 커피가 대량생산되기 시작한 나라는?

① 프랑스　　　　　　　　　　② 예멘
③ 인도네시아　　　　　　　　④ 브라질

14 아래의 ( ) 안에 들어갈 알맞은 것은?

> 실제로 17세기 초 유럽에 소개된 커피는 "아라비아의 포도주"라고 불리기도 하였는데, 영국에서 ( )년경 블런트 경이 커피라고 부른 것이 계기가 되었다.

① 1750　　② 1655　　③ 1500　　④ 1650

15 다음 커피 금지령에 대한 설명 중 ( ) 안에 들어갈 말이 순서대로 바르게 짝지어진 것은?

> (㉠)년 메카의 엄격한 통치자였던 (㉡)는 사람들의 커피 소비를 최초로 금지시켰다.

① ㉠ 1511　㉡ 카이르베이
② ㉠ 1611　㉡ 카이르베이
③ ㉠ 1411　㉡ 테이르베이
④ ㉠ 1511　㉡ 베이카이르

> **해설** 기록에 의하면 그는 대중의 커피 소비를 와인의 소비라고 생각하여 커피의 소비를 금하려고 하였으나 대중의 반발로 곧 포기하였다.

16 다음 커피의 역사에 대한 설명 중 ( ) 안에 들어갈 말이 순서대로 바르게 짝지어진 것은?

> (㉠)년 (㉡)는 커피묘목을 남아메리카의 북동쪽 해안에 있는 네덜란드 식민지 (㉢)으로 가져갔다.

① ㉠ 1718　㉡ 네덜란드　㉢ 수리남
② ㉠ 1727　㉡ 브라질　㉢ 쿠바
③ ㉠ 1730　㉡ 자메이카　㉢ 쿠바
④ ㉠ 1878　㉡ 영국　㉢ 코스타리카

17 다음 커피의 역사에 대한 설명 중 ( ) 안에 들어갈 말로 알맞은 것은?

> 프랑스혁명 당시에는 개혁정치인들의 집합장소였고 루소, 발자크, 빅토르 위고 등 유명작가와 예술인들이 즐겨 모였던 1686년에 문을 연 프랑스 최초의 카페는 ( )이다.

① 프로코프
② 프로방스
③ 거터러지
④ 프랑세즈

18 유럽 최초로 커피하우스가 생긴 나라는?

① 프랑스
② 이탈리아
③ 네덜란드
④ 영국

> **해설** 유럽 최초의 커피점은 베니스에 개점되었다.

19 튀르키예 사람들이 커피를 조리하는 기구를 무엇이라고 부르는가?

① Melior ② Kopel
③ Ibrik ④ Percolator

해설 튀르키예식 커피(터키 커피, Turkish Coffee)는 이브릭(Ibrik) 또는 체즈베(Cezve)라는 기구를 이용하는데, 미세하게 갈린 커피가루를 물과 함께 이브릭에 넣은 다음 반복적으로 끓여내는 방식이다.

20 유태인 제이콥(Jacob)에 의해 영국 최초의 커피하우스가 오픈한 연도는?

① 1350년 ② 1450년
③ 1550년 ④ 1650년

해설 1650년 영국 최초의 커피하우스가 유태인 제이콥에 의해 오픈되었으며, 1652년 파스콰 로제가 런던 최초의 커피하우스를 열었다.

21 1670년 영국 식민지였던 미국 보스턴에 오픈한 최초의 커피숍은?

① 커트리지 커피하우스 ② 프로코프
③ 베베르 ④ 더 킹스암스

해설 1670년 영국 식민지 시대 최초의 커피숍 커트리지 커피하우스가 보스턴에 오픈 하였으며, 1696년에 뉴욕 최초의 커피숍 더 킹스 암스가 문을 열었다.

22 우리나라 최초의 커피하우스 이름은?

① 정관헌 ② 손탁호텔
③ 나까무라 ④ 소호호텔

해설 러시아 공사 웨베르의 추천으로 고종의 커피 시중을 들던 독일 여인 손탁은 옛 이화여고 본관이 들어서 있던 서울 중구 정동 29번지의 왕실 소유의 땅 184평을 하사받아 이곳에 2층 양옥을 짓고 손탁호텔이라 이름을 붙였다. 이 손탁호텔에 커피하우스(다방)이 있었는데, 이것이 한국 최초의 커피하우스라 할 수 있다.

23 커피가 아라비아 예멘으로 전파되어 처음으로 재배하기 시작한 시기로 적합한 것은?

① 6~7세기 ② 6~10세기
③ 11세기 ④ 12~16세기

정답
01 ①　02 ①　03 ①　04 ①　05 ③　06 ③　07 ③　08 ④　09 ④　10 ①
11 ②　12 ①　13 ②　14 ④　15 ①　16 ①　17 ①　18 ②　19 ③　20 ④
21 ①　22 ②　23 ③

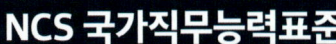

Part 2
커피 원두 선택
Choice of the Coffee Beans

You will become a Good Barista!

Part 2. 커피 원두 선택

브라질의 커피 농부

학습 1   커피 원두 종류와 배합 비율(블렌딩) 선택하기
학습 2   커피 원두 볶음 정도(로스팅) 선택하기
학습 3   커피 원두 숙성 정도 선택하기
학습 4   커피 원두 평가하기

1-1. 아라비카종과 로부스타종의 특징

● 아라비카종과 로부스타종의 배합 비율을 확인하여 배합된 원두를 선택할 수 있다.
● 생산지에 따른 단일품종의 원두를 확인하여 선택할 수 있다.
● 블랜딩된 원두의 비율을 확인하여 배합된 원두를 선택할 수 있다.

1 아라비카종의 특징

아라비카Coffea Arabica는 전세계 커피 생산량의 70~80%를 차지한다.

동아프리카 에티오피아에서 최초로 발견된 커피나무가 전세계로 퍼져나간 모든 아라비카종의 조상이다. 버번Bourbon과 티피카Typica가 코페아 아라비카 변종 중에서 가장 오래되고 널리 알려져 품질을 인정받고 있는 품종이지만 20세기 초에 나타난 카투라Catura, 문도노보Mundo Novo, 티코Tico, 산라몬Sanramon 등도 좋은 품종으로 유명하다. 또한 브라질에서 발견된 돌연변이종 마라고지페Maragogype는 그린커피의 크기가 아주 커서 일명 코끼리빈이라고도 불린다.

아라비카는 이미 존재해 오던 종으로 자연변이에 의해 염색체 수가 두 배로 이루어져 있다. 대부분의 다른 커피 품종이 22개의 염색체를 가지고 있는데 반해 코페아 아라비카는 44개의 염색체를 가지고 있다. 아라비카는 상록수로 타원형의 진초록색 잎을 가지고 있고 나무가 큰 편이어서 완전히 자라면 4~6m 정도까지 자란다. 하지만 커피농장에서는 수확을 용이하게 하고 영양이 풍부한 무거운 열매를

맺을 수 있도록 가지치기를 하여 나무의 키를 2~3m로 유지한다. 묘목을 이식해 심은 후에 아라비카 나무는 3~4년이 지나야 완전히 성숙해서 열매를 맺을 수 있다.

로부스타보다 고급 원두인 아라비카는 성장조건도 상대적으로 더 까다롭다. 적도 부근의 고도가 높은 곳800~2,000m에서 평균 18~22℃를 유지해야 하고 연중 강수량 1,500~2,000mm 정도로 지나치게 습하지 않아야 하며 햇볕도 너무 뜨겁지 않아야 한다. 화산재나 미네랄이 풍부한 토양에서 잘 자라는데, 뿌리는 그다지 깊게 내리지 않는다. 나무 꼭대기 부분의 잎은 밝은 초록색으로 빛이 나며 아래쪽 부분은 색깔이 분명치 않다. 잎사귀는 길이가 5~20cm 사이의 다양한 크기에 끝이 뾰족한 모양을 하고 있다.

가지마디에 피는 꽃은 5~12개로 다발로 피고 자스민 같은 향기를 뿜는다. 5개의 꽃잎으로 활짝 핀 하얀 색의 커피나무 꽃은 열매를 맺기 위해 수정을 하고 나서 바로 시들어버린다.

특별히 기후조건에 변화가 없다면 보통 1년에 6~7번 꽃을 피우기 때문에 열매가 매달려 있는 모습을 언제나 볼 수가 있다. 그러나 고도가 높은 지역에서 경작되는 나무들은 보통 1년에 한 번만 꽃을 피운다.

❷ 로부스타종의 특징

로부스타Coffea Robusta는 19세기 말 서아프리카 콩고에서 발견되었으며, 아라비카보다 병충해에 강하고 저지대에서도 잘 자라기 때문에 급속하게 전 세계로 퍼져나갔다. 현재 세계 커피 생산량의 20~30% 정도를 차지하며 주로 아프리카 중서부 지역, 동남아시아, 브라질의 코닐론지역 등에서 재배되고 있다.

로부스타도 아라비카와 마찬가지로 나무를 심은지 3~4

년이 지나야 첫 번째 수확을 할 수 가 있다. 나무의 수명은 20~30년이고, 성장조건은 아라비카와 비슷하여 기온 22~28℃ 사이고 연 강수량 약 2,000~3,000mm를 유지하는 적도부근의 환경에서 잘 자란다. 로부스타는 아라비카보다 나쁜 환경에 더 잘 견디고 질병에도 더 강하며 재배를 위한 유지비용도 덜 든다. 게다가 산출량도 높아서 대체로 값이 저렴한 인스턴트 건조커피나 캔 커피에 사용된다.

3 아라비카와 로부스타의 차이

아라비카와 로부스타의 차이는 다음과 같다.

구분	아라비카(Coffea Arabica)	로부스타(Coffea Robusta)
원산지	에티오피아	콩고
재배시기	1753년	1898년
꽃이 피고 열매가 익는 기간	9개월	10~11개월
생산량(ha당)	1,500~3,000kg	2,300~4,000kg
연평균기온	18~22℃	22~28℃
고도	800~2,000m (적도부근 800m)	700m이하 (남북회귀선 600m이하)
적정 강수량	1,500~2,000mm	2,000~3,000mm
병충해	약함	비교적 강함
열매가 익는 시기	6~9개월	9~11개월
카페인 함량	0.8~1.4%	1.5~2.5%
향미	향미가 우수, 신맛이 좋음	향미가 약함, 쓴맛이 강함
주요 생산 국가	브라질, 콜롬비아, 코스타리카 등	베트남, 인도네시아, 인도 등
생산	세계총생산의 70~80%	세계총생산의 20~30%

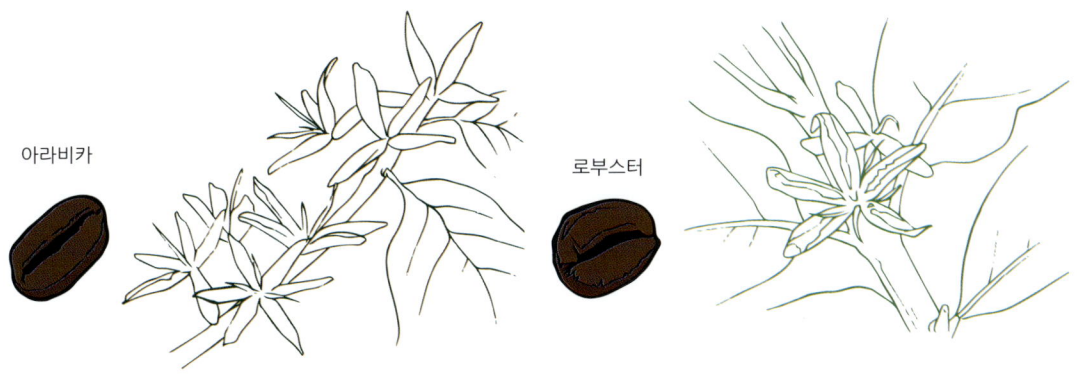

아라비카

로부스터

Part 2. Choice of the Coffee Beans

4 원두의 산지별 종류 및 특징

로스팅이나 추출기구 등 커피맛에 영향을 미치는 요소는 다양하지만 그린커피가 가진 고유의 특성을 빼놓을 수 없다. 특히 품종에 따라 같은 생산국에서 재배한 커피라도 그린커피의 향미가 다르다. 이처럼 품종별 특성에 따라 맛과 향은 물론 생산량에 차이가 나기 때문에 커피생산국들은 보다 향미가 좋은 커피를 안정적으로 생산하기 위해 품종 개량에 힘쓰고 있다.

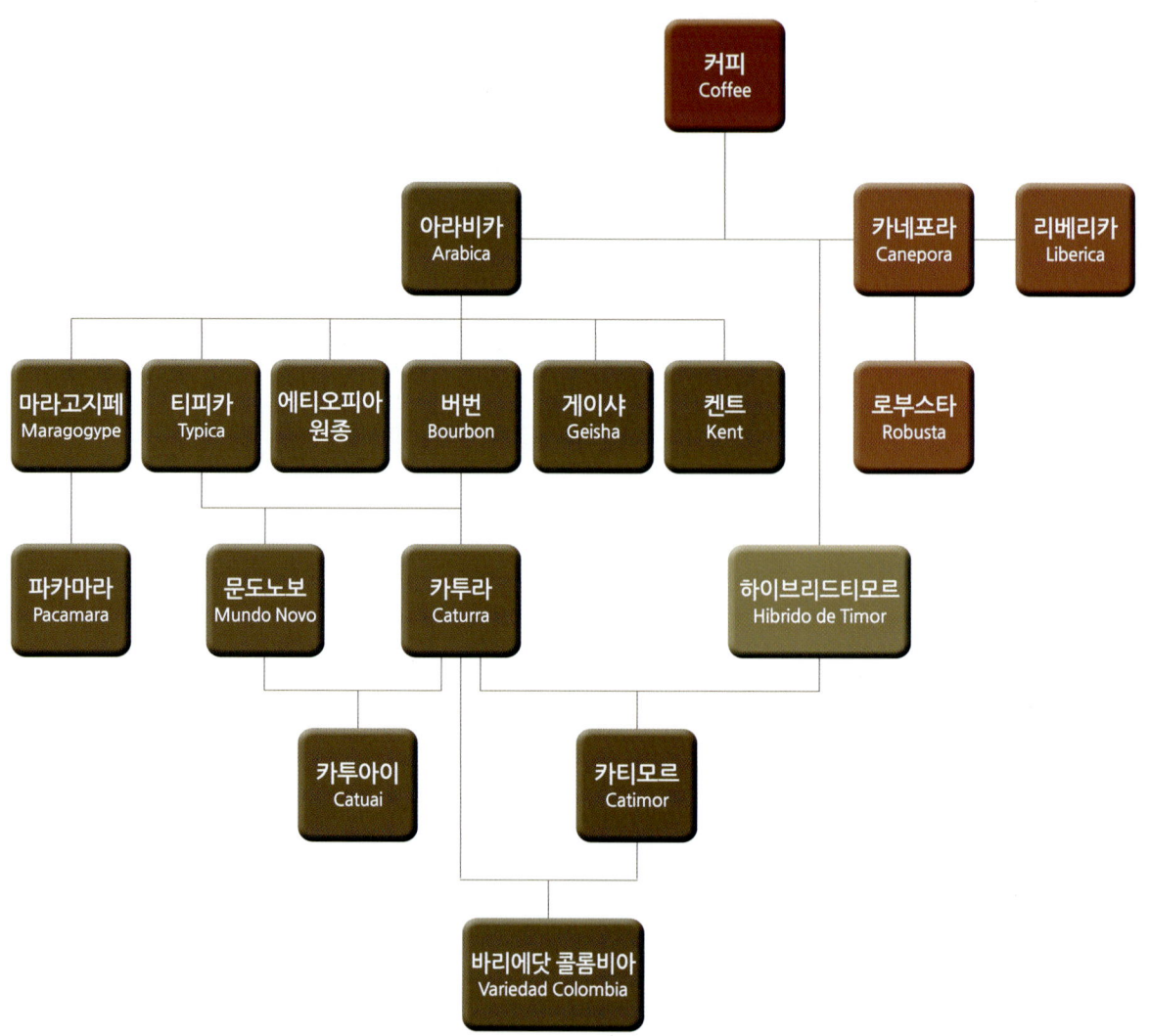

🫘 재래종

■ 에티오피아 원종

에티오피아에 자생하는 품종은 7,000종 이상으로, 나무의 형태, 잎모양 등 겉모습부터 산지에 따라서도 그 향미가 다르다. 다양한 품종 가운데 몇 가지만 골라 재배하고 있다.

■ 게이샤 Geisha

에티오피아의 게이샤라는 마을 근처에서 발견된 나무가 품종의 기원이다. 코스타리카를 통해 중앙아메리카에 전파되어 현재 파나마, 케냐, 과테말라 등에서 재배된다. 특히 파나마 게이샤 종은 진한 과일향으로 개성이 강하다.

■ 티피카 Typica

마르티니크섬에서 전파된 나무의 자손으로 아라비카종 중 원종에 가장 가까운 품종이다. 주요 생산지는 자메이카, 하와이 코나, 파푸아뉴기니, 동티모르 등이며 그 외 콜롬비아 일부, 쿠바, 도미니카 등에서 소량 생산된다. 부드러운 산미와 깔끔하고 섬세한 맛으로 바디감은 중간 정도이다. 병충해에 취약하며 생산성이 낮다.

🫘 돌연변이종

■ 버번 Bourbon

티피카와 더불어 현존하는 커피품종 가운데 가장 오래된 품종이다. 예멘에서부터 현재의 레위니옹섬 당시 Bourbon Island에 이식된 것이 기원으로, 그 곳에서 돌연변이를 일으킨 것이 브라질로 전파되어 주요 품종으로 자리잡았다. 티피카종보다 튼튼하고 수확량이 많은데, 산미가 낮고 지속적으로 느껴지는 단맛이 장점이다. 중립적 특성이 강해 에스프레소 블랜드의 베이스로 주로 사용된다.

■ 마라고지페 Maragogype

브라질에서 발견된 티피카의 돌연변이종이다. 나무높이는 버번종과 티피카보다 크지만 생산성은 떨어진다. 다소 감칠맛은 없지만 스크린 19 이상으로 그린커피가 크다.

■ 켄트 Kent

인도에서 태어난 티피카종의 돌연변이로 잎곰팡이병에 강하다. 커피를 추출했을 때 맑고 깔끔하며 버번종에 비해 향미가 묵직하다.

- **카투라**Catura

  브라질에서 발견된 버번의 돌연변이로 그린커피의 평균 스크린은 16으로 약간 작은 편이지만 생산량이 많고 녹병에도 강하다. 신맛은 풍부하나 떫은맛이 다소 강하다. 키가 2m 정도로 작은 편이지만 여러 환경에 잘 적응하며, 중미에서 많이 재배된다.

자연교배종

- **문도노보**Mundo Novo

  브라질에서 발견된 버번과 티피카종의 자연교배종으로 환경 적응성이 높고 병충해에도 강하며 생산성이 높다. 신맛과 쓴맛의 밸런스가 좋고 맛이 재래종에 가까워 신세계라는 뜻의 문도노보로 이름을 붙였다. 보통 생산성이 높아지면 커피의 향미는 약해지기 마련인데, 문도노보는 우수한 단맛, 두껍게 느껴지는 바디감과 낮은 산미, 묵직한 무게감을 갖추고 있다.

인공교배종

- **카투아이**Catuai

  문도노보와 카투라의 교배종으로 문도노보는 나무 높이가 높아 수확작업이 어려웠기 때문에 키가 낮은 카투라와 교배시켰다. 병충해에 대한 저항성이 높은 품종을 목표로 개량된 카투아이는 강한 저항성뿐만 아니라 거친 환경에서도 잘 자란다. 콜롬비아에서 중미에 걸쳐 널리 재배되어 이 지역 주요 품종이 되고 있다. 문도노보에 비해 맛이 단조롭고 바디가 부족하며 옐로우 카투아이보다 레드 카투아이가 클린컵 특성에서 조금 더 우수하다.

아라비카종과 카네포라종의 교배종

향미가 좋은 아라비카종과 병에 강한 카네포라종을 교배시킨다면 병해충에 강한 고품질 품종을 만들어낼 수 있다. 이때 아라비카의 염색체 수는 4배체, 카네포라는 2배체로 달라 직접 교배가 불가능하므로, 보통 카네포라종 염색체를 약품으로 4배체로 만든 뒤 교배시킨다.

- **하이브리드 티모르**Hibrid de Timor

  아라비카종의 티피카 계열과 로부스타종의 에릭터Erecta 계열이 자연 교배된 독특한 품종이다. 나무의 키가 매우 크고 뿌리가 튼튼하며, 커피녹병 CLRCoffee Leaf Rust과 가뭄에 강한 편이지만 생산성이 낮고, 커피의 품질은 떨어진다.

- **카티모르**Catimor

  포르투칼에서 녹병에 강한 티모르종아리비카와 로부스타의 교배종과 버번의 돌연변이종 카투라

가 교배되어 만들어졌다. 카티모르를 베이스로 새로운 품종이 많이 생겨나고 있는데, 원래 카티모르계의 품종은 튼튼하고 환경 적응성이 높으며 열매가 많이 열린다. 나무는 비교적 키가 작고, 그린커피의 크기는 큰 편이다.

■ **바리에닷 콜롬비아** Variedad Colombia

카티모르종과 카투라종을 교배시켜 내병성이 우수한 품종으로 셰이드 트리가 필요 없고, 연중 생산이 가능한 것이 강점이다. 재래종 티피카와 차이는 풀시티 이상으로 강하게 배전해보면 판별된다. 2차 파핑 부분부터 급격하게 쓴맛이 증가한다.

5 커피의 재배와 가공

커피는 현재 세계의 70개국 이상에서 생산되고 있으며, 전 세계의 약 30% 국가에서 커피 음료를 만들고 있다. 커피나무는 꼭두서니과 상록 소교목이다. 이 나무의 원산지는 에티오피아의 아비시니아 고원이라고 알려져 있다. 나무껍질은 회백색이고, 잎 표면은 광택이 있으며 가지의 좌우에서 2개의 잎이 대칭적으로 나타난다. 수목은 6~8m로 성장하지만 재배용은 수확하기 쉽도록 보통 1.5~2m 정도 되도록 손질된다. 종자를 뿌리고 나면 3~5년 후에 결실을 맺는다.

커피 꽃은 흰색으로 향기는 자스민을 닮은 달콤하고 상큼한 향기를 가지고 있다. 꽃잎은 아라비카종과 로부스타종은 5장, 리베리카종은 7~9장이며 개화하고 나서 2~3일간 피고 바로 져 버린다. 아라비카종은 자가수분, 로부스타종은 타가수분, 리베리카종의 꽃가루는 바람에 산포되기 쉽도록 가볍게 되어 있어 수분이 쉽게 이루어진다.

꽃이 피는 시기는 산지에 따라 상당히 차이가 있으며, 개화한 후 6~8개월 사이에 천천히 열매가 커지고 청록에서 붉게 숙성해 간다. 가지에 맺히는 열매는 성숙하면 색이나 형태가 앵두와 유사하여 Cherry 혹은 Coffee Cherry라고 불린다.

열매가 적갈색이 될 때 수확한다. 수확은 일부 기계화되어 있지만 거의 사람의 손으로 이뤄진다. 수확 가능 연수는 20~30년 정도이다.

그린커피는 커피나무 열매의 씨로서 과육 및 파치먼트Parchment라고 하는 사과의 씨방 껍질처럼 단단한 섬유질의 중간 껍질과 실버스킨Silverskin이라고 하는 은색의 얇은 껍질로 싸여 있다.

그린커피 종자는 보통 두 개의 콩이 평평한 면을 마주하고 생성되지만, 동그랗게 생긴 한 개의 열매만 열리는 것도 있다.

1) 커피의 재배 조건

(1) 커피나무가 자라기에 좋은 기후

커피나무는 기온과 강수량, 표고가 가장 중요한 생산 조건이라 할 수 있다. 연평균기온은 18~22℃가 좋으며, 아라비카종은 밤, 낮의 기온 차가 심한 800~2,000m의 고산지에서 주로 재배된다. 강수량은 연중 1,500~2,000mm전후 가 적당하여 습도가 적고 서리가 내리지 않아

야 하며, 안개가 생기는 지역이 좋다. 중미에선 대부분 산 계곡 급경사에서 생산을 하는데 태양이 너무 강해 바나나, 망고등 잎이 커다란 열대 과일나무를 같이 심어 그늘을 만들어 주기도 한다.

(2) 커피나무가 자라기에 좋은 토양

유기성이 풍부한 화산회토火山灰土질이 커피가 자라기 좋은 땅으로 습기가 적당히 있고 물이 잘 빠지는 비옥한 토양이 가장 좋다. 토질의 차이는 커피 맛에 미묘한 영향을 주는데 커피 원산지인 에티오피아의 커피가 생산되고 있는 아라비아 고원은 화강암의 풍화에 의해 형성된 부식토 함량이 높은 토양이다. 브라질의 유명한 '테라로사' 역시 부식토가 풍부하고 질소, 인산, 석회, 칼륨이 다량 함유된 풍작을 거두기에 안성맞춤 토질이다. 중미의 고산지대나 남미의 안데스산 지역, 아프리카 고원지대등 커피 생산국의 토양은 대부분 화산 작용으로 생긴 화산회질과 부식토가 잘 어울려 있어 질 좋은 커피를 생산하는 데 한몫을 하고 있다.

2) 커피나무의 성장 과정

상업적으로 재배되는 커피나무는 씨를 뿌려 묘목을 길러낸다. 모판을 만들어 씨를 뿌리면 2개월쯤 뒤에 싹이 나오며, 8개월쯤 지나면 흙을 담은 조그만 상자나 비닐봉지에 묘목을 옮기는데, 이 같은 이식 과정을 두 번 정도 거쳐 최종 경작지인 커피농장에 심어지게 된다.

커피나무는 심어진 지 2~4년이 지나면 꽃을 피우고 열매를 맺는데 상품화가 가능한 본격적인 수확은 5년 이상 자라야 한다. 봄에 핀 커피 꽃은 바람이나 곤충에 의해 수정된 뒤 점차 연두색, 초록색, 노란색, 핑크색으로 바뀌면서 열매를 맺고, 9개월 정도 지나면 붉게 익어 수확할 수 있게 된다.

커피나무는 그냥 자라도록 내버려 둘 경우 6~10m종에 따라 다르다까지 자라지만 쉽게 수확하기 위해 대략 2m 크기로 전지한다. 5년이 지난 성숙된 커피나무는 그 후 20~30년 동안 수확이 가능하며, 재래종은 한 그루당 1,500개 정도의 열매를 맺고, 근래 육종에 의해서 계량된 다

콜롬비아 커피농장의 묘목들(Neil Palmer 제공)

수확 품종들은 한 그루당 3,000개 이상의 열매를 수확한다. 이는 가공된 커피 500g과 1kg 이상에 해당되는 양이다.

　종자 씨앗을 얻기 위하여는 잘 익은 커피열매를 골라내어 껍질과 과육, 내과피를 제거한다. 이 과정은 후술되는 그린커피를 만들어 내는 과정과 동일하다. 잘 선별된 종자씨는 바로 심어질 수도 있고, 건조시킨 후 다음에 사용할 수도 있다. 건조상태와 보관상태만 좋다면 몇 년 후에도 발아시킬 수 있다. 종자씨의 건조는 주로 그물망을 이용하여 건조시킨다.

　씨앗을 모래판에 반쯤만 묻히게 놓고 그 위에 촉촉한 삼베포나 지푸라기 등으로 덮어 그늘에 놓아둔다. 약 하루 정도가 지나면 씨눈이 나타나게 된다. 그런 다음 모판으로 옮긴다.

　일반적으로 묘목용 화분이나 모판을 사용한다. 화분이나 모판은 모두 크기나 깊이가 넉넉해야 한다. 모판의 경우 사방 1m에 깊이 40~50cm 정도 되는 것을 많이 사용한다. 모판에 씨눈이 나온 씨앗을 약 20~30cm 간격으로 약 4~5cm 깊이로 심는다. 잎이 나오고부터 약 4~5

개월이 지나면 제법 작은 묘목으로 자라게 된다. 묘목이 약 20~40cm 정도까지 자라면 농원으로 이식된다. 농원으로 심어진 나무는 약 2~4년 정도가 지나면 꽃이 피게 된다. 이 꽃은 불과 이삼 일만에 지게 되고, 아라비카는 자가수분 나무이므로 곧 작은 연두색의 커피 열매가 열리게 된다. 이로부터 약 8~11개월 후에 붉게 익은 열매를 수확한다.

이렇게 붉게 익은 열매를 흔히 체리cherry라고 부른다. 그 모양과 색깔이 체리와 비슷하기 때문이다. 잘 익은 체리는 손으로 한 알 한 알 따내서 수확한다. 한 나뭇가지에서도 잘익은 체리와 연두색인 안 익은 체리가 함께 있기 때문이다.

저급한 품종이나 로부스타는 가지채로 훑어내거나 기계로 수확하기도 하지만, 고급 커피는 절대적으로 손으로 일일이 수확한다.

3) 그린커피Green coffee의 가공

한 잔의 커피를 마시기 위해서는 커피체리의 과육에서 빈을 분리해야 한다. 커피체리의 구조는 외피, 펄프과육, 내피파치먼트 스킨, 속껍질실버스킨, 그리고 빈으로 구성되어 있다. 겹겹이 빈을 싸고 있는 껍질들을 벗겨내는 일은 그린커피의 품질에 직접적인 영향을 끼치는 아주 중요한 공정이다. 빈을 싸고 있는 과육은 수분과 당분으로 이뤄져 있기 때문에 벌레가 먹기 쉽고 과육이 자체적으로 변질되어 그린커피의 품질이 나빠지는 것을 방지하기 위해서 커피체리를 수확한 즉시 해야 한다. 그렇기 때문에 껍질을 어떻게 벗겨내는가 하는 가공공정에 따라서 그린커피의 품질은 좌우된다고 할 수 있다. 과육에서 빈을 분리해 내는 방식은 건조식과 수세식, 그리고 이 두 가지 방식을 절충한 준건조식과 준수세식이 있으며, 각 나라마다 조금씩 변형된 방식들을 채택하고 있다.

(1) 건조식Natural Process

전통적인 커피 생산방법으로, 자연건조Natural Dry와 인공건조Artificial Dry로 나눈다. 수확시기에 강수량이 적거나, 햇빛 건조가 가능한 국가나 소규모 농장에서 주로 이용하며, 대표적인 국가로는 브라질, 에티오피아, 예멘, 인도네시아, 인도, 에콰도르 등이다. 체리 수확 후, 체리가 덜 익었거나 너무 익은 것 등, 손상된 것을 선별하는 과정을 거친 후, 곧바로 건조한다. 열매 상태 그대로 건조장콘크리트이나 땅바닥에 약 10cm 두께로 펼쳐 햇볕에 건조시키며, 고르게 마르도록 뒤섞어 주고, 밤에는 이슬을 피하기 위해 한 곳에 모아 덮개를 씌워 준다. 발효된 콩은 품질이 떨어지고 볶은 후에도 나쁜 냄새가 나며, 외관상 구분이 힘들기 때문에 냄새로 골라내야 한다.

그린커피의 가공

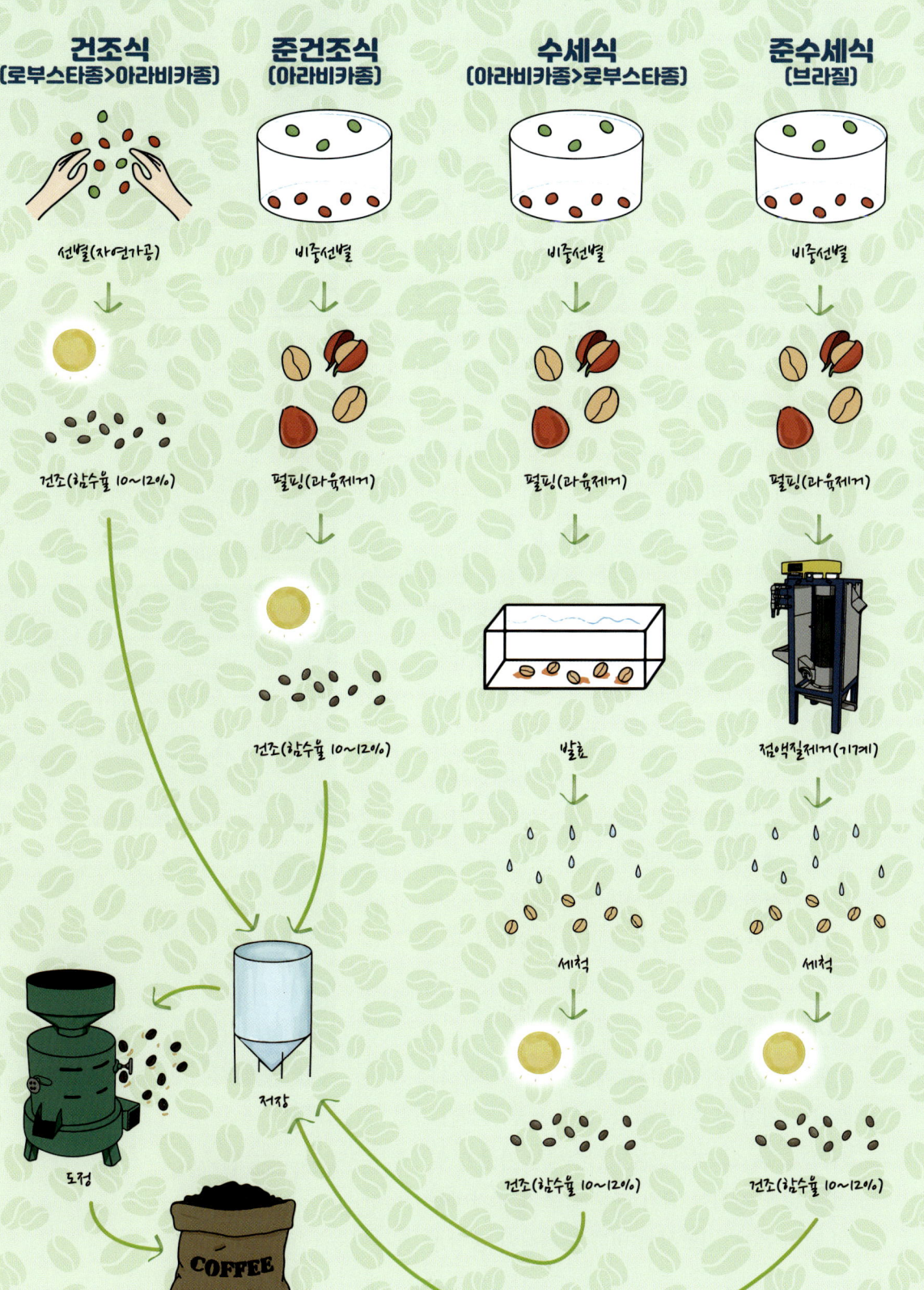

수분함량 약 20% 정도로 건조된 커피 열매를 흔들면 씨앗과 외피가 부딪히는 소리가 난다. 크기가 많이 줄고, 껍질은 단단하며 진한 갈색을 띠게 되었을 때, 체리 과육을 제거하여, 수분이 10~12% 정도까지 건조하며, 전체 건조기간은 약 10-25일 정도 소요된다. 인공건조는 건조탑 이라는 설비를 요하며, 인건비가 비쌀 경우 주로 이용하게 된다. 이 때 건조하는 온도가 품질에 미치는 영향은 매우 크며, 보통 50℃ 열풍으로 3일 정도 건조 후, 자연건조방식과 동일한 과정을 거쳐 그린커피로 가공된다.

현재 브라질, 에티오피아, 예멘 등을 제외한 대부분의 아라비카종 생산국은 수세식을 사용하며, 로부스타종 생산국도 점차 수세식을 채용하고 있다. 자연건조방식은 작업공정이 단순한 만큼 이물질이 혼입되기 쉽고, 건조하기 위해 많은 시간이 필요하므로 자연조건에 영향을 크게 받는다. 반면, 여유 있는 건조시간을 주기 때문에 부드럽고 잘 익은 풍미의 그린커피를 얻을 수 있고, 체리껍질과 그 안에 과육 성분들이 그대로 그린커피에 흡수되어 자연적인 미생물 발효에 의해 풍부한 바디감, 단맛, 떫은 맛 등 복합적인 향미가 형성되며, 특히 강볶음 커피나 에스프레소 용 커피에 많이 사용된다.

(2) 수세식 Wet Process

물을 이용해서 파치먼트에 붙어있는 일부 과육과 점액질 등을 벗겨내는 방식으로 '워시드 커피 Washed Coffee'라고 한다. 수세식 가공은 일정 설비를 갖추어야 되기 때문에 초기 투자비용이 많이 든다. 건조식에 비해 수세식의 장점은

건조식
위로부터 수확된 커피 체리, 골라내기, 펼쳐말리기, 건조된 열매

수세식
위로부터 과육 제거, 세척, 발효, 건조

수확 후에 가공 시간을 줄일 수 있어 그린커피 본래의 질을 보존하고 균등한 품질의 그린커피를 생산할 수 있다는 것이다. 생콩이 원래 가지고 있던 당도와 산도를 그대로 유지할 수 있어서 맑고 깨끗한 맛을 가지게 된다는 점이 높게 평가된다. 따라서 수세식으로 생산된 그린커피는 건조식으로 생산된 커피보다 좋은 품질로 평가되어 일반적으로 더 비싼 값에 팔린다.

수확 후의 초기 공정은 돌조각 등의 이물질을 제거한 후 기계를 이용하여 체리에서 외과피를 벗겨내는 일이다. 바로 이어지는 공정은 과육과 점액질을 분리시켜 파치먼트로 만드는 과정인데, 첫번째 살짝 말린 후 기계에 넣어 약간 말라서 비교적 쉽게 떼어낼 수 있게 된 과육과 점액질을 긁어내는 방법과, 두번째는 그대로 발효조에 넣어서 살짝 녹아 물로 쉽게 씻어낼 수 있도록 녹을 때까지 기다리는 방법이 있다.

외과피가 벗겨진 그린커피에는 과육과 점액질이 달라붙어 있다. 이 상태로 물을 흘리면 점액질이 떨어져나가지 않기 때문에 콘크리트 등으로 된 통에 넣어 이 성분들이 녹기를 기다린다. 실은 탱크 속의 높은 온도에 의하여 과육과 점액질이 짧은 시간에 과숙과 비슷한 상태로 되어버리는 현상이 일어나는 것이므로, 이 과정이 수세식의 핵심이라고 할 수 있다. 이렇게 진행하는 공정을 습식발효Wet Fermentaion라고 하는데, 엄밀하게 발효시킨다기 보다는 녹이는 공정이라고 해야 한다. 이 과정에 걸리는 시간은 콩의 상태나 기후 등에 따라 다르나, 하루나 이틀 걸리는 것이 보통이다. 이 과정을 빠르게 진행하기 위하여 효모를 사용하여 발효를 유도하기도 한다. 그런데 그 시간을 길게 하면 실제로 콩까지도 발효가 진행되기도 하는데, 이를 의도적으로 정교하게 진행하여 생산하는 커피가 최근에 볼 수 있는 효모발효Yeast Fermentated 커피이다. 이 과정에서 과육이나 점액질이 녹아나오면서 생콩에 크고 작은 영향을 미치기 때문에 조심스럽게 한 번 씻어내고 다시 발효조에 넣기도 하는데, 케냐에서 주로 사용하는 이중발효Double Fermentation라는 가공방법이다. 한편 건식발효Dry Fermentation를 하는 경우도 있는데, 이 경우도 엄밀하게는 외피를 벗겨내고 하루 정도 살짝 말린 후 기계로 과육이나 점액질 등을 긁어내고 물로 씻어 가공하는 식이어서 발효라고 보기는 어렵다. 라틴아메리카 여러 나라에서 가장 많이 사용되는 방법이다. 인도네시아도 이와 비슷한 공정에 따라 가공하고, 세척 후 파치먼트 상태에서 말리는 정도가 중남미와 달리 함수율이 40% 정도로 매우 높은 상태에서 도정을 하는데 길링 바사라고 한다.

어떤 경우든 과육찌꺼기를 물로 씻어내는 과정을 거치는데, 커피 무게의 약 20~100배의 물이 사용된다. 이렇게 씻어낸 콩은 곰팡이가 번식할 수 없는, 함수율인 10~12% 정도로 인공건조실에서 말린다. 전체 가공 시간은 체리 건조식에 비해 절반 정도로 짧다.

(3) 준건조식Semi-Dry Processing과 준수세식Semi-Washed Processing

준건조식은 과육이 남아있는 상태에서 건조시키기 때문에 펄프드 내추럴이라고 한다. 여기에서 펄프 일부를 기계를 사용하여 분리시키면 하니프로세싱이라고 하는데, 그 분리한 정도에 따라 펄프가 많이 남아있는 것으로부터 블랙하니, 레드하니, 옐로우하니 가공 커피라고 한다. 체리를 수확하면 일단 외피를 벗겨내고 건조시킨 후 저장하였다가 도정하여 출하한다. 여기에서 점액질까지 제거하고 씻어낸 후, 말려서 보관하였다가 도정하고 포장하여 출하하면 준수세식 방법이다.

❻ 그린커피의 보관 및 명칭

1) 그린커피의 보관

어떤 방식이든 껍질과 빈의 분리과정을 거친 그린커피는 아직까지 실버 스킨에 싸여 있는 상태이다. 유통되기 전까지 그린커피를 보호하기 위해서 그대로 창고에 보관한다. 품질이 나빠지지 않도록 특별히 신경을 써야 하는 부분은 그린커피의 습도조절인데 설비뿐만 아니라 창고의 위치선정도 중요하다. 가장 안전한 위치는 생산지에서 멀리 떨어지지 않은 곳으로, 산소가 적은 상태에서 습도를 유지할 수 있는 고도가 높은 곳이 바람직하다. 때로는 몇 년씩 창

고에 저장되는 경우도 있다. 잘 가공되어 탄탄한 구성을 가진 그린커피가 주변환경이나 설비를 잘 갖춘 창고 내에서 외부적인 손상을 입을 염려는 없지만 빈 자체 내에서 고유의 생화학반응을 일으킬 수가 있다.

이렇게 그린커피의 일부 어떤 성분이 다른 성분으로 바뀌는 화학반응에 대해서는 달리 손쓸 방법이 없는데, 이럴 경우 커피의 맛은 거칠고 목질woody의 풍미가 나게 된다.

2) 선별

속껍질에 싸인 채 창고에 보관중인 그린커피는 판매가 이루어져 출하가 결정되어야 속껍질을 까는 작업을 하게 된다. 탈곡을 마친 그린커피는 상품가치의 등급을 매길 수 있도록 빈의 크기, 밀도, 색깔에 따른 선별과정을 거친다. 수확에서부터 탈곡과정을 거치는 그린커피는 생산과정에서 불량률이 상당히 높아 정상적인 그린커피의 선별되는 양이 수확량의 반을 넘기가 어렵다고 한다. 그린커피는 우선 일명 '스크린테스트Screen-Test'를 해서 크기별로 구분을 한다1스크린은 1/64인치, 즉 약 0.4mm이다. 스크린테스트란 크기가 다른 매쉬 사이즈 층을 가진 특별히 제작된 장치를 이용해 빈의 길이, 넓이, 두께 등을 체크해서 크기별로 분류하는 작업을 말한다. 크기별로 나눠진 빈들은 다시 공기분해를 해서 무겁고 가벼운 빈의 밀도를 체크하여 분류한다. 그 다음은 과다 발효되었거나 껍질이 덜 까진 것, 깨지거나 상처가 난 것들을 제거하는 작업을 하는데 콘베이어벨트 위를 지나는 그린커피를 숙련된 노동자들이 눈으로 보면서 일일이 손으로 골라낸다.

요즘에는 레이저를 쏘아 그린커피의 상태를 체크해 골라내는 전자기계를 사용하기도 한다. 이 방식은 육안으로는 구별하기 어려운 결함을 가지고 있는 그린커피를 골라낼 수 있고 선별속도가 빠르다는 것 등의 장점이 있으나, 아직 사람의 수작업을 대체할 만큼 완전하진 못하다고 한다. 고급 그린커피 선별의 최종 단계에서는 수작업을 거치고 나서 별도로 이런 전자선별을 한다고 한다. 또한 탈곡과정에서 남아 있을 수 있는 섬사를 제거하기 위해 마지막 단계에서 그린커피의 표면을 잘 닦아 윤을 내는 과정을 추가하는 경우도 있다.

커피백에 포장된 그린커피(David Joyce 제공)

3) 출하

　선별된 그린커피는 보관과 운반을 쉽게 하기 위하여 일정 무게씩 포대에 담아 포장한다. 포장재는 내외부의 압력을 잘 견딜 수 있고 온도와 습도변화에 그린커피를 보호해 줄 수 있는 마로 만든다. 포장 단위는 백Bag을 쓰며 한 백은 나라마다 조금씩 다르지만 보통 60kg짜리 포대로 만든다. 포대에는 생산국가, 마켓 이름, 생산농장, 가공방식, 등급, 생산연도, 품종, 하역지 등 그린커피의 품질을 가늠할 수 있는 주요 정보가 표시된다. 이렇게 선적 준비를 마친 그린커피 포대는 콘테이너에 실려 수출이 되는 것이다.

　목적지에 도착된 그린커피를 로스팅하기 전까지 보관하는 것과 함수율 유지가 가장 중요하다. 일반적인 보관창고는 온도 15℃, 습도 50~60%를 유지하며 빛이 들지 않고 통풍이 잘 되는 장소가 적합하다. 창고 바닥에는 캔버스나 나무 등을 깔아 바닥의 온도가 직접 그린커피에 전달되지 않도록 하는 것이 좋다. 우리나라의 경우에는 사계절의 기후조건이 뚜렷하게 달라 그린커피의 보관에 주의해야 할 요소가 많다. 되도록 보관기간은 1년이 넘지 않도록 하는것이 좋고 부득이한 경우에는 위치를 자주 바꿔주고 쌓는 각도를 달리해 가며 적재하는 것도 도움이 된다. 특히 여름 장마철의 평균습도는 80%를 웃돌기 때문에 그린커피의 습도가 높아져 곰팡이가 피지 않도록 각별히 조심해야 한다.

4) 그린커피의 명칭과 스타일

(1) 그린커피의 명칭

커피에 대한 관심이 조금이라도 있는 사람들이 가장 알고 싶어하는 것은 커피에 붙은 이름이다. 시중에서 팔리고 있는 커피빈들의 명칭이 너무나 많기 때문인데 조금만 관심을 기울이면 브랜드에 좌우되지 않으면서 좋아하는 커피를 선택할 수 있다.

커피의 종류는 아라비카와 로부스타로 나뉜다. 로부스타는 따로 브랜드를 갖고 커피상점에서 판매되는 경우는 드물고 인스턴트커피용과 커피빈을 판매하는 회사의 블렌드용으로 쓰이는 경우가 대부분이다. 이를테면 이태리의 유명한 커피빈 회사, 세가프레도 자네티는 아라비카만을 고집하지 않고 로부스타를 적절하게 섞어서 값이 저렴하면서도 풍미가 좋은 블렌드 커피빈을 만들어 판매한다. 또 소규모 커피상점이나 로스터 개인이 보다 값이 저렴하면서도 고유의 맛을 내기 위한 하우스블렌드를 위해 아라비카와 로부스타를 적절하게 블렌딩하는 경우도 많이 있다. 고유의 명칭을 단 이른바 특제커피Specialty Coffee라고 하는 것은 모두 아라비카종에서 생산된 커피를 일컫는 것이다. 따라서 특제 커피빈 판매회사들은 일리illy와 라바짜Lavazza같은 자신들의 브랜드가 있지만 아라비카 100% 블렌드라고 포장에 커다랗게 표시를 한다. 하지만 생산지나 어떤 종류의 아라비카를 블렌드했는지는 자세하게 표시가 되어 있는 경우도 있다. 한편 전문 커피빈 상점에서 취급하는 모든 빈은 그 근거가 표시되어 있다. 예를 들어 코스타리카생산국가, 타라주마켓, 라 미니타농장, 워시드가공방식, SHB등급, Full City로스팅등급와 같이 표시한다.

(2) 마켓 이름 및 브랜드를 붙이는 다양한 스타일

커피산업이 크게 일어나면서 각 생산지와 농장별로 자부심을 가지고 붙인 '마케팅브랜드'가 유통되기 시작한 때는 19세기를 전후해서이다. 수많은 지역에서 생산되는 다양한 커피들을 선적하는 항구명이나 빈의 타입으로는 구별하기가 어려워졌고 또 세계주요산업품으로서 경쟁력을 높이기 위한 방편으로 생산국가 또는 지역별로 마켓 네임을 붙이기 시작한 것이다. 예컨대 그냥 '콜롬비아 커피'라고 하면 너무 많은 내용을 포함하기 때문에 커피의 특성을 모두 나타내기에는 추상적이다. 콜롬비아에서도 여러지역에서 다른 품종이, 다른 재배환경에서 다른 가공방식을 거쳐 커피가 생산되고 있다. 따라서 커피를 수출하기 전에 전문가의 감정을 거쳐 'Excelso screen 15', 'European screen 16', 'Supremo screen 17 이상' 등의 브랜드를 붙이고 생산지와 생산공정, 맛의 특성 등을 자세하게 표시하여 수출을 한다. 그런데 이러한 명칭들이 혼란스럽게 된 이유는 마켓 네임을 붙이는 방식이 나라마다 혹은 농장마다 모두 다르기 때문이기도 하고 어떤커피는 별도로 마켓 네임을 붙이지 않고 품종명이나 지역명을 그대로 내세우기도 하기 때문이다. 마켓 네임을 붙이는 기본적인 스타일은 몇 가지가 있다.

첫째, 마켓 네임은 기본적으로 생산지의 명칭을 사용하는 경우가 많은데, 커피 맛의 특성을 결정하는 가장 중요한 요인은 커피나무의 성장에 직접적인 영향을 끼치는 생산지의 토양과 환경조건이기 때문이다. 그러나 얼마 전부터는 커피가 생산국의 중요한 국가산업이기 때문에 정부가 나서서 소규모 농장들의 조합을 결성하는데 지원을 하고 소비자가 인식하기 쉽도록 이름을 붙이는 경우도 많이 생겼다. MAM같은 경우가 그 예로서 이 브랜드는 콜롬비아의 세 군데에서 생산되는 산악지역의 앞 글자를 따서 붙인 것이다. 이러한 작업은 커피가 생산되는 대부분의 나라에서 적용하고 있기 때문에 소비자가 그 모든 특성을 알기는 어렵다.

둘째, 커피재배가 상업적으로 이루어지던 초기에 단지 무역을 위해서 선적하는 항구의 이름을 붙였던 전통에 따라 아직까지도 그 명칭이 사용되는 것을 들 수 있다. 예를 들면 예멘에서 생산되는 빈은 과거 선적하던 항구의 이름을 그대로 사용하여 지금도 모카Mocha라고 한다.

셋째, 커피재배지가 여러 지역으로 확산되며 아라비카의 여러 변종들이 각각의 품종으로 자리잡게 되면서 품종을 마켓 네임으로 내세우는 스타일이다. 예로써 브라질 커피의 버번 산토스Bourbon Santos의 경우를 보면 버번은 아라비카의 한 변종인 품종명이고 산토스는 선적되는 항구의 이름이다.

넷째, 빈의 타입에 따라 구분한 명칭을 마켓 네임으로 사용하기도 한다. 바로 위에서 언급한 대로 모카커피라고 하면 과거 예멘에서 생산된 커피를 지칭하는 것으로, 유럽으로 수출을 하기 위해 아라비아반도 서남단의 모카 항에서 선적했기 때문에 붙여진 명칭이다. 당시에 유럽의 커피시장에서는 모카커피는 곧 가장 질 좋은 커피라는 등식이 성립되었다. 그래서 과거 한 때 브라질에서 재배한 커피를 예멘의 모카 항으로 싣고 가서 모카라고 이름을 붙여 선적하기도 했다고 한다.

어쨌든 오늘날 커피무역시장에서 모카 커피라고 하는 의미는 실제로 아라비아 반도 남단의 예멘에서 재배된 것이거나, 또는 다른 지역에서 생산된 것일지라도 모카 커피빈의 특징인 작고 불규칙하며 노란 빛을 띠고 양쪽 면이 볼록한 모양을 한 타입의 그린커피를 지칭하기도 한다. 이렇게 모카처럼 그린커피의 타입을 구별하는데 쓰이는 명칭은 부르본 섬에서 생산되던 '부르본 타입'과 마르티니크 섬에서 생산되던 '마르티니크 타입' 등이 있다.

(3) 재배환경에 따라 인증된 명칭

과거에는 생산자와 로스터, 딜러들이 원활한 소통을 하기가 어려웠다. 그래서 로스터나 딜러들은 전적으로 생산지의 결과에 따라 행동을 할 수밖에 없는 수동적인 입장이었다. 그러나

요즘은 교통·통신의 발달로 모든 과정을 공유할 수 있게 되었다. 더구나 인터넷의 발달로 환경운동가들은 커피산업이 지구 환경에 미치는 해악을 전세계에 알릴 수 있게 되었고 사람들은 그 폐해를 인식하게 되었다. 그러므로 경작방식은 환경친화적으로 바뀌어갔고 소비자들은 좀더 비싼 값에 커피를 사는 것에 이의를 제기하지 않게 되었다.

■ 오가닉커피 Organic Coffee

커피재배, 유통, 저장, 로스팅 전 단계에서 일체의 인공적인 가공이나 화학비료를 사용하지 않은 유기농 커피를 말한다. 주로 바이어가 농장에 직접 요구하는 경우가 많다.

■ 쉐이드그로운 커피 Shade-Grown Coffee

이 재배환경은 유기농법은 물론 커피나무 주변에 다른 키가 큰 작물들과 함께 경작하는 프로그램이다. 이런 환경에는 새들도 날아들어 쉴 수 있다고 해서 일명 Bird-Friendly Coffee 라고도 하는데, 이 명칭은 스미소니언 연구소의 집단이주를 하는 새들을 연구하는 센터에서 붙였다. 이 프로그램의 문제는 아무 커피경작지에나 적용시킬 수는 없다는 단점이 있다. 우선 기후가 온화한 지역이어야 하기 때문에 적도에서 멀리 떨어진 다소 서늘한 브라질이나 하와이, 구름이 많이 끼는 블루마운틴, 비가 아주 적게 오는 예멘 등의 지역에서는 적용시키기 불가능한 프로그램이다. 또한 고급 아라비카 커피나무는 세심한 관리가 필요하기 때문에 다른 작물을 함께 심는다 해도 다른 작물 한 종만 잘 정렬해서 커피나무에 영향을 끼치지 않도록 심어야 한다는 데에도 어려움이 있다.

물론 환경보호주의자들은 여러 종의 다른 작물들과 커피나무를 함께 심어서 새들도 서식할 수 있는 경작법을 절대적으로 지지한다. 이에 부응할 수 있는 환경을 갖춘 곳은 중앙아메리카 지역이기 때문에 중미의 여러 나라에서 쉐이드그로운 커피로 인증받은 커피를 생산한다.

■ 페어트레이드 커피 Fair-Trade Coffee

페어트레이드 커피란 경작방식에 따라 인증된 명칭이 아니라 국제적으로 결정된 합리적인 가격으로 커피를 판매하는 생산자에게 부여하는 공증이다. 페어트레이드 협동조합에 가입한 대부분의 생산자들은 유기농법이나 쉐이드그로운 커피를 생산한다.

■ 에코오케이 커피 Eco-Ok Coffee

에코오케이 커피 인증은 '열대우림 동맹'에서 파견된 검사관이 재배환경을 판별하여 부여한다. 말 그대로 커피재배로 인해 주변에 파급되는 영향이 'OK'인지를 보는 것으로 소위 말하는 환경영향평가를 하는 것이다. 여기에서는 농장 일꾼들의 복지문제까지도 평가기준에 적용시킨다고 한다.

■ 서스테이너블 커피 Sustainable Coffee

이 인증은 SCAA로 널리 알려진 미국 고급 커피위원회에서 마련한 기준에 부합되는 커피생산자에게 부여하는 훈장이다. 환경영향평가를 위한 기준은 물론 노동자의 복지, 작업환경, 안정적인 가격으로 출하를 하는지 등 광범위하고 철저한 기준을 갖고 있다고 한다.

■ 파트너십 커피 Partnership Coffee

릴레이션십 커피 Relationship Coffee라고도 한다. 대형 로스팅 회사와 현지 커피생산자 협동조합이 협정을 맺어서 서로 긴밀한 관계를 유지하며 생산하는 커피라는 뜻이다. 그 취지와 내용은 로스팅 회사는 판매하는 커피빈 가격의 일정한 퍼센트에 해당하는 돈을 생산지 주변환경을 개선하는데 쓰도록 기부를 하고, 그러므로 생산자들은 더욱 좋은 커피를 생산하도록 노력해서 소비자들에게 질 좋은 커피를 공급한다는 것이다.

■ 올드커피와 몬순커피 Aged Coffee & Monsooned Coffee

올드커피와 몬순커피는 일반적으로 생산된 커피와는 다른 풍미를 낸다. 이들 두 커피는 모두 수확한 빈을 일정기간 동안 묵혀서 그린커피 자체 내에서 화학반응을 일으켜 다른 풍미를 내게 하는 것이다. 그린커피를 적정한 환경에서 잘 보관하면 시간이 경과하면서 산도는 서서히 감소하고 바디는 상승하는 효과가 있다. 그렇기 때문에 올드커피와 몬순커피의 풍미는 유사한 특성을 나타낸다. 그러나 생산되는 환경이 다르기 때문에 그린커피의 상태는 현저하게 다른 모양을 하고 있다.

올드커피를 의도적으로 만들어 생산하는 곳은 올드자바 Old Java로 유명한 인도네시아뿐이라고 할 수 있다자메이카 트위만 지역에서도 올드커피를 재배하고 있다. 그 외의 지역에서 생산되는 올드커피들은 대부분 그 해에 못 판 그린커피를 수입업자들이 구매를 해서 창고에 보관했다가 판매하는 것들이다. 업자들은 주로 싱가폴에 있는 적정한 습도와 온도를 유지할 수 있도록 설계된 특별창고를 이용한다고 한다. 창고에 저장하는 기간은 최소 2년에서 최장 5년 정도까지 제법 긴 시간인데, 통풍이 잘 되어 서늘하고 건조한 상태를 유지할 수 있는 특별창고라고 해도 골고루 에이징 Aging이 될 수 있도록 주기적으로 포대의 위치를 바꿔주어야 한다. 자칫 습도 조절에 실패하면 풍미를 잃어 맛이 없어지며 마대자루에서 밴 냄새가 나서 상품성이 없어지기 때문에 세심한 관리가 필요하다.

에이징이 잘 되어 골고루 밝은 브라운 색깔을 띠는 빈은 좋은 올드커피로 바디가 아주 묵직하고 달콤한 맛을 뚜렷하게 발현한다. 단 그린커피가 충분한 산도를 함유하고 있었을 때에 이러한 효과를 낸다. 올드커피의 특징은 프렌치 치즈에서 나는 냄새 같은 '치즈군내'가 가볍게 돈다. 창고에 묵는 동안 빈이 자체적으로 숙성하면서 곰팡이 종류의 성분을 생성하기 때문이다. 이런 군내만 없다면 올드커피는 싱글 오리진 커피보다 훨씬 매력적일 수 있다. 하지만 다소 거칠고 군내가 있다 해도 에스프레소나 강한 로스팅을 한 스트롱한 커피에는 좋다. 이렇게 빈 자체 내에서 화학적 변화를 일으켜서 긍정적으로 발현되는 풍미는 엿기름향Malty이 난다거나 풍성함Hearty 등으로 표현할 수 있고 부정적으로 나타날 경우에는 커피의 맛이 밋밋Flat하다.

몬순커피로 유명한 것은 인도에서 생산되는 말라바르Malabar이다. 올드커피와 유사한 특성을 가진 몬순커피는 올드커피에 비해서 훨씬 시간을 절약할 수 있다는 장점이 있다.

몬순커피의 생산은 자연건조방식으로 가공을 한 그린커피를 창고에 쌓아두고 문을 활짝 열어놓고는 촉촉한 몬순 바람을 쐬는 것이다. 2~3주 정도가 지나면 빈은 바람에 실려오는 습도를 머금어 부풀어 올라 커지면서 풍미의 변화를 가져오고 색깔은 노란 빛을 띠게 된다. 몬순커피는 이렇게 크고 노란 빛을 띠며 브라운 칼라의 올드커피와는 현저하게 다른 모양을 하게 되지만 풍미는 유사한 편이다. 산미가 적게 느껴지며 입안에서의 느낌이 묵직하고 달콤하다. 그러나 올드커피와 마찬가지로 보통은 묵은내가 살짝 감돈다. 긍정적으로 나타날 경우에는 쵸콜레이티나 맥아의 달콤함 같은 몰티Malty로 표현할 수 있는 풍미를 내고, 부정적일 때는 거칠은 목질의 느낌이나 밋밋한 맛을 낸다.

7 커피 산지

대부분의 커피나무가 자라고 있는 곳은 적도를 중심으로 남북위 25도 사이, 연강수량이 1,500mm 이상의 열대 및 아열대 지역이다.

이 지역들은 지도에서 하나의 띠를 이루고 있는데 이것을 커피 벨트라고 한다.

브라질이나 인도의 몬순 지역처럼 건기와 우기가 뚜렷한 곳도 유리하다. 나무에 꽃이 피어 열매를 맺을 때까지를 우기, 열매가 익어 일차적인 가공을 할 때 까지가 건기로 구별이 된다면 훨씬 좋은 원두를 생산할 수 있기 때문이다. 토양도 매우 중요한데, 현재 커피 재배 지역은 대부분 화강암 풍화 지대로 토양이 비옥하고 배수가 잘 된다. 대표적인 생산국으로는 브라질, 베트남, 콜롬비아, 인도네시아, 인도, 케냐 등의 60개국에서 전 세계 대부분 판매량을 생산하고 있다.

커피 생산의 적당한 지리적 조건은 앞서 조금 설명하였지만, 최근에는 다양한 환경조건 및 인위적인 개량에 의해 커피 재배지에서 얻어지는 그린커피의 특색도 해마다 달라지고 있다.

세계에서 커피 생산을 제일 많이 하고 있는 브라질로부터 시작하여 중남미의 페루, 콜롬비아, 코스타리카, 엘살바도르, 과테말라, 멕시코, 아름다운 섬나라 자메이카와 쿠바, 도미니카, 그리고 하와이 등이 '커피벨트' 내에 위치하고 있다. 아프리카에선 에티오피아와 탄자니아, 케냐 등이 있고, 아라비아반도의 예멘, 동남아의 베트남, 인도네시아 등 전 세계 80여 개 국에서 커피를 생산하고 있다.

산지별 커피콩의 특징

	향기	신맛	단맛	중후함	감칠맛	쓴맛
브라질				○		
콜롬비아	○	○	○			
과테말라	○	○	○			
코스타리카		○	○			
온두라스				○	○	
블루마운틴	○		○			
멕시코				○	○	
모카	○	○	○		○	
케냐	○	○				
탄자니아	○	○				
자바 만델린				○		

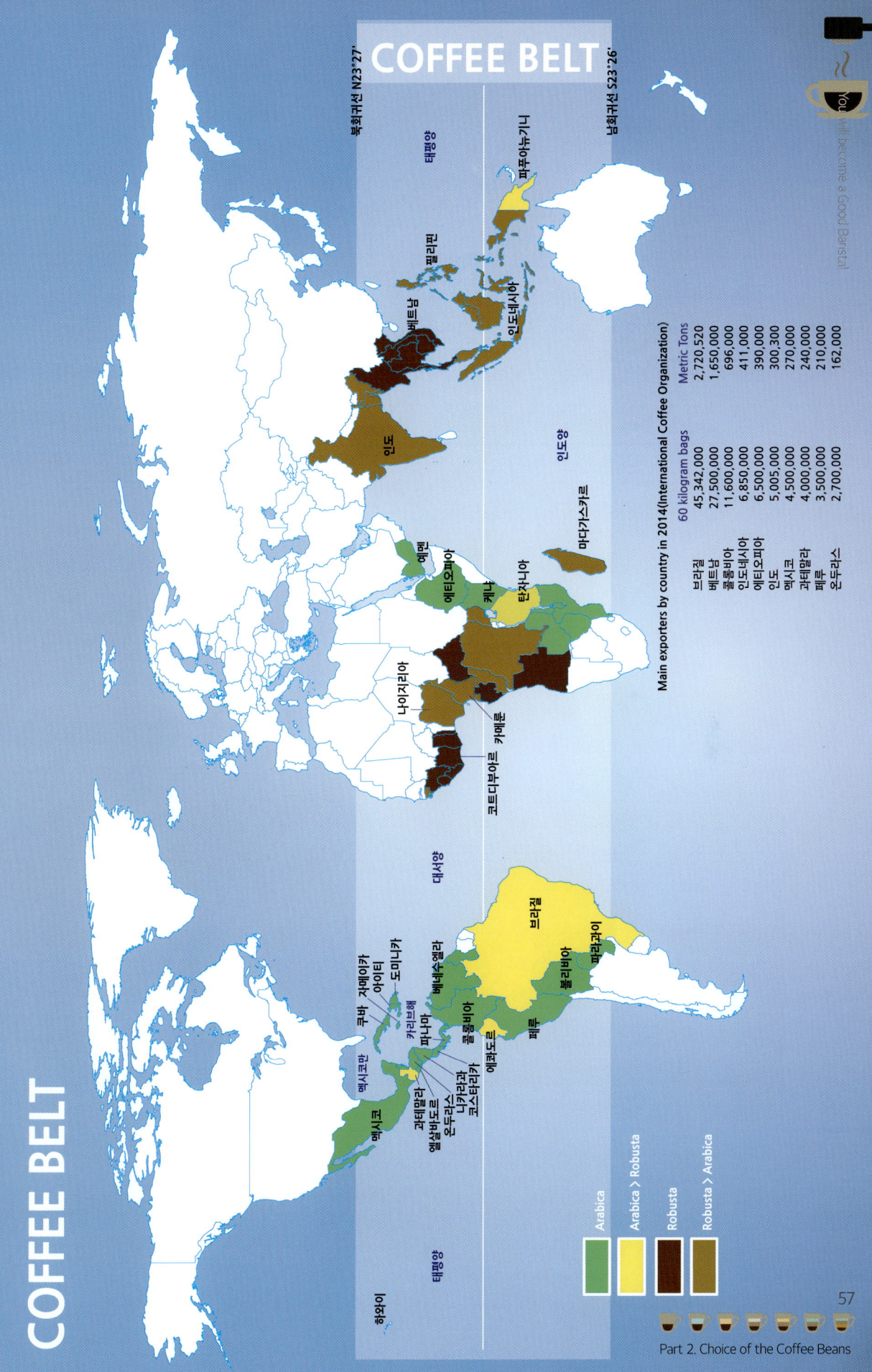

1) 중앙아메리카

중앙아메리카Central America 지역은 북쪽의 멕시코부터 남쪽의 파나마까지를 말한다. 중앙아메리카 지역은 과거 화산 폭발로 인해 지각이 융기되어 형성되었기 때문에 대부분 화산 토양으로 유기물이 풍부하여 커피 재배에 적합한 자연조건을 가지고 있으며 지역에 따라 부드러운 커피부터 밀도가 강한 커피까지 각기 개성 있는 커피를 생산하고 있다.

과테말라에서 일부 생산되는 로부스타를 제외하고 주로 아라비카만 재배하고 있으며, 일부 지역을 제외하고 대부분 워시드 커피를 생산하고 있다.

(1) 멕시코 Mexico

일반적으로 신맛이 강하며, 견과류의 향과 가벼운 바디감, 산뜻한 산도, 좋은 균형감을 지니고 있다.

멕시코는 1790년부터 커피를 경작하기 시작하였으며, 화산지대가 형성되어 있는 남부지방의 비옥한 토양에서만 커피가 재배되고 있다.

주 재배품종으로는 버번, 카투라, 문도노보와 마라고지페이다. 주요생산지역은 멕시코의 끝자락 과테말라 접경지역의 치아파스Chiapas주가 생산량이 가장 많은데, 유기농 커피로 유명한 타파출라Tapachula 커피가 생산되며, 동부 대서양연안의 베라크루즈Veracruz지역은 코아테펙Coatepec 커피가 유명하고, 남서부에 위치한 오악사카Oaxaca주에서는 오악사카와 플루마Pluma가 유명하다. 멕시코 커피의 등급은 재배지 고도에 따라 4단계로 나누며, 수확 시기는 저지대 8~11월, 고지대 11~1월이다.

주요 재배지역	● 치아파스(Chiapas)주 - 타파출라(Tapachula) ● 베라크루즈(Veracruz)주 - 코아테펙(Coatepec) ● 오악사카(Oaxaca)주 - 오악사카와 플루마(Pluma)
품종	● 아라비카(Arabica) - 버번, 카투라, 문도노보, 마라고지페
수확시기	● 저지대 8~11월 ● 고지대 11~1월
가공	● 워시드(습식법)
분류 (재배지 고도 기준)	● SHG(Strictly High Grown) 해발 1,700m 이상 ● HG(High Grown) 해발 1,000~1,600m ● Prime Washed 해발 700~1,000m 이상 ● Good Washed 해발 700m 이하

(2) 과테말라 Guatemala

 화산토의 미네랄을 머금은 과테말라 커피는 부드러우면서 강한 바디를 가지고 있으며, 스모크(smoke)한 향이 배어 있어, 스모크 커피의 대명사로 잘 알려져 있다.

멕시코 아래 위치한 과테말라는 주로 태평양 연안 지역에서 커피를 생산한다. 커피가 처음 소개된 때는 1750년이며, 과테말라를 상징하는 커피는 안티구아 Antigua이다. 안티구아는 아직도 왕성한 화산활동으로 탄소와 질소, 유황가스 등이 토양에 풍부하게 함유된 것을 커피나무가 흡수하여 스모크smoke한 향이 배어 있어 "스모크 커피"의 대명사로 알려지게 되었다.

주요 생산지역은 분지로 둘러싸인 중서부의 안티구아와 아티틀란 호수를 둘러싸고 있는 분지에서 재배되는 아티틀란Atitlan, 동북부의 코반Coban, 서부 태평양 경사면에서서 재배되는 산마르코스San Marcos, 서북부의 우에우에테낭고Huehuetenango, 중부의 프라이자네스Fraijanes 등이 있다.

주요 재배지역	● 중서부 - 안티구아(Antigua), 아티틀란(Atitlan) ● 동북부 - 코반(Coban) ● 서부 - 산마르코스(San Marcos) ● 서북부 - 우에우에테낭고(Huehuetenango) ● 중부 - 프라이자네스(Fraijanes)
품종	● 아라비카(Arabica) - 버번, 카투라, 카투아이, 마라고지페 ※ 소량 습식가공 로부스타(Robusta)도 생산
수확시기	● 8~4월
가공	● 워시드(습식법)
분류 (재배지 고도 기준)	● SHB(Strictly Hard Bean) 해발 1,400m 이상 ● HB(Hard Bean) 해발 1,200~1,400m ● SH(Semi Hard Bean) 해발 1,000~1,200m ● EPW(Extra Prime Washed) 해발 900~1,000m ● PW(Prime Washed) 해발 750~900m ● EGW(Extra Good Washed) 해발 600~750m ● GW(Good Washed) 해발 600m 이하

(3) 온두라스 Honduras

바디는 약하고 부드러운 신맛과 약간의 쓴맛이 조화를 이루어 스트레이트 커피(Straight Coffee)로도 이용하지만 주로 블렌딩(Blending)에 많이 사용된다.

과테말라와 니카라과 사이에 위치하고 있으며 국토의 70~80%가 고지대 산악지형과 화산성 토양으로 이루어져 있어 커피재배에 적합한 자연조건을 갖추고 있다.

주 재배품종으로는 버번, 카투라, 파카스, 카투아이, 게이샤 등이다. 주요 커피 생산지는 해발 1,500~2,000m의 고지대에 있는 서부지역의 산타 바르바라Santa Barbara, 코판Copan, 렘피라Lempira, 라파스La Paz 등이다. 커피의 등급은 재배지 고도에 따라 3등급으로 나뉜다.

주요 재배지역	● 산타 바르바라(Santa Barbara) ● 코판(Copan) ● 렘피라(Lempira) ● 라파스(La Paz)
품종	● 아라비카(Arabica) - 버번, 카투라, 파카스, 카투아이, 게이샤
수확시기	● 5~10월
가공	● 워시드(습식법)
분류 (재배지 고도 기준)	● SHG(Strictly High Grown) 해발 1,500~2,000m ● HG(High Grown) 해발 1,000~1,500m ● CS(Central Standard) 해발 700~1,000m

(4) 엘살바도르 El Salvador

 산도가 강하지 않은 산뜻하고 부드러운 신맛과 달콤한 향미가 느껴지는, 전반적으로 균형감 있는 커피이다.

엘살바도르는 서쪽으로 과테말라, 북동쪽으로 온두라스에 인접한 지역에 위치해 있으며, 중앙 아메리카의 벼룩이라 불리는 작은 나라로 우리나라 경상북도보다 약간 넓은 수준이다. 다른 국가들과 마찬가지로 비옥한 화산 지대와 균일한 강우량으로 인해 커피재배에 있어 천혜의 자연 환경을 갖추고 있다.

엘살바도르는 버번Bourbon과 파카스Pacas 품종을 주로 재배하며, 파카스와 마라고지페를 인공 교배하여 만든 파카마라Pacamara는 적은 생산량과 뛰어난 맛으로 상급품의 커피로 인정받고 있다. 주요 커피 생산지로는 서부의 산타 아나Santa Ana, 아우아차판Ahuachapan, 동부의 산 미구엘San Miguel 등이 있다.

주요 재배지역	● 산타 아나(Santa Ana) ● 아우아차판(Ahuachapan) ● 산 미구엘(San Miguel)
품종	● 아라비카(Arabica) - 버번, 파카스, 파카마라
수확시기	● 10월~이듬해4월
가공	● 워시드(습식법)
분류 (재배지 고도 기준)	● SHG(Strictly High Grown) 해발 1,200m ~2,000m ● HG(High Grown) 해발 900~1,200m ● CS(Central Standard) 해발 500~900m

(5) 니카라과 Nicaragua

적당한 바디감을 가지고 있으며, 새콤하고 산뜻한 산미와 고전적인 커피 맛을 느낄 수 있다.

니카라과는 중미 국가 중에서는 멕시코 다음으로 면적이 넓고, 태평양 연안을 따라 형성된 서부의 산악지형은 비옥한 화산 토양으로 이루어져 있다.

주 재배품종으로는 버번, 카투라, 마라고지페 등이 있으며 주요 커피 생산지로는 서부 산악지대 북부지역의 마타갈파 Matagalpa, 히노테가 Jinotega, 누에바 세고비아 Nueva Segovia와 남부지역의 마나구아 Managua 등이 있다.

주요 재배지역	● 마타갈파(Matagalpa) ● 히노테가(Jinotega) ● 누에바 세고비아(Nueva Segovia) ● 마나구아(Managua)
품종	● 아라비카(Arabica) - 버번, 카투라, 마라고지페
수확시기	● 남부 12~1월 ● 북부 12~3월
가공	● 워시드(습식법)
분류 (재배지 고도 기준)	● SHG(Strictly High Grown) 해발 1,500m~2,000m ● HG(High Grown) 해발 1,300~1,500m ● MG(Medium Grown) 해발 1,000~1,300m ● LG(Low Grown) 해발 500~1,000m

(6) 코스타리카 Costa Rica

 상큼한 신맛과 아로마가 좋으며, 맛이 깔끔하고 밸런스가 좋다.

코스타리카는 1779년 쿠바를 통해 처음 커피가 소개되었고, 국토 대부분이 무기질이 풍부한 화산 토양과 온화한 기후로 이루어져 있어 단위면적당 커피 생산량이 높고 커피의 품질이 우수한 것으로 알려져 있다.

재배품종은 카투라가 주종이며, 그 외에도 카투아이, 문도노보 등이 있다. 주요 커피 생산지로 산호세San Jose, 타라주Tarrazu, 트레스리오스Tres Rios, 브룬카Brunca, 투리알바Turrialba가 있다. 코스타리카 품질등급은 고도가 높을수록 일교차가 커 그린커피의 조직이 단단하고 향미가 짙다.

주요 재배지역	● 산 호세(San Jose) ● 타라주(Tarrazu) ● 트레스리오스(Tres Rios) ● 브룬카(Brunca) ● 투리알바(Turrialba)
품종	● 아라비카(Arabica) - 카투라, 카투아이, 문도노보
수확시기	● 대서양 지역 저지대 6~11월, 고지대 10~1월 ● 태평양 지역 저지대 9~12월, 고지대 11~3월
가공	● 워시드(습식법)
분류 (재배지 고도 기준)	● SHB(Strictly Hard Bean) 해발 1,200~1,650m ● GHB(Good Hard Bean) 해발 1,100~1,250m ● HB(Hard Bean) 해발 800~1,100m ● MHB(Medium Hard Bean) 해발 500~1,200m ● HGA(High Grown Atlantic) 해발 900~1,200m ● MGA(Medium Grown Atlantic) 해발 600~900m ● LGA(Low Grown Atlantic) 해발 200~600m ● P(Pacitic) 해발 400~1,000m

(7) 파나마 Panama

 가벼운 바디와 산뜻한 신맛이 두드러지며, 전체적으로 깔끔하고 균형잡힌 밸런스가 특징이다.

중앙아메리카 최남단에 위치한 파나마는 서쪽으로 코스타리카, 동쪽으로는 콜롬비아와 인접해 있다. 커피 재배를 위해 생겨난 땅이라 해도 틀린 말이 아닐 정도로 파나마는 커피재배지로서 토양, 기후, 고도, 강수량 등 모든 면에서 뛰어난 자연환경을 갖고 있다. 토양은 화산토로 미네랄이 풍부하고 충분한 수분을 보유한다. 고도 역시 이상적인데, 평균 해발 1,500m의 높은 고도에서 재배되기 때문에 단맛과 밀도, 밸런스가 좋다.

주 재배품종으로는 게이샤와 카투라, 카투아이, 티피카, 버번 등이 있다. 주요 커피 생산지로는 볼칸 바루Volcan Baru 지역과 보께테Boquete 지역이 대표적이다. 볼칸 바루는 파나마 서쪽에 위치해 있으며 고지대로 풍부한 바디와 높은 산미, 다양한 향을 지닌 커피가 생산된다. 보께테는 19세기부터 커피재배가 시작되었으며, 전체 파나마 커피 생산량의 40~45% 정도가 이 지역에서 재배된다.

주요 재배지역	● 보께테(Boquete) ● 볼칸 바루(Volcan Baru) ● 삐에드라 칸델라(Piedra Candelal)
품종	● 아라비카(Arabica) - 게이샤, 카투라, 카투아이, 티피카, 버번
수확시기	● 1~3월
가공	● 워시드(습식법)
분류 (재배지 고도 기준)	● SHB(Strictly Hard Bean) 해발 1,200~1,800m ● HB(Hard Bean) 해발 900~1,200m

2) 카리브해 지역

　카리브해Caribbean Sea 지역은 쿠바, 자메이카, 도미니카, 아이티, 푸에르토리코 등의 섬나라로, 미네랄이 풍부한 화산토양과 카리브해에서 불어오는 온화한 바람과 일교차, 그리고 해풍에 의해 발생하는 구름이 햇빛을 적절히 차단해 커피 생산에 적합한 요건을 갖추고 있다. 커피가 강한 느낌보다는 대체로 부드러운 편이며, 우아한 신맛과 뛰어난 향이 조화를 이루는 균형 잡힌 커피라고 할 수 있다.

(1) 도미니카 Dominica

 깔끔하고 부드러우며 달콤한 신맛이 은은히 퍼지는 것이 특징이다.

자메이카의 북쪽, 쿠바의 동쪽에 위치한 도미니카는 1725년 마르티니크섬에서 커피가 유입되어 재배되기 시작하였으며, 카리브해의 커피 중 가장 부드럽고 깔끔하고 여운이 깊은 것으로 알려져 있다. 도미니카 커피는 주로 미국에서 많

이 소비되며, 과거 나라 이름이었던 산토도밍고 Santo Domingo라는 상표로 더 알려져 있다.

주 재배품종으로는 티피카 Typica, 카투라 Cattura 등이 있고, 주요 커피 생산지로는 북부 시바오 El Cibao, 중부 시바오 알투라 Cibao Altura, 남부 바라오나 Barahona, 바니 Bani가 있다.

주요 재배지역	● 북부 - 시바오(El Cibao) ● 중부 - 시바오 알투라(Cibao Altura) ● 남부 - 바라오나(Barahona), 바니(Bani)
품종	● 아라비카(Arabica) - 티피카(Typica), 카투라(Cattura)
수확시기	● 8월 ~ 이듬해 2월
가공	● 수세건조식(Washed, Sun Dry)
분류 (그린커피 크기 기준)	● AA - Screen size 17-18 ● A - Screen size 15-16

※ 1스크린은 1/64인치(약 0.4mm)

(2) 자메이카 Jamaica

최고급품으로 크기가 크고 밀도가 높으며 신맛과 단맛과 쓴맛의 조화, 다양한 향을 가지고 있는 균형이 매우 잘 잡힌 커피로 평가받고 있다.

자메이카는 쿠바의 남쪽에 위치한 섬나라로 1728년 마르티니크 Martinique 섬으로부터 커피나무를 들여와 경작하기 시작하였다. 섬의 대부분이 고지대 산악 지역으로, 기후가 서늘하고 안개가 잦으며 강수량이 많고 배수가 잘 되는 토양으로 이루어져 커피 재배에 이상적이다. 특히 자메이카 섬의 동쪽에 위치한 블루 마운틴 Blue Mountain은 해발 1,200m 이상에서 자주 발생하는 안개와 비구름으로 천연의 그늘을 형성하여 커피열매 성장을 더디게 하고 그린 커피의 밀도를 높여 커피의 향미를 더욱 완숙시켜주는 역할을 한다. 주 재배품종은 아라비카 Arabica 티피카 Typica이다. 커피 생산지역으로는 블루 마운틴 지역의 포틀랜드 Portland, 세인트 토마스 St. Thomas, 세인트 앤드류 St. Andrews, 세인트 메리 St. Mary, 맨체스터 Manchester 등이 있다.

가장 유명한 커피는 단연 블루마운틴이고, 블루마운틴 커피를 로스팅하여 포장까지 한 후 수출하는 커피는 별도로 자블럼 JBM, Jablum이라고 한다.

주요 재배지역	● 블루 마운틴(Blue Mountain) 지역의 포틀랜드(Portland) ● 세인트 토마스(St. Thomas) ● 세인트 앤드류(St. Andrews) ● 세인트 메리(St. Mary) ● 맨체스터(Manchester)
품종	● 아라비카(Arabica) - 게이샤, 카투라, 티피카, 버번
수확시기	● 저지대 7~9월
가공	● 워시드(습식법)

자메이카 커피 등급		Screen Size	재배지 고도
High Quality	Blue Mountain NO 1	17 ~ 18	해발 1,100m 이상
	Blue Mountain NO 2	16 ~ 17	
	Blue Mountain NO 3	15 ~ 16	
Low Quality	하이 마운틴(High Mountain)		해발 1,100m 이하
	프라임 워시드(Prime Washed)		해발 750~1,000m
	워시드(Washed)		

■ **블루 마운틴**

커피의 황제, 세계 최고의 커피로 알려진 블루 마운틴Blue Mountain은 자메이카 블루 산맥에서 재배되는 커피의 분류 명칭이다. 블루 산맥의 최고봉은 블루마운틴 봉으로 해발 2,256m에 달한다. 자메이카 블루 마운틴은 국제적으로 공인 받은 원두인데, 1948년에 설립한 자메이카 커피 산업 위원회CIB, Coffee Industry Board에서 인증한 것만을 블루 마운틴이라는 라벨을 붙일 수 있다.

블루마운틴의 주요 생산지는 월렌포드Wallenford, 마비스 뱅크Mavis Bank, 올드 태번Old Tavern, 에스테이트Estate 농장 등이 유명하며, 다른 나라에서 사용하는 마대Juke bag가 아닌 나무통Barrel으로 포장되고, CIB의 인증서가 들어있다.

(3) 쿠바 Cuba

맛의 특성은 부드럽고, 풍부한 향미, 좋은 산도와 균형잡힌 바디가 특징이다.

쿠바 커피의 역사는 1748년 스페인 사람 돈 호세 헤럴드가 아이티 Haiti의 커피농장에서 커피를 가져오면서 시작되었다. 비옥한 화산토양과 열대성 기후, 적당한 강수량, 배수가 잘 되는 토양, 커피가 자라는 데 부족함이 없는 자연조건 속에서 맛이 좋고 향기가 뛰어난 커피를 생산하고 있다.

주 재배품종으로는 티피카 Typica, 버번 Bourbon, 카투라 Cattura, 카투아이 Catuai 등이 있다. 주 커피 생산지로는 동부 오리엔터 Oriente와 중부의 라스 빌라스 Las Villas가 있다. 쿠바의 크리스탈 마운틴 Crystal Mountain은 자메이카의 블루 마운틴 Blue Mountain에 대적할 만한 품질을 가진 커피라는 의미로 브랜드 네임이 만들어 졌으며, 한쪽에 치우치지 않고 단맛, 쓴맛, 신맛 등이 조화를 이뤄 단종에서 느끼기 어려운 향미와 플레이버가 잘 어우러져 최고의 맛을 낸다는 점에서 최고의 커피로 인정받고 있다.

주요 재배지역	● 동부 - 오리엔터(Oriente) ● 중부 - 라스 빌라스(Las Villas)	
품종	● 아라비카(Arabica) - 티피카(Typica), 버번(Bourbon) 카투라(Cattura) 카투아이(Catuai)	
수확시기	● 9월 ~ 이듬해 2월	
가공	● 수세건조식(Washed, Sun Dry)	
분류기준	**결점 그린커피수 기준** ● Grade 1 : 결점 그린커피가 없어야 함 ● Grade 2 : 결점 그린커피 4개 까지 허용 ● Grade 3 : 결점 그린커피 12개 까지 허용	**그린커피 크기 기준** ● Crystal Mountain : 18 스크린 이상 ● Extra Turquino : 18 스크린 ● Turquino : 17~18 스크린 ● Altura : 16~17 스크린 ● Montana : 16 스크린 ● Cumbre : 15 스크린

3) 남아메리카

브라질, 콜롬비아, 페루 등으로 구성되어 있는 남아메리카South America는 전세계 커피 생산량의 약 45% 정도를 차지하는 최대 커피 생산지역이다. 남아메리카는 커피생산의 중심으로 좋은 토양과 강수조건을 갖추고 있어 품질이 좋은 커피를 생산하기에 좋은 환경을 가지고 있다. 대부분 워시드 가공을 한 아라비카종을 중심으로 생산하고 있지만 일부 물이 부족한 지역에서는 네추럴 가공방식으로 가공하기도 한다.

(1) 브라질Brazil

 호두 맛이 나며 신맛이 적다. 중성적인 커피의 그윽한 맛과 향으로 블렌딩의 틀을 잡아주는 역할을 한다. 그래서 스트레이트보다는 블렌딩에 많이 이용한다.

브라질은 세계 제일의 커피 생산국이자 수출국으로, 다른 나라에 비해 비교적 낮은 고도의 대규모 농장에서 커피를 경작한다.

주 재배품종으로 아라비카는 버번, 티피카, 문도 노보, 카투라, 카투아이, 마라고지페 등이 생산량의 85%를, 카네포라 계열의 코닐론이 15% 정도 생산된다. 주요 커피생산 주는 다섯 곳으로 파라나Parana, 상파울로Sao Paulo, 미나스 제라이스Minas Gerais, 이스피리투 산투Espirito Santo, 바이아Bahia 등이다.

대표적인 커피로는 아라비카 품종 중 3~4년 산에서 수확하는 버번 산토스Bourbon Santos, 브라질 최대의 스페셜티 커피 Specialty Coffee 지역이며, 브랜드인 몬테알레그레Montralegre, 요오드 향이 강한 카페 리오테Cafe Riote가 있다.

■ **산토스**Santos

브라질 산토스는 상파울로주 남동쪽 해안에 위치한 산토스 항에서 선적되는 것에서 유래된 이름이다. 산토스는 브라질 최대의 도시 상파울로 바로 남동쪽에 위치하여 상파울로의 외항 역할을 하고 있으며, 유명 커피로는 Brazil Santos NY2, Brazil Santos bourbon NY2가 있다.

주요 재배지역	● 파라나(Parana)주 ● 상파울로(Sao Paulo)주 ● 미나스 제라이스(Minas Gerais)주 ● 이스피리투 산투(Espirito Santo)주 ● 바이아(Bahia)주
품종	● 아라비카(Arabica) - 버번, 티피카, 문도 노보, 카투라, 카투아이, 마라고지페 ● 로부스타(Robusta) - 코닐론
수확시기	● 4월 ~ 6월, 10월 ~ 이듬해 2월 두 번
가공	● 워시드(Washed)

분류기준	**결점 그린커피수 기준(NYBOT)**
	● NY2 - 결점두 6 NY2/3 - 결점두 9 NY3 - 결점두 13
	   NY3/4 - 결점두 21 NY4 - 결점두 30 NY4/5 - 결점두 45
	   NY5 - 결점두 60 NY5/6 - 결점두 90 NY6 - 결점두 120
	   NY6/7 - 결점두 180 NY7 - 결점두 240 NY8 - 결점두 450
	컵 퀄리티 기준(Cupping)
	● Strictly Soft - 매우 부드럽고 풍부한 단맛
	● Soft - 부드럽고 단맛
	● Just Soft - 부드럽지만 약간은 떫은 향미
	● Hard - 단맛이 부족하고 떫은 향미
	● Rioysh - 요오드 또는 약 같은 향미(약한 발효향)
	● Rio - 요오드도 또는 약 같은 향미로 매우 불쾌한 향미(발효향)

■ NYBOT 등급 분류법

그린커피의 등급을 평가하는 방법은 생산국마다 조금씩 차이가 있지만, 세계무역에서 아라비카 커피 등급을 분류하는 방법은 뉴욕무역거래소NYBOT; New York Board of Trading에 따른 방법이다. 브라질 커피는 NYBOT 등급 분류방법인 그린커피 샘플 300g 안의 결점두 함량에 따라 체계적인 등급 시스템을 사용하고 있다.

■ 컵핑에 의한 분류법

컵핑Cupping이란 커피의 품질을 분류하기 위해 커피 농장과 그린커피 무역에서 전문가들이 사용하는 관능평가 방법이다. 브라질에서는 생산자와 구매자 모두 컵핑을 하여 컵 퀄리티Cup Quality에 따라 등급을 분류하고 있다.

(2) 콜롬비아 Colombia

 중간정도의 바디감에 과하지 않은 활기찬 산도, 절제된 과일향으로 생동감이 있으면서도 균형 잡힌 부드러움이 특징이다.

콜롬비아는 브라질, 베트남에 이어 세계 3위의 커피 수출국으로서. 브라질이 커피 생산량에 중점을 둔 반면, 콜롬비아는 품질에 중점을 두어 최고의 커피를 생산한다는 자부심이 대단하다.

콜롬비아는 지질, 기후 등 모든 것이 커피 재배에 적합하며, 카페테로 Cafetero라고 불리는 농부들에 의해서 수확된 체리를 습식법으로 완성시킨 맛과 향이 풍부한 커피가 생산된다.

주 재배품종으로는 100% 아라비카로 버번, 티피카, 카투라, 마라고지페 등이 생산된다. 주 커피생산지역은 MAN's라고 불리는 중앙 산악지역의 마니살레스 Manizales, 아르메니아 Armenia, 메델린 Medellin 등이 있는데, 이 세 곳에서 콜롬비아 커피의 약 70%를 생산한다. 동부 산악지역에는 부카라망가 Bucaramanga, 카리브해 해안에 위치한 산타마르타 Santa Marta 등이 있다.

콜롬비아 커피는 크게 수프리모 Supremo와 엑셀소 Excelso로 나누어진다.

주요 재배지역	● 중앙 산악지역 - 마니살레스(Manizales) 　　　　　　　아르메니아(Armenia) 　　　　　　　메델린(Medellin) ● 동부 산악지역 - 부카라망가(Bucaramanga) ● 카리브해 해안 - 산타마르타(Santa Marta)
품종	● 아라비카(Arabica) - 버번, 티피카, 카투라, 마라고지페
수확시기	● 1 ~ 3월
가공	● 워시드(습식법)
분류기준 (그린커피 크기 기준)	● 수프리모(Supremo) - 스크린 사이즈 17 이상(6.75mm 이상) ● 엑셀소(Excelso) - 스크린 사이즈 14~16 이상(5.5~6.5mm) ● U.G.Q(Usual Good Quality) - 스크린 사이즈 13 수출금지 ● Caracoli - 스크린 사이즈 12 수출금지

(3) 페루Peru

좋은 신맛과 우수한 바디, 부드러운 향이 풍부한 매력적인 커피이다.

페루는 안데스 산맥이 전 국토의 대부분을 차지하는 남미 3위의 커피생산국이며, 유기농 커피Organic Coffee를 가장 많이 생산하는 국가 중 하나이다. 미국 국제유기농작물개발협회CCIA의 유기농 인증을 받았다.

주 재배품종으로는 카투라, 티피카, 버번 등이 있다. 주요 커피 생산지로는 북부의 피우라Piura, 까하마르까Cajamarca 중앙의 피스코Pasco, 후닌Junin, 남부의 쿠스코Cuzco, 푸노Puno가 있다. 페루를 대표하는 커피는 중앙에 위치한 찬차마요Chanchamayo 계곡에서 생산되는 찬차마요 커피이다.

주요 재배지역	● 북부 - 피우라(Piura), 까하마르까(Cajamarca) ● 중앙 - 피스코(Pasco), 후닌(Junin) ● 남부 - 쿠스코(Cuzco), 푸노(Puno)
품종	● 아라비카(Arabica) - 카투라, 티피카, 버번
수확시기	● 워시드 커피 4~9월 ● 내추럴 6~10월
가공	● SHB(Strictly Hard Bean) 해발 1,200~1,800m ● HB(Hard Bean) 해발 900~1,200m
분류 (그린커피 크기 기준)	● Washed AAA - Screen size 17 ● Washed AA - Screen size 16 ● Washed A - Screen size 15

4) 아시아 · 태평양 지역

아시아·태평양Asia & Pacific 지역은 서쪽으로 예멘Yemen부터 동쪽으로 하와이Hawaii에 이르는 광활한 지역으로 남미에 이어 두 번째로 커피생산이 많은 지역이다. 하와이 코나 지역과 예멘, 파푸아 뉴기니에서는 주로 아라비카가 재배되고, 인도와 인도네시아는 아라비카와 로부스타가 같이 재배되고 있으며, 베트남은 커피생산 2위 국가로 대부분 로부스타를 생산하고 있다.

(1) 베트남Vietnam

 세계 2위의 커피 생산국이며 로부스타 재배지역으로 잘 알려져 있다.
주로 블렌딩용 커피와 인스턴트커피의 원료를 공급한다.

1857년 프랑스인들에 의해 처음 소개된 베트남 커피산업은 1990년대 후반부터 브라질에 이어 세계 2위의 커피생산국이 되었다. 고온다습한 열대성기후로 로부스타 재배지역으로 잘 알려져 있으며, 주로 블렌딩용 커피와 인스턴트커피의 원료를 공급한다. 베트남 사람들은 커피에 신선한 연유를 넣어 차갑게 마시는 베트남식 아이스 밀크커피인 카페쓰어다Ca Phe Sua Da를 즐겨 마신다. 베트남의 커피에 관련된 모든 사업은 정부기관인 비나카페Vinacafe에서 맡아 왔으나, 1990년대 후반부터 사기업도 허용을 해 많은 업체들이 생겨나고 있다. 베트남에서 가장 브랜드화 된 커피회사로는 1996년 설립해서 G7 커피로 유명한 쭝원Trung Nguyen과 1998년 설립한 하일랜드Highlands coffee가 있다.

주요 커피 생산지역은 남부의 닥락Dac Lac이 가장 재배면적이 큰 생산지이며, 그 다음이 람동Lam Dong, 잘라이Gia Lai, 동나이Dong Nai 순이다.

주요 재배지역	● 닥락(Dac Lac), 람동(Lam Dong), 잘라이(Gia Lai), 동나이(Dong Nai) 등	
품종	● 로부스타(Robusta) - 95%	● 아라비카(Arabica) - 5%
수확시기	● 11 ~ 이듬해 4월	

■ **위즐커피**Weasel coffee

일명 족제비커피. 수확철에 배고픈 족제비들이 잘 익은 커피열매를 따먹고, 과육은 소화되고 소화되지 않은 커피빈이 몸속의 위액과 반응을 일으켜 커피의 쓴맛과 신맛이 완화된 커피빈이 그대로 배설물로 나오게 되는데, 이를 가공하여 만든 제품이며 인도네시아 루왁과 같은 최고급커피로 알려져 있다.

(2) 인도네시아 Indonesia

 아라비카는 원두 특유의 단맛, 보다 가벼운 바디감과 특유의 향이 특징이고, 로부스타는 묵직한 쓴맛과 구수한 옥수수향, 최고급 로부스타는 깔끔하고 산뜻한 맛과 향이 특징이다.

인도네시아커피는 1869년 네덜란드인들에 의해 예멘으로부터 아라비카종이 자바섬으로 유입되어 재배되기 시작하였다. 대체로 무기질이 풍부한 화산지형을 갖고 있어 커피재배에 이상적이지만, 1877년 커피 녹병 Coffee Leaf Rust으로 전체 커피농장이 초토화되면서 병충해에 강한 로부스타종을 주로 재배하고 있다. 1950년부터 다시 소량 재배하기 시작한 아라비카종은 수마트라에서 생산되는 만델링과 코피 루왁 Kopi Luwak으로 널리 알려져 있다.

주 재배품종으로는 아라비카 카티모르 Catimor가 10%, 로부스타 90%이다. 주요 커피산지로는 만델링 Mandheling 커피로 유명한 수마트라 Sumatra, 모카 자바 Mocha Java 브랜드로 유명한 자바 Java, 셀레베스 토라자 Celebes Toraja라는 브랜드로 유명한 술라웨시 Sulawesi 등이 있다.

주요 재배지역	● 수마트라(Sumatra)섬 - 만델링(Mandheling) ● 자바(Java)섬 - 모카 자바(Mocha Java) ● 술라웨시(Sulawesi)섬 - 셀레베스 토라자(Celebes Toraja)
품종	● 아라비카(Arabica) - 카티모르(Catimor) ● 로부스타(Robusta)
수확시기	● 북부 12~3월, 남부 5~9월
가공	● 워시드(습식법) - 아라비카(Arabica) ● 내추럴(자연건조) - 로부스타(Robusta)
분류기준	**결점 그린커피수 기준(300g 당)** ● Grade 1 : 11개 이하　　　　● Grade 4a : 45 ~ 60개 ● Grade 2 : 12 ~ 25개　　　　● Grade 4b : 61 ~ 80개 ● Grade 3 : 26 ~ 44개　　　　● Grade 5 : 81 ~ 150개 　　　　　　　　　　　　　● Grade 6 : 151 ~ 225개

■ **코피 루왁** Kopi Luwak

루왁 커피는 인도네시아의 대표적인 프리미엄 커피로 사향고양이 루왁의 배설물 속의 커피 씨앗을 채취하여 깨끗이 씻은 후 볶아낸 커피이다. 인도네시아 사향고양이는 잘 익고 품질이 좋은 커피체리를 소화제처럼 먹는다. 사향고양이의 위장에서 소화과정을 거쳐 밖으로 배설된 커피 씨앗은 소화기관을 거치게 되므로 특유의 맛과 향을 지니게 된다. 희귀성 때문에 세계적으로 가장 비싼 커피로 알려져 있다.

Kopi Luwak과 사향고양이(Civet) Jordy Meow 제공

(3) 인도 India

 몬순커피는 습한 남서 계절풍에 커피를 건조하여 노란빛을 띠며, 독특한 향미를 갖고 있고 진한 쓴맛으로 에스프레소용으로 적합하다.

1585년 아랍의 순례자 바바 부단Baba Budan이 이슬람의 메카Mecca 순례여행에서 돌아오는 길에 예멘에서 가져온 일곱 개의 커피 열매를 인도 남부 카르나타카Karnataka주의 찬드라기리Chandragiri 언덕에 심는 것으로 인도 커피의 역사가 시작되었다.

인도 남부는 습한 몬순남서계절풍 기후로 커피재배에 적합한 강수량과 배수가 잘되는 비옥한 고원지대를 갖추고 있다. 주 재배품종으로는 켄트Kent, 타파리켈라Tafarikela, 라몬Ramon이 있으며, 주 커피산지로는 남부지방 고지대의 마이소르Mysore, 말라바르Malabar, 첸나이Chennai, 1995년까지의 지명은 마드라스(Madras)로 불림 등이 있다.

주요 재배지역	마이소르(Mysore), 말라바르(Malabar), 첸나이(Chennai)	
품종	켄트(Kent), 타파리켈라(Tafarikela), 라몬(Ramon)	
수확시기	● 아라비카 11월 ~ 이듬해 2월 ● 로부스타 1 ~ 3월	
가공	● 워시드(습식법) - 플렌테이션 아라비카(Arabica) 　　　　　　　　　파치먼트 로부스타(Robusta) ● 내추럴(자연건조)	
분류기준 (그린커피 크기 기준)	**습식 아라비카** ● Plantation AA : Screen size 17이상 ● Plantation A : Screen size 16 ● Plantation B : Screen size 15 ● Plantation C : Screen size 14 ● Plantation Bilb : Screen size 14미만	**습식 로부스타** ● Parchment AB : Screen size 15 이상 ● Parchment A : Screen size 14 ● Parchment B : Screen size 13 ● Parchment C : Screen size 12 ● Parchment Bulb : Screen size 12 미만

■ **몬순 커피** Monsooned Coffee

인도 몬순커피는 홍차와 비슷한 유래를 가지고 있다. 인도에서 수확된 커피를 유럽으로 수출하기 위해 배에 선적을 기다리며 항구에서 먼저 해풍을 맞고, 아프리카를 돌아가는 중 또 다시 해풍에 노출되어 유럽으로 가는 약6개월 동안 높은 습도에 노출된 커피가 유럽에 도착하면 해풍과 고온으로 황갈색으로 변색되기 일쑤였다. 그러나 수에즈 운하가 개통됨에 따라 운송시간이 단축되고 인도 커피는 커피 본래의 맛을 회복하게 되었지만, 이전의 특별한 향이 사라지고 말았다. 결국 이 특이한 인도 커피 향에 심취해 있던 유럽 소비자들이 예전의 맛을 그리워하게 되었고, 이로 인해 인도에서는 3월과 6월에 불어오는 남서계절풍을 이용하여 몬순커피를 생산하기 시작했다.

■ **몬수닝** Monsooning **작업순서**

① 수세 처리하지 않은 아라비카 커피를 개방된 창고에 12~20㎝ 정도의 두께로 펼쳐 준다.
② 개방된 창고 내에서 대기 중의 습기에 노출시킨 채 4~5일 방치한다.
③ 이러한 작업이 끝나면 올이 굵은 삼베 자루에 느슨하게 담아서 일렬로 쌓아둔다.
④ 이 때 열간의 간격을 충분히 벌려 몬순바람에 영향을 충분히 받을 수 있도록 한다.
⑤ 일주일마다 자루를 바꿔주며 6~7주가 경과하면 원두는 예전의 몬순커피의 색과 향을 갖는 커피가 된다.
⑥ 이러한 기간 동안 벌레에 의한 원두가 손상되는 것을 막기 위해 훈증을 해 준다.
⑦ 일일이 손으로 좋지 않은 원두를 분류하고 선별하여 포대에 담으면 몬순커피가 완성된다.

(4) 파푸아 뉴기니 Papua New Guinea

 부드러운 신맛, 꽃과 과일 향 등 풍부한 향미가 특징이다.

파푸아뉴기니는 길들여지지 않은 천연 그대로의 자연을 간직한 도서국으로 국경의 서쪽은 인도네시아와 붙어 있고, 남쪽 바다 건너에는 호주 대륙이 위치해 있다.

파푸아뉴기니 커피의 생산지역은 전형적인 몬순기후로, 습하고 적당한 강수량과 일조량 등 커피재배에 적합한 조건을 갖추고 있다. 주 재배품종으로는 아라비카로는 티피카, 버번, 카투라, 문도노보가 있고, 소량의 로부스타가 재배된다.

파푸아뉴기니 커피는 유기농 커피Organic Coffee로 유명하며 커피는 대부분 하이랜드Highland라 불리는 고원지대에서 생산되는데, 마운트 하겐Mount Hagen산 근처의 서쪽 하이랜드에서 재배되는 시그리Sigri가 가장 유명하다. 동쪽 하이랜드에는 아로나Arona가 있다.

주요 재배지역	● 마운트 하겐(Mount Hagen), 아로나(Arona)
품종	● 아라비카(Arabica) - 티피카, 버번, 카투라, 문도노보 ● 로부스타(Robusta) - 소량 재배
수확시기	● 4 ~ 9월
가공	● 워시드(습식법) ● 내추럴(자연건조)
분류기준 (그린커피 크기 기준)	● AA : Screen size 18이상 ● A : Screen size 17 ● AB : Screen size 16 ● B : Screen size 15 ● C : Screen size 14이하

(5) 하와이 Hawaii

"신맛과 과일향이 은은하게 입안을 감돌며 혀를 자극하고, 풍부하고 그윽한 향을 맡으면 누구나 코나커피의 팬이 될거예요!" - 허클베리핀의 저자 마크트웨인

하와이에서는 1825년부터 커피 경작을 시작하였으며, 미국에서 유일하게 커피 재배가 가능한 지역이다. 적절한 강수량과 비옥한 화산재 지형, 구름이 만들어내는 자연그늘free shade 등 커피 재배에 이상적인 조건을 갖추고 있다.

주 재배품종으로는 아라비카 중 티피카, 카투아이, 블루마운틴이 재배된다. 가장 유명한 커피는 코나Kona지역의 커피로, 자메이카 블루 마운틴Blue mountain, 예멘의 모카Mocha와 더불어 세계 3대 프리미엄 커피로 인정받는다.

코나 지역 외에 카우아이Kauai, 몰로카이Molokai, 마우이Mau, 오하우Ohau 등이 있다.

주요 재배지역	코나(Kona), 카우아이(Kauai), 몰로카이(Molokai), 마우이(Mau), 오하우(Ohau)
품종	아라비카(Arabica) - 티피카, 카투아이, 블루마운틴
수확시기	9월 ~ 이듬해 3월
가공	워시드(습식법)
분류	그린커피 크기와 결점두(300g 당) 기준 ● Kona Extra Fancy Screen size 19 / 결점두 10개 이내 ● Kona Fancy Screen size 18 / 결점두 16개 이내 ● Kona Caracoli No1 Screen size 10 / 결점두 20개 이내 ● Kona Prime Screen size 무관 / 결점두 25개 이내

(6) 예멘 Yemen

부드러운 신맛과 독특한 과일향이 나며 입안 가득히 남는 바디감이 특징

아라비아 반도 남서부에 위치한 예멘은 서쪽으로는 홍해, 남쪽으로는 아덴만으로 둘러싸여 있다. 예멘은 6세기경부터 커피를 경작한 아라비카 커피의 원산지이다. 과거 이 지역에서 생산된 커피는 한때 세계 최대의 무역항이었던 홍해의 모카Mocha 항을 통해 유럽으로 수출되어 이 지역 커피를 지금도 모카라 부른다. 예멘의 커피 경작지는 대부분 화산암으로 이루어져 있어 미네랄이 풍부하고, 서리가 내리지 않는 적절한 안개 기후를 갖고 있어 커피 재배에 이상적이다. 주 재배품종으로는 아라비카 중 티피카, 버번이 있고, 주 생산 지역은 서부의 베니 마타르Bani Mattar, 하라지Hiraji, 사나Sana'a 등이 있다. 예멘을 대표하는 커피는 마티리Mattari로 신맛이 강하며 와인향과 초콜릿향 등을 강하게 느낄 수 있다.

주요 재배지역	● 베니 마타르(Bani Mattar), 하라지(Hiraji), 사나(Sana'a)
품종	● 아라비카(Arabica) - 티피카, 버번
수확시기	● 3~4월과 10~12월
가공	● 내추럴(자연건조)
분류기준	**결점두 기준** ● Matari : 1등급 ● Sharka : 2등급 ● Sanani : 3등급

■ 모카Mocha의 의미

커피의 귀부인 칭호를 받는 예멘 모카Yemen Mocha는 세계 3대 명품 커피로 인정받고 있는데, 모카는 다음과 같이 여러 가지 의미로 사용되고 있다. ① 커피 그 자체라는 의미 ② 예멘 남서 해안의 항구 이름 ③ 카페 모카Caffe Mocha처럼 커피에 초콜릿이 첨가된 음료. 모카커피의 강한 초콜릿향이 연상되어 지어진 이름이다.

유럽의 공장이었던 모카항(1680년대 풍경)

5) 아프리카 지역

아프리카Africa는 아시아 다음으로 면적이 넓고 인구가 많은 대륙으로 아라비카, 로부스타 등 모든 커피의 원산지이며, 아프리카가 주는 인상만큼이나 커피의 맛이 전체적으로 강하면서 야성적인 맛을 가지고 있다.

에티오피아, 케냐, 탄자니아는 아라비카 커피 생산국이며, 우간다와 카메룬, 코트디브와르 같은 아프리카 서부 해안 지역은 주로 로부스타를 생산한다.

아프리카 커피 그린커피는 대체로 작고 단단한 특징이 있다.

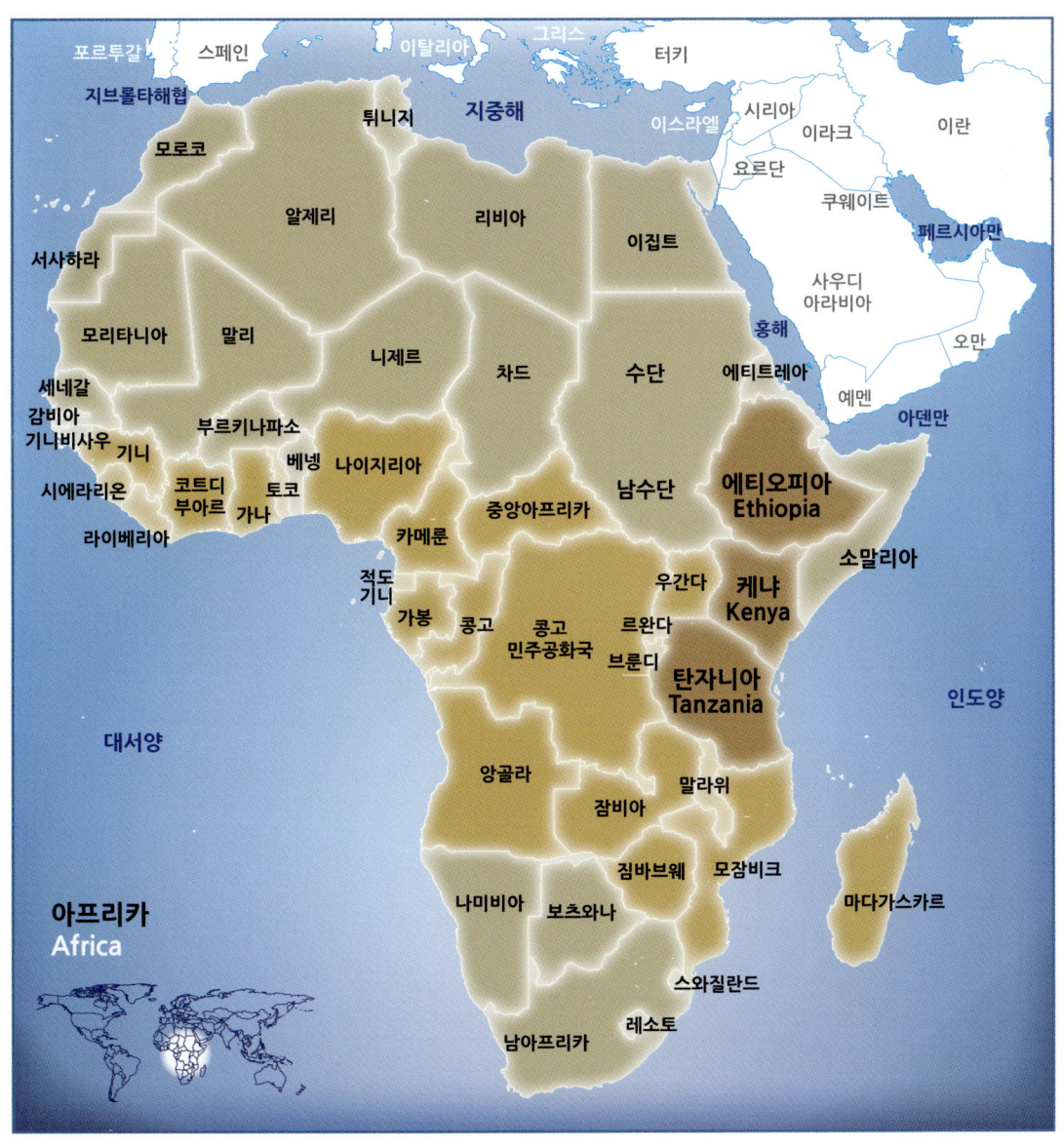

(1) 에티오피아 Ethiopia

 과일의 상쾌하고 부드러운 신맛, 와인과 꽃에 비유되는 향미가 특징

에티오피아 Ethiopia는 아라비카 커피의 원산지로 "커피의 고향"으로 알려져 있으며, 아프리카 최대의 커피 생산국이다. 적도의 고지대에 있어 천혜의 커피 재배 환경을 갖고 있지만, 열악한 자본과 낙후된 시설 때문에 전통적인 유기농법과 그늘경작법, 건식법으로 커피를 재배한다.

재배 품종은 100% 아라비카이며, 주요 생산지역은 "에티오피아의 축복"으로 유명한 하라 Harra, 남부지역의 시다모 Sidamo, 짐마 Jimma, 리무 Limu, 이르가체페 Yirgacheffe 등이 있다. 이르가체페는 부드러운 신맛, 과실향, 꽃향기 등으로 에티오피아 커피 중 가장 세련된 커피로 인정받아, "커피의 귀부인"이라는 칭호를 받고 있다.

주요 재배지역	● 동부 - 하라(Harra) ● 남부 - 시다모(Sidamo), 이르가체페(Yirgacheffe) ● 서부 - 짐마(Jimma), 리무(Limu)
품종	● 아라비카(Arabica)
수확시기 및 가공	● 워시드(습식법) : 7월 말 ~12월 ● 내추럴(자연건조) : 10월 ~ 이듬해 3월
분류기준	결점 그린커피수 기준(300g 당) ● Grade 1 : 3개 이하 　　　● Grade 5 : 46 ~ 100개 ● Grade 2 : 4 ~ 12개 　　　● Grade 6 : 101 ~ 153개 ● Grade 3 : 13 ~ 25개 　　　● Grade 7 : 154 ~ 340개 ● Grade 4 : 26 ~ 45개 　　　● Grade 8 : 340개 이상

(2) 탄자니아 Tanzania

 와인에서 느껴지는 상큼한 신맛과 인상적인 과일향이 특징

탄자니아는 아프리카의 최고봉인 킬리만자로'위대한 산' 이란 뜻, 해발 5,895m의 화산지대에 있는 모시Moshi 지방이 최적의 커피 재배환경을 가진 대표적인 생산지이며, 남부지역은 말라위Malawi 호수 부근의 송게아Songea, 음베야Mbeya 지역과 탕가니카Tanganyika 호수 부근의 룽궤Rungwe, 모지Mbozi가 대표적인 산지이다.

로부스타 산지로는 북부 빅토리아Victoria 호수 근처 부코바Bukoba 지역과 서북부 우삼바라Usambara와 탕가Tanga 지역이 유명하다.

주요 재배지역	● 아라비카 북부지역 : 모시(Moshi) 남부지역 : 말라위(Malawi) 호수 부근의 송게아(Songea), 음베야(Mbeya) 　　　　　탕가니카(Tanganyika) 호수 부근의 룽궤(Rungwe), 모지(Mbosz) ● 로부스타 북부지역 : 빅토리아(Victoria) 호수 근처 부코바(Bukoba) 서북부지역 : 우삼바라(Usambara), 탕가(Tanga)
품종	● 아라비카(Arabica) -티피카, 버번, 켄트, 블루 마운틴 ● 로부스타(Robusta)
수확시기	● 아라비카(Arabica) - 10월 ~ 이듬해 2월 ● 로부스타(Robusta) - 6월 ~ 12월
가공	● 워시드(습식법) ● 내추럴(자연건조)
분류 (그린커피 크기 기준)	● AA　Screen size 18 이상　　● B　Screen size 16 ~ 17 ● A　　Screen size 17 ~ 18　　● C　Screen size 15 ~ 16 ● AMEX Screen size 17 ~ 18　● PB　Peaberries

(3) 케냐 Kenya

 묵직한 바디감과 열대과일에서 느껴지는 상큼한 신맛, 쓴맛이 특징

1893년 에티오피아를 통해 처음 커피를 도입한 케냐는 아프리카 커피 생산국가 중 가장 합리적인 재배, 가공, 판매 시스템과 국가차원의 품질관리가 이루어지고 있어 아프리카를 대표하는 커피로 인정받고 있다.

대부분 1,500m 이상의 고원지대에서 커피를 재배하고 적절한 토양과 강수량, 기온 등 커피재배에 이상적인 자연조건을 갖고 있다.

재배품종은 아라비카 버번 계통의 SL34와 SL28, 인도에서 유입된 켄트 계통의 K7이 있다.

주요 산지로는 케냐산해발5,199m의 고원지역, 우간다 접경지역인 엘곤Mt. Elgon, 나쿠루Nakuru의 동부지역, 나이로비Nairobi 북부와 동북부 지역이다. 대표적인 커피는 케냐 더블에이Kenya AA, 이스테이트 케냐Estate Kenya가 있다.

주요 재배지역	케냐산(Mt. Kenya), 엘곤(Mt. Elgon), 나쿠루(Nakuru), 나이로비(Nairobi)
품종	아라비카(Arabica)
수확시기	6월 중순 ~ 12월
가공	워시드(습식법)
분류기준 (그린커피 크기 기준)	AA　　Screen size 18 A　　 Screen size 17 AB　　Screen size 15 ~ 16 B　　 Screen size 14

기출문제 2-1. 커피 원두 선택(산지)

01 커피 품종 중 아라비카종의 특징에 대한 설명으로 적합하지 않은 것은?

① 아라비카(Coffees Arabica)는 전세계 커피 생산량의 70~80%를 차지한다.
② 코페아 아라비카 변종으로는 버번(Bourbon), 티피카(Typica) 등이 있다.
③ 아라비카는 로부스타보다 나쁜 환경에 더 잘 견디며 질병에도 강하다.
④ 가지마다에 피는 꽃은 5~12개로 다발로 피고 쟈스민 같은 향기를 뿜는다.

> **해설** 로부스타는 아라비카보다 나쁜 환경에 더 잘 견디고 질병에도 더 강하며 재배를 위한 유지비용도 덜 든다.

02 브라질에서 발견된 티피카(Typica)의 돌연변이종으로 일명 코끼리빈이라고 칭하는 품종은?

① 마라고지페(Maragogype) ② 버번(Bourbon)
③ 카투라(Catura) ④ 문도노보(Mundo Novo)

> **해설** 브라질에서 발견된 돌연변이종 마라고지페(Maragogype)는 그린커피의 크기가 아주 커서 일명 코끼리빈이라고도 불린다.

03 아라비카 커피나무의 생육조건과 거리가 먼 것은?

① 해발 600~2,000m의 고도가 높은 곳.
② 배수가 잘 되고 화산재나 미네랄이 풍부한 토양.
③ 평균 기온은 24~30℃ 사이고 연중 강수량 2,000~3,000mm가 적합하다.
④ 재배조건이 까다로우며 병충해에 취약하지만 맛과 향이 좋다.

> **해설** 아라비카종은 평균기온을 15~24℃를 유지해야 하고 연중 강수량 1,500~2,000mm 정도로 지나치게 습하지 않아야 하며 햇볕도 너무 뜨겁지 않아야 한다.

04 다음 커피품종에 대한 설명으로 알맞은 것은?

> 19세기말 서아프리카 콩고에서 발견되었으며, 병충해에 강하고 저지대에서도 잘 자라기 때문에 급속하게 전 세계로 퍼져나갔다. 현재 세계 커피생산량의 20~30% 정도를 차지하며 주로 아프리카 중서부 지역, 동남아시아 등에서 재배되고 있다.

① 아라비카(Arabica) ② 로부스타(Robusta)
③ 리베리카(Liberica) ④ 문도노보(Mundo Novo)

05 커피재배의 적합한 토양에 관한 설명으로 옳은 것은?

① 점토가 너무 많이 포함된 토양
② 물 저장 능력이 않좋은 모래나 암석 또는 홍토화(紅土)된 토양
③ 화강암성 토양
④ 표토층이 깊고 투과성이 좋고 약산성이며 다공질인 토양

> **해 설** 커피 재배에 적합한 토양은 유기질이 풍부한 화산암이나 화산재, 염기성 암석, 충적토 침전물로 구성된 토양, 표토층이 깊고 투과성이 좋고 약산성이며 다공질인 토양, 현무암성 토양, 무기질이 풍부하고 침식이 잘 안되며 물과 영양분 저장 능력이 뛰어난 토양이다.

06 커피 경작지의 지형과 고도에 관한 설명으로 알맞지 않은 것은?

① 커피 경작에 적합한 지형은 평지나 약간의 경사진 언덕이 좋다.
② 표토층이 깊고 물 저장 능력이 좋으며 경작과 기계화가 용이한 곳이 좋다.
③ 경사가 20°이상이면 침식이 쉽고 기계가화 어려워 비용이 더 많이 들게 된다.
④ 모든 커피종 재배는 평지가 이상적이다.

> **해 설** 커피 경작에 적합한 지형은 평지나 약간의 경사진 언덕이 좋다.

07 다음은 어떤 커피품종에 대한 설명인가?

> 마르티니크섬에서 전파된 나무의 자손으로 아라비카종 중 원종에 가장 가까운 품종이다. 주요 생산지로는 자메이카, 하와이 코나, 파푸아뉴기니, 동티모르 등이며 그 외에 콜롬비아 일부, 도미니카 등에서 소량 생산된다. 부드러운 산미와 깔끔하고 섬세한 맛으로 바디감은 중간 정도이다. 병충해에 취약하며 생산성이 낮다.

① 게이샤(Geisha) ② 티피카(Typica)
③ 카투라(Catura) ④ 문도노보(Mundo Novo)

08 다음은 어떤 커피품종에 대한 설명인가?

> 인도에서 태어난 티피카종의 돌연변이로 잎곰팡이병에 강하다. 커피를 추출했을 때 맑고 깔끔하며 버번종에 비해 향미가 묵직하다.

① 게이샤(Geisha) ② 카투라(Catura)
③ 켄트(Kent) ④ 문도노보(Mundo Novo)

09 다음은 어떤 커피품종에 대한 설명인가?

> 브라질에서 발견된 버번의 돌연변이로 그린커피의 평균 스크린은 16으로 약간 작은 편이지만 생산량이 많고 녹병에도 강하다. 신맛이 풍부하여 떫은맛은 다소 강하다.

① 카티모르(Catimor) ② 카투아이(Catuai)
③ 하이브리드 티모르(Hybrid de Timor) ④ 카투라(Catura)

10 다음 하이브리드 티모르(Hibrid de Timor)종에 대한 설명으로 ( ) 안에 알맞은 것은?

> 하이브리드 티모르(Hibrid de Timor)는 아라비카종의 (㉠) 계열과 로부스타종의 (㉡) 계열의 자연 교배된 독특한 품종이다.

① ㉠ 티피카(Typica) ㉡ 에릭터(Erecta) ② ㉠ 버번(Bourbon) ㉡ 에릭터(Erecta)
③ ㉠ 켄트(Kent) ㉡ 카티모르(Catimor) ④ ㉠ 카투라(Catura) ㉡ 카티모르(Catimor)

11 다음 카티모르(Catimor)종에 대한 설명으로 ( ) 안에 알맞은 것은?

> 카티모르(Catimor)는 포르투갈에서 녹병에 강한 (㉠)종과 버번의 돌연변이종 (㉡)가 교배되어 만들어졌다.

① ㉠ 티피카(Typica) ㉡ 카투아이(Catuai) ② ㉠ 티모르(Timor) ㉡ 카투라(Catura)
③ ㉠ 켄트(Kent) ㉡ 카티모르(Catimor) ④ ㉠ 티모르(Timor) ㉡ 카투아이(Catuai)

12 다음 커피품종에 대한 설명이 잘못 연결된 것은?

① 카투라(Catura) - 인도의 고유 품종
② 버번(Bourbon) - 티피카(Typica)의 돌연변이종
③ 티피카(Typica) - 아라비카 원종에 가장 가까운 품종
④ 문도노보(Mundo Novo) - 버번(Bourbon)과 티피카(Typica)의 자연교배종

해 설 카투라(Catura)는 브라질에서 발견된 버번(Bourbon)의 돌연변이종

13 커피나무에 대한 설명으로 알맞지 않은 것은?

① 다년생 외떡잎식물로 꼭두서니과이다.
② 아라비카종은 로부스타종보다 고온에 약하다.
③ 고온다습한 열대 및 아열대 지역에서 잘 자란다.
④ 아라비카종은 로부스타종보다 병충해에 약하다.

해 설 식물계 - 속씨식물문 - 쌍떡잎 식물강 - 용담목 - 꼭두서니과 - 코페아속

14 커피나무가 자라기에 좋은 기후조건으로 적합하지 않은 것은?

① 커피나무는 기온, 강수량, 표고가 가장 중요한 생산조건이다.
② 연간 평균기온은 10~15℃가 가장 적합하다.
③ 강수량은 연중 1,000~2,000mm 전후가 적당하며 습도가 적고 서리가 내리지 않아야 한다.
④ 안개가 생기는 지역이 좋다.

해 설 커피나무의 성장을 위한 연간 평균기온은 18~22℃가 가장 적합하다.

15 커피나무가 자라기에 좋은 토양으로 적합한 것은?

① 습기가 적당히 있고 물이 잘 빠지는 유기성이 풍부한 화산회토 토양
② 화강암의 풍화에 의해 형성된 부식토 함량이 낮은 토양
③ 질소, 인산, 석회, 포타슘이 소량 함유된 토양
④ 커피생산국의 토양은 대부분 침식작용으로 생긴 산성토양이다..

해 설 커피나무가 자라기 좋은 토양은 유기성이 풍부한 화산회토(火山灰土)질로서, 습기가 적당히 있고 물이 잘 빠지는 비옥한 토양이 좋다. 커피의 원산지인 아라비아 고원은 화강암의 풍화에 의해 형성된 부식토 함량이 높고, 브라질의 유명한 '테라로샤' 역시 부식토가 풍부하고 질소, 인산, 석회, 칼륨이 다량 함유된 풍작을 거두기 안성맞춤인 토질이다. 커피생산국의 토양은 대부분 화산작용으로 생긴 화산회질과 부식토가 잘 어울려 있다.

16 다음 커피나무의 성장과정에 대한 설명으로 ( ) 안에 알맞은 것은?

> 커피나무는 심어진 지 (㉠)이 지나면 꽃을 피우고 열매를 맺는데 상품화가 가능한 성숙된 열매를 수확하려면 (㉡) 이상 자라야 한다.

① ㉠ 1년 ㉡ 3년
② ㉠ 2년 ㉡ 4년
③ ㉠ 3년 ㉡ 4년
④ ㉠ 2~4년 ㉡ 5년

17 커피체리에 들어있는 1개와 2개의 그린커피를 가르키는 용어가 맞게 설명된 것은?

① 모노빈 - 피베리
② 싱글빈 - 투와이스
③ 피베리 - 플랫빈
④ 싱글빈 - 소이빈

해 설 Peaberry : 커피 열매에 한 개의 그린커피만을 가지고 있는 경우
Flat been : 그린커피는 보통 하나의 열매 속에 2개가 들어 있으며 반원형이다. 서로 접하는 면이 평평하기 때문에 평두라 한다.

18 커피열매 속에는 대부분 두 개의 열매가 들어있다. 그런데 씨가 하나밖에 없으며, 그 모양이 둥근 형태인 이것을 무엇이라 하는가?

① 피토리 ② 피어리 ③ 피베리 ④ 피코리

해설 Peaberry : 커피 열매에 한 개의 그린커피만을 가지고 있는 경우

19 커피 열매의 내부구조와 관련이 없는 것은?

① 센터 컷(Center cut) ② 체리(Cherry)
③ 은피(Silver skin) ④ 내과피(Parchment)

해설 커피 열매는 형태가 앵두와 비슷해서 체리, 혹은 커피체리라고 불린다.

20 커피열매의 녹색이 빨간색이나 노란색으로 변하는데, 이를 무엇이라 부르는가?

① 커피체리(coffee cherry) ② 그린커피
③ 파치먼트(parchment) ④ 피베리(peaberry)

해설 커피꽃이 떨어지고 나면 그 자리에 열매를 맺는데 초기에는 녹색이었다가 익으면 빨강색이나 노란색으로 변하는데 이를 체리(cherry) 또는 커피 체리(coffee cherry)라 부른다.

21 그린커피(Green coffee) 보관창고의 온도 및 습도로 가장 적합한 것은?

① 온도 20℃ 습도 60~70%
② 온도 25℃ 습도 50~60%
③ 온도 10℃ 습도 60~70%
④ 온도 15℃ 습도 50~60%

22 그린커피의 평균 길이와 폭은 얼마인가?

① 20mm, 10mm ② 10mm, 6mm
③ 12mm, 15mm ④ 8mm, 10mm

해설 보통 체리 안에는 두쪽을 마주보고 있는 것이 일반적이며 한쪽면이 평평하여 플랫 빈(flat bean)이라고 부른다. 그린커피의 가운데 홈은 센터 컷(center cut)이라고 한다. 그린커피는 평균 길이가 10mm 폭은 6mm정도이며 무게는 수분 함유율이 12~13%일 때 0.17~0.4g이다.

23 피베리(peaberry)의 설명으로 알맞은 것은?

① 커피열매에 한 개의 콩만을 가지고 있는 것을 피베리(peaberry)라 부른다.
② 커피의 열매는 체리(cherry)안에 두 개의 콩을 가지고 있는 것을, 피베리(peaberry)라 부른다.
③ 가공되지 않은 그린커피를 피베리(peaberry)라 부른다.
④ 피베리(peaberry)는 커피체리(coffee cherry) 와 같은 말이다.

해설 일반적인 커피의 열매는 체리(cherry)안에 두 개의 콩을 가지고 있고, 피베리는 커피열매안에 한 개의 콩만을 가지고 있는 것이고, 트라이앵글러 빈은 그린커피 안에 3개 이상의 콩이 들어있는 것을 말한다.

24 체리 안에 그린커피가 3개 들어 있는 경우의 콩을 무엇이라 부르는가?

① 트라이앵글러 빈(triangular bean)　　② 블랙 빈(black bean)
③ 피베리(peaberry)　　　　　　　　　　④ 그린커피(green coffee)

> **해설** 일반적인 커피의 열매는 체리 안에 두 개의 콩을 가지고 있고, 피베리는 커피열매 안에 한 개의 콩만을 가지고 있는 것이고, 트라이앵글러 빈은 그린커피 안에 3개의 콩이 들어있는 것, 블랙빈은 검은색 결점두를 말한다.

25 다음 그린커피의 가공에 대한 설명으로 (　) 안에 알맞은 것은?

> 과육에서 빈을 분리하는 방식은 (㉠), 그리고 이 두 가지 방식을 절충한 (㉡) 방식 등 세 가지가 있다.

① ㉠ 인공건조법과 세척법　㉡ 네추럴 커피　　② ㉠ 자연건조법과 세척법　㉡ 습식법
③ ㉠ 자연건조법과 세척법　㉡ 세미드라이　　④ ㉠ 인공건조법과 세척법　㉡ 건식법

26 다음은 그린커피의 가공 방식에 대한 설명으로 알맞은 것은?

> 물을 이용해서 체리를 싸고 있는 여러 단계의 껍질을 부드럽게 차례로 벗겨내는 방식으로서 '워시드커피(washed coffee)'라고 한다.

① 인공건조법　　　　　　　　　　　　② 자연건조법
③ 건식법　　　　　　　　　　　　　　④ 세척법

27 커피체리를 수확한 후 껍질과 과육을 그대로 햇빛에 건조시키는 가공방법으로, 단맛과 바디를 좋게 하며, 브라질과 인도네시아 등에서 주로 사용하는 방법은 무엇인가?

① Semi-washed　　　　　　　　　　　② Washed
③ Pulped-natural　　　　　　　　　　　④ Natural

> **해설** **Washed(수세식)** : 물이 풍부한 나라에서 사용하며, 품질이 균일한 그린커피를 만듦
> **Pulped-natural(펄프트 내추럴)** : 브라질에서 많이 사용하는 방식으로서, 수확한 체리를 물로 가볍게 세척한 후 과육이나 파치먼트에 붙어 있는 상태로 콘크리트나 벽돌로 된 넓은 땅에 펼쳐 놓고 말리는 방식
> **Semi-washed(반수세식)** : 워시드 커피와는 달리 발효 과정이 일어나지 않지만 깔끔한 맛을 느낄 수 있는 방식으로서, 건식법과 습식법이 합쳐진 형태
> **Natural(자연건조방식)** : 햇볕에서 커피가 검게 될 때까지 건조시킨 후 수확하는 방식

28 그린커피를 가공한 다음 적합한 수분함량으로 알맞은 것은?

① 5%　　　　　　　　　　　　　　　② 12%
③ 15%　　　　　　　　　　　　　　　④ 22%

> **해설** 그린커피는 수분함량이 12%가 될 때까지 건조시킨다.

29. 커피재배, 유통, 저장, 로스팅 전 단계에서 일체의 인공적인 가공이나 화학비료를 사용하지 않은 유기농 커피를 무엇이라 하는가?

① 오가닉 커피(Organic Coffee)
② 쉐이드그로운 커피(Shade-Grown Coffee)
③ 페어트레이드 커피(Fair-Trade Coffee)
④ 서스테이너블 커피(Sustainable Coffee)

30. 커피재배환경에서 유기농법으로 재배하며 커피나무 주변에 다른 키가 큰의 작물들과 함께 경작하여 새들도 날아들어 쉴 수 있다고 해서 일명 Bird-Friendly Coffee라고도 한다. 다른 명칭은?

① 오가닉커피 (Organic Coffee)
② 쉐이드그로운 커피 (Shade-Grown Coffee)
③ 페어트레이드 커피 (Fair-Trade Coffee)
④ 서스테이너블 커피 (Sustainable Coffee)

> **해 설** **오가닉커피 (Organic Coffee)** : 커피재배, 유통, 저장, 로스팅 전 단계에서 일체의 인공적인 가공이나 화학비료를 사용하지 않은 유기농 커피를 말한다. 주로 바이어가 농장에 직접 요구하는 경우가 많다.
> **페어트레이드 커피 (Fair-Trade Coffee)** : 페어트레이드 커피란 경작방식에 따라 인증된 명칭이 아니라 국제적으로 결정된 합리적인 가격으로 커피를 판매하는 생산자에게 부여하는 공증이다. 그러나 페어트레이드 협동조합에 가입한 대부분의 생산자들은 유기농법이나 쉐이드그로운 커피를 생산한다.
> **서스테이너블 커피 (Sustainable Coffee)** : 이 인증은 SCAA로 널리 알려진 미국 고급 커피위원회에서 마련한 기준에 부합되는 커피생산자에게 부여하는 훈장이다. 환경영향평가를 위한 기준은 물론 노동자의 복지, 작업 환경, 안정적인 가격으로 출하를 하는지 등 광범위하고 철저한 기준을 갖고 있다고 한다.

31. 인도에서 바람이 잘 통하고 습기가 많은 계절에 얼마간 저장하여 독특한 향미가 나도록 숙성시킨 그린커피의 명칭은?

① 오가닉 커피 (Organic Coffee)
② 몬순 커피(Monsooned Coffee)
③ 페어트레이드 커피 (Fair-Trade Coffee)
④ 서스테이너블 커피 (Sustainable Coffee)

> **해 설** 몬순커피의 대표는 인도 말라바르으로 산도는 낮으나 묵직하고 묵은 향과 맛이 난다.

32. 북위 25도의 북회귀선, 남위 25도의 남회귀선 사이에 커피가 생산되는데 이 지역을 가리키는 용어로 맞게 설명된 것은?

㉠ Coffee Zone	㉡ Coffee Area
㉢ Coffee Belt	㉣ Coffee Ground

① ㉠, ㉡
② ㉠, ㉣
③ ㉠, ㉢
④ ㉢, ㉣

> **해 설** 커피는 적도를 중심으로 남위25도에서 북위25도 사이의 열대, 아열대 지역에 속하는 나라에서 주로 생산된다. 벨트 모양처럼 위치하고 있다고 하여 이를 커피벨트(Coffee Belt) 또는 커피 존(Coffee Zone)이라고 한다.

33 다음 커피산지에 대한 설명으로 ( ) 안에 알맞은 것은?

> 중앙아메리카(Central America) 지역은 북쪽의 (㉠)부터 남쪽의 (㉡)까지를 말한다.

① ㉠ 멕시코 ㉡ 파나마
② ㉠ 멕시코 ㉡ 코스타리카
③ ㉠ 과테말라 ㉡ 파나마
④ ㉠ 엘살바도르 ㉡ 파나마

34 다음 커피산지에 대한 설명으로 ( ) 안에 알맞은 것은?

> 멕시코는 (㉠)년부터 커피를 경작하기 시작하였으며, 화산지대가 형성되어 있는 남부지방의 비옥한 토양에서만 커피가 재배되고 있다. 멕시코의 끝자락 과테말라 접경지역의 치아파스(Chiapas)주가 생산량이 가장 많은데, 유기농 커피로 유명한 (㉡) 커피가 생산되고 있다.

① ㉠ 1750 ㉡ 코아테펙(Coatepec)
② ㉠ 1790 ㉡ 타파출라(Tapachula)
③ ㉠ 1760 ㉡ 오악사카와 플루마(Pluma)
④ ㉠ 1780 ㉡ 플루마(Pluma)

35 보기에서 설명하는 커피 생산국은?

> ㉠ 화산재 토양에서 고급 커피를 생산하는 나라로 유명하다.
> ㉡ 스모크 커피의 대명사인 안티구아(Antiqua) 커피를 생산한다.
> ㉢ 전형적인 커피 품종인 버번, 카투라, 카투아이, 마라고지페종이 주로 경작되고 있다.

① 자메이카
② 멕시코
③ 브라질
④ 과테말라

해설 비옥한 화산토, 일정한 일교차, 낮은 습도 등의 기후 조건을 가진 과테말라 안티구아(Antiqua) 지역은 커피나무가 화산 폭발에서 나온 질소를 흡수하여 연기가 타는 듯한 향을 가진 스모크 커피의 대명사로 유명하다.

36 중앙아메리카의 벼룩이라 불리는 작은 나라이지만 비옥한 화산지대와 균일한 강우량으로 커피재배에 있어 천혜의 자연환경을 갖추고 있는 나라는?

① 니카라과
② 파나마
③ 온두라스
④ 엘살바도르

37 코스타리카 커피산지에 대한 설명으로 적합하지 않은 것은?

① 1779년 쿠바를 통해 처음 커피가 소개되었다.
② 무기질이 풍부한 화산토양과 온화한 기후로 이루어져 있어 단위면적당 커피생산량이 높다.
③ 주 재배품종으로는 버번(Bourbon), 티피카(Typica) 등이 있다.
④ 주요 커피 생산지로 산호세, 타라주, 트레스리오스, 브룬카, 투리알바 등이 있다.

해설 코스타리카 커피 재배품종은 카투라가 주종이다.

38 세계 3대 커피 중의 하나로서, 커피의 황제로 불리며 적당한 신맛, 감칠맛, 부드러운 향을 지니는 커피는?

① 블루 마운틴 ② 안티구아
③ 엑셀소 ④ 산토스

39 커피 생산국가와 산지가 잘못 연결된 것은?

① 브라질 - Santos ② 콜롬비아 - Armenia
③ 코스타리카 - Tarrazu ④ 과테말라 - Yauco Selecto

해 설 **과테말라** : 안티구아 **푸에르토리코** : 야유코 셀렉토(Yauco Selecto)

40 커피 생산국가와 산지가 알맞게 연결된 것은?

① 과테말라 - 만델링 ② 에티오피아 - 시다모
③ 콜롬비아 - 산토스 ④ 코스타리카 - 안티구아

해 설 **과테말라** : 안티구아 **콜롬비아** : 슈프리모 **코스타리카** : 타라주

41 브라질 커피산지에 대한 설명으로 적합하지 않은 것은?

① 세계 제일의 커피 생산국이자 수출국이다.
② 유명 커피 생산지역으로는 포틀랜드(Portland), 세인트 토마스(St. Thomas)가 있다.
③ 커피 등급 분류를 결점두 뿐만 아니라 그린커피의 크기와 맛으로도 분류한다.
④ 대표적인 커피로는 버번 산토스(Bourbon Santos)가 있다.

해 설 포틀랜드(Portland), 세인트 토마스(St. Thomas)는 자메이카 커피 생산지이다.

42 브라질 커피는 NYBOT(New York Board of Trading) 등급 분류방법인 그린커피 (   )g 안의 결점 그린커피수를 기준으로 하는가?

① 100 g ② 200 g
③ 300 g ④ 400 g

43 아래에서 설명하는 커피 생산국가로 적합한 것은?

> ㉠ 브라질, 베트남에 이어 세계3위의 커피 수출국이다.
> ㉡ 카페테로(Cafetero)라고 불리는 농부들에 의해서 수확되며 맛과 향이 풍부하다.
> ㉢ 재배품종은 100% 아라비카로 버번, 티피카, 카투라, 마라고지폐 등이 생산된다.

① 콜롬비아 ② 페루
③ 쿠바 ④ 도미니카

44 아래에서 설명하는 커피 생산국가로 적합한 것은?

> ㉠ 안데스 산맥이 전 국토의 대부분을 차지하는 남미 3위의 커피생산국이다.
> ㉡ 유기농 커피(Organic Coffee)를 가장 많이 생산하는 국가 중 하나이다.
> ㉢ 대표적인 커피는 찬차마요(Chanchamayo) 계곡에서 생산되는 찬차마요 커피이다.

① 콜롬비아　　　　　　　　　　② 페루
③ 쿠바　　　　　　　　　　　　④ 도미니카

45 베트남의 커피 생산지가 아닌 것은?

① 닥락(Dac Lac)　　　　　　　② 람동(Lam Dong)
③ 잘라이(Gia Lai)　　　　　　 ④ 푸노(Puno)

> **해 설** 푸노(Puno)는 페루의 커피 생산지이다.

46 베트남의 카페쓰어에 대한 설명으로 적합한 것은?

① 커피에 술을 넣어 차갑게 마시는 베트남식 커피이다.
② 에스프레소에 바닐라시럽, 스팀밀크, 우유거품을 넣어 만든 커피이다.
③ 베트남식 아이스 밀크커피 이다.
④ 에스프레소에 바닐라시럽, 스팀밀크, 우유거품, 카라멜소스를 넣어 만든 커피이다.

47 일명 족제비커피로 수확 철에 배고픈 족제비들이 잘 익은 커피열매를 따먹고, 과육은 소화되고 소화되지 않은 커피빈이 몸속의 위액과 반응을 일으켜 커피의 쓴맛과 신맛이 완화된 커피빈이 그대로 배설물로 나오게 되는데, 이를 가공하여 만든 제품을 무엇이라고 하는가?

① 위즐커피(Weasel Coffee)　　② 워시드 커피(Washed Coffee)
③ 오가닉커피(Organic Coffee)　④ 몬순커피(Monsooned Coffee)

48 인도네시아의 대표적인 프리미엄 커피로 사향고양이 배설물 속의 커피 씨앗을 채취하여 깨끗이 씻은 후 볶아낸 커피는?

① 모카 자바(Mocha Java)　　　② 코피 루왁(Kopi Luwak)
③ 만델링(Mandheling)　　　　 ④ 셀레베스 토라자(Celebes Toraja)

49 보기에서 설명하는 커피 생산국과 커피 품종의 연결이 올바른 것은?

> 쿠바 남쪽에 위치한 섬나라로 1728년 마르티니크에서 유입되어 재배되었다. 이 커피는 커피의 황제라 불리며, 세계적 명성을 가지고 있다. 그린커피의 외관은 깔끔하고 균일하며 커피특성은 개성이 강하다기 보다는 부드럽고 우아한 신맛과 단맛과 쓴맛의 조화를 이루고 다양한 향을 가지고 있는 균형이 매우 잘 잡힌 커피로 평가받고 있다.

① 브라질의 아라비카 버번
② 콜롬비아의 아라비카 버번, 카투라, 티피카
③ 코스타리카의 아라비카품종의 카투라
④ 자메이카의 블루마운틴

해 설 자메이카 블루 마운틴은 생산량이 워낙 적은데다 80% 이상 대부분의 커피를 일본에서 소비하여 비싼 가격에 거래되고 있으며 진정한 블루마운틴을 접하기는 매우 힘든 실정이다. 이런 이유로 다른 비슷한 특성의 커피에 블루마운틴을 소량 혼합하여 로스팅한 후 '블루마운틴 블렌드', '블루마운틴 스타일' 등으로 많이 판매되고 있다. 'JABLUM'은 자메이카 블루마운틴의 약자로 자메이카에서 로스팅 하여 판매하는 원두라는 뜻이다.

50 아래에서 설명하는 커피로 적합한 것은?

> 과거 인도에서 커피를 병선에 싣고 유럽으로 수출했는데 당시만 해도 수에즈 운하가 없어 멀리 아프리카 남단 희망봉을 돌아갈 수 밖에 없었는데 6개월간의 긴 항해 기간 중 습한 적도 지역의 해풍에 커피가 노출되면서 숙성되어 유럽에 도착할 때가 되면 커피 색깔이 Green에서 Golden Yellow로 바뀌었으며 전혀 예상치 못한 향미를 지닌 커피가 되었고 그 독특한 향미로 인해 당시 유럽인들에게 인기가 높았다고 한다.

① 몬순커피(Monsooned Coffee)
② 워시드 커피(Washed Coffee)
③ 오가닉커피(Organic Coffee)
④ 수프리모 커피(Supremo Coffee)

51 과테말라의 대표적인 커피로 "스모크 커피"의 대명사로 알려진 커피를 생산하는 지역은?

① 타라주(Tarrazu)
② 안티구아(Antigua)
③ 엑셀소(Excelso)
④ 산토스(Santos)

해 설 코스타리카-타라주, 콜롬비아-엑셀소(스크린 사이즈 14~16이상), 브라질-산토스

52 하와이에서 가장 유명한 커피로 "신맛과 과일향이 은은하게 입안을 감돌아" 자메이카 블루 마운틴(Blue Mountain), 예멘의 모카(Mocha)와 더불어 세계 3대 프리미엄 커피로 알려진 것은?

① 마타리(Mattari)
② 안티구아(Antigua)
③ 시그리(Sigri)
④ 코나(Kona)

53 예멘을 대표하는 커피로 신맛이 강하며 와인 향과 초콜릿 향을 강하게 느껴지는 커피는?

① 마타리(Mattari)
② 산토스(Santos)
③ 하라지(Hiraji)
④ 오하우(Ohau)

54 모카(Mocha)의 의미로 적합하지 않은 것은?

① 커피 그 자체의 의미.
② 예멘 남서해안의 항구이름이다.
③ 예멘과 에티오피아산의 최상급 로부스타(Robusta)를 모카라고 부른다.
④ 커피에 초콜릿이 첨가된 음료.

해설 예멘과 에티오피아산의 최상급 아라비카(Arabica)를 모카라고 부른다.

55 아라비카 커피의 원산지로 "커피의 고향"으로 알려져 있으며, 아프리카 최대의 커피 생산국은?

① 에티오피아(Ethiopia)
② 탄자니아(Tanzania)
③ 케냐(Kenya)
④ 잠비아(Zambia)

56 부드러운 신맛, 과실향, 꽃향기 등으로 에티오피아 커피 중 가장 세련된 커피로 인정받으며, "커피의 귀부인"이라는 칭호를 받고 있는 생산지역은?

① 시다모(Sidamo)
② 이르가체페(Yirgacheffee)
③ 짐마(Djimmah)
④ 리무(Limmu)

57 그린커피(Green coffee) 가공 방식 중 특히 강볶음 커피나 에스프레소용 커피에 흔히 사용하는 방식으로 알맞은 것은?

① 건조식(Natural process)
② 수세식(Wet process)
③ 준건조식(Semi-dry processing)
④ 준수세식(Semi-washed processing)

정답

01 ③ 02 ① 03 ③ 04 ② 05 ④ 06 ④ 07 ② 08 ③ 09 ④ 10 ①
11 ② 12 ① 13 ① 14 ② 15 ① 16 ④ 17 ③ 18 ③ 19 ② 20 ①
21 ④ 22 ② 23 ① 24 ① 25 ③ 26 ④ 27 ④ 28 ② 29 ① 30 ②
31 ② 32 ③ 33 ① 34 ② 35 ④ 36 ④ 37 ③ 38 ① 39 ④ 40 ②
41 ② 42 ③ 43 ① 44 ② 45 ④ 46 ③ 47 ① 48 ② 49 ④ 50 ①
51 ② 52 ④ 53 ① 54 ③ 55 ① 56 ② 57 ①

8 커피 블렌딩 Blending

1) 커피 블렌딩이란?

커피 블렌딩은 서로 다른 2가지 이상의 커피를 섞어 새로운 맛과 향의 커피를 만드는 것이다. 2~5가지의 원두를 블렌딩하는 것이 일반적이지만 취향에 따라 10종 이상 섞는 경우도 있어 원두의 비율과 가짓수는 무한한 선택의 배합이 가능하다. 최초의 블렌딩 커피는 에티오피아의 모카커피와 인도네시아 자바커피를 섞은 모카자바 Mocha-Java로 알려져 있다. 고급 아라비카 커피는 스트레이트 Straight로 즐기는 것이 보통이지만 원두의 원산지, 로스팅 정도, 가공방법, 품종에 따라 혼합 비율을 달리하면 새로운 맛과 향을 가진 커피를 만들 수 있다. 또, 질이 떨어지는 커피도 블렌딩을 통해 향미가 조화로운 커피로 만들 수 있다. 즉 커피 블렌딩은 각각의 원두가 지닌 특성을 적절하게 배합하여 균형 잡힌 맛과 향기를 내는 과정을 뜻한다. 따라서 커피 블렌딩을 위해서는 원두의 특징, 블렌딩 결과에 대한 경험과 이해가 필요하다.

2) 커피 블렌딩의 목적

단일 품종 원두만으로는 부족한 커피의 향과 맛에 다른 종류의 원두를 원하는 비율로 혼합해서 향미의 변화를 주는 것이 주목적이다. 단종 커피의 장점을 부각시키고 단점을 보완하는 역할을 한다. 블렌딩은 단종 스트레이트, Straight 커피의 고유한 맛과 향을 강조하면서도 좀 더 깊고 조화로운 향미를 창조할 수 있다. 또한, 개인의 취향에 따라 원두의 종류와 혼합비율을 달리할 수 있으므로 나만의 하우스 블렌드 House Blend 커피를 만들 수 있고 스트레이트 커피로 즐기기에는 부족한 커피와 고급 아라비카 커피를 혼합하여 맛과 향의 상승효과를 내는 장점이 있다.

3) 커피 블렌딩을 하는 이유

(1) 새로운 맛과 향을 창조

단종 커피에서 발견할 수 없었던 새로운 특성을 창조하기 위함으로 블렌딩 기법이 아니라 예술 art이라고 할 수 있다.

(2) 차별화된 커피를 만들기 위해 signature blend

특정한 커피숍이나 커피 체인점만의 특징적인 커피를 개발함으로써 다른 커피숍이나 회사와 차별성을 부여해 고객에게 재구매를 유도하기 위해서이다.

(3) 원가 절감을 위해서 low cost blend

상대적으로 가격이 저렴한 커피를 혼합하거나 고가의 커피를 성격이 유사한 커피로 대체 사용함으로써 제조 원가의 평균을 낮출 수 있다.

4) 좋은 커피 블렌딩을 위한 준비

① 각 종류를 스트레이트로 마셔 특유의 맛과 향, 미각을 통해 기억한다 커핑을 통해 그 맛과 특성을 알아낸다.
② 성질이 다른 커피 신맛 + 쓴맛를 사용하여 밸런스가 좋은 커피를 만들어 본다 커피의 대표적 기본 맛(신맛, 단맛, 쓴맛, 짠맛) 테스팅 반복 연습을 통해 그 기술을 익힌다.
③ 같은 성질의 커피를 기본으로 하고, 다른 성질의 커피 특성을 주기 위해 일부 맛을 강조한 커피를 만들어 본다.
④ 특정 커피를 기본으로 하고, 이 특성을 잃지 않을 정도로 다른 커피를 가하여 커피특징을 살리면서 조화롭고 중후한 커피를 만들어 본다.

5) 커피 블렌딩 방법

커피를 섞는 이유는, 기본적으로는 원하는 방향으로 맛의 균형을 잡기 위하여 섞는다. 원하는 맛이란 좋아하는 맛일 수도 있고, 목적을 가지는 맛일 수도 있을 것이다. 이를 잘 하려면 추출 방법에 대한 이해도 있어야만 된다.

다른 종류의 커피들을 섞어서 새로운 향미의 커피를 만드는 작업인 섞음커피를 만드는 방법은 두 가지이다. 단순하게 섞어서 볶는 방법과 볶아서 섞는 방법이 있다. 그런데 이 두 가지 방법에 대해서는 많은 이들이 섞어서 볶는 방법보다는 볶아서 섞는 방법을 권하고 있는데, 그 까닭은 섞어서 볶으면 칼라가 일정하게 나타나지 않기 때문에 볶음도가 다르게 된다고 여기기 때문인 듯한데, 이는 단순하지 않은 면이 있다.

커피들은 이화학적 특성이 따르기 때문에 볶음이 진행되면서 나타나는 갈변의 정도가 다를 수밖에 없다. 이는 커피생콩들이 품종에서부터 생육조건이 각기 다르기 때문에 일어나는 어쩔 수 없는 현상이다.

섞어볶기를 하면, 커피에 가해지는 열량을 일정하게 유지할 수가 있고, 볶아섞기를 하면 콩의 특성에 따라 색깔도 다르게 나타나지만 볶는 데 걸리는 시간도 조금씩 달라지는 점을 고려하여야 하므로 복잡해진다.

성질이 다른 커피를 섞어서 볶으면, 커피와 커피가 섞인 상태에서 온도가 거의 똑같이 올라

가면서 볶기가 진행되기 때문에 일정하게 볶아진다고 볼 수 있겠지만, 단종별로 따로 볶으면 커피콩의 크기나 모양에 따라 열을 흡수하는 효율이 다르기 때문에 추출에 걸리는 시간이 달라질뿐더러 화학적 조성이 다르므로 갈변의 진행도 달라질 수밖에 없다.

커피를 볶을 때는 어떻게 우려내어 즐길 것인지를 생각해야 하는데, 우려내는 단계에서 섞여있는 커피는 같은 조건으로 추출될 수밖에 없다. 따라서 커피의 화학적 조성이야 어쩔 수 없이 커피 특성에 따라 가겠지만, 물리적 추출 조건은 같은 경우가 고른 상태로 추출하기에 더 안정적일 것이다.

커피의 볶기에 있어서 섞어볶기와 볶아섞기의 장단점 비교

항목	로스팅 전 블렌딩 Blending Before Roasting 섞어볶기	로스팅 후 블렌딩 Blending After Roasting 볶아섞기
전제	커피생콩의 품종과 산지 특성에 따라 각 커피들의 물리적 화학적 특성이 다르다.	
장점	■ 일정한 속도로 볶음이 진행되기 때문에 커피의 물리적인 상태를 비슷하게 할 수 있어서 추출 안정성이 높아진다.	■ 커피생콩의 특성에 맞추어 볶음 상태를 조절할 수가 있고 색깔을 맞출 수가 있다. ■ 볶을 때 양을 조절하여 다양한 단종커피를 확보할 수 있다.
단점	■ 커피의 화학적 조성에 따라 색깔이 다르게 나타나는 점을 피할 수 없다. ■ 다양한 단종커피를 만들기가 번거롭다.	■ 볶음상태를 동일하게 만들기가 까다롭다. ■ 따라서 추출에 있어서 안정성이 낮아진다.

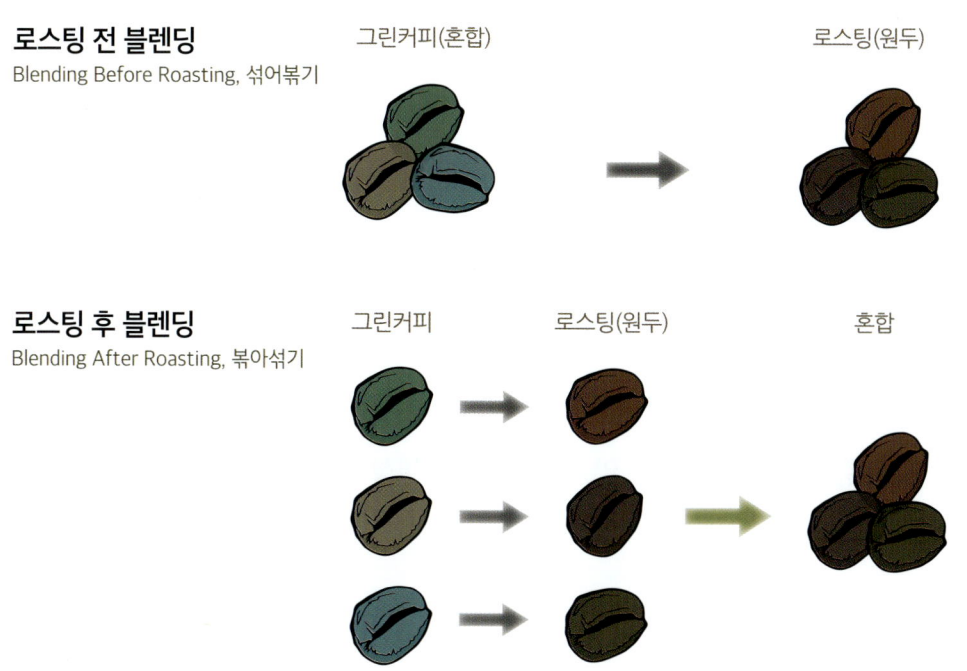

로스팅 전 블렌딩
Blending Before Roasting, 섞어볶기

로스팅 후 블렌딩
Blending After Roasting, 볶아섞기

6) 세계적으로 유명한 커피 블렌딩과 그 특징

향미	원두	비율(%)	로스팅
중후하고 조화로운 맛	브라질	40	풀 시티 로스팅 Full City Roasting
	예멘 모카	30	
	콜롬비아	20	
	과테말라	10	
신맛과 향기로운 맛	콜롬비아	40	시티 로스팅 City Roasting
	브라질	20	
	멕시코	20	
	예멘 모카	20	
중후하고 감칠맛	콜롬비아	30	풀 시티 로스팅 Full City Roasting
	만델링	30	
	예멘 모카	20	
	과테말라	20	
부드러운 맛과 달콤한 과일향	콜롬비아	30	풀 시티 로스팅 Full City Roasting
	과테말라	30	
	인도네시아 자바	20	
	에티오피아	20	

7) 커피 블렌딩의 일반원칙과 단계

커피를 효과적으로 블렌딩하기 위하여 다음의 원칙을 권한다.

(1) 콩의 성격을 잘 알아야 한다.

사용하고자 하는 원두의 장단점을 잘 파악하고 결점을 보완할 수 있는 원두를 선택하여야 하며, 각각의 원두를 사용해서 얻을 수 있는 효과의 정도를 명확히 알고 있어야 제대로 된 커피를 만들어 낼 수 있다.

(2) 커피 블렌딩에 너무 많은 품종을 사용하지 않는다.

너무 많은 종류를 사용하는 것은 블렌딩을 복잡하게 만들 뿐이며 장점은 미미하다.

(3) 각 단종 커피를 의미 있는 양, 즉 최소 15% 이상 사용한다.

너무 적은 양을 섞는 것은 공정의 추가적 복잡성을 생각할 때 가치가 없다.

(4) 개성이 있는 원두를 주축으로 하고 그 위에 보충의 원두를 배합한다.

(5) 커피콩들의 향미 특성을 상호 보완하도록 블렌딩한다.

모카 자바가 좋은 사례로, 예멘 모카는 꽃향기와 상큼한 맛이 강하나 중후함이 약한 반면, 자바 커피는 상큼한 맛은 약하나 중후함이 강하며 열대 향신료 향기와 흙내음이 있다. 두 종류의 커피콩을 블렌딩 함으로써 모카 자바라는 각각의 커피콩이 가지지 못한 새로운 향기와 맛을 탄생시켰다.

8) 커피 블렌딩의 결점과 원인

향미의 특성	원인
1 향미가 약하다	- 블렌딩 로부스타 비율이 높을 때 - 충분히 끓이지 않은 물로 추출했을 때
2 향기가 부족하다	- 아라비카 커피의 비율이 적을 때 - 브라질 로부스타 비율이 많을 때
3 중후함이 약하다	- 브라질 블렌딩 비율이 많을 때 - 저지대 아라비카 비율이 많을 때
4 와인향과 중후함이 난다	- 아라비카 비율이 많을 때 - 자연 건조 아라비카 비율이 많을 때
5 이취가 난다	- 발효된 브라질을 사용할 때 - 저급 로부스타(우간다)를 사용할 때

9 커핑Cupping

1) 커핑이란?

커핑Cupping은 커피 맛을 보는 것으로 이른바 커피 시음회라고 볼 수 있다. 하지만 카페에 앉아 커피 잔을 기울이며 단순히 "음미"하는 것과는 차이가 있다. "맛있다, 맛없다"의 개인의 취향을 표현하는 것이 아닌 커피가 지닌 고유의 향미Aroma와 맛Taste 등을 객관적으로 평가하는 것이다. 이런 작업을 전문적으로 수행하는 사람을 커퍼cupper라고 한다.

커퍼는 커피농장이나 대규모 로스팅 회사, 커피 제조회사 등에서 근무하며 커피를 평가하는 중요한 일을 하는데 선천적인 감각보다 후천적인 반복적 훈련을 통해 육성되어진다. 커핑은 대부분 커피의 구매나 블렌딩과 같은 상업적인 목적과 연관되어 있기 때문에 커퍼는 규정된 커핑 절차와 기법을 엄격하게 준수해야 한다.

2) 커핑의 목적

커피생산자들은 산지의 환경적 조건에 따라 매년 달라지는 작황과 맛, 향미의 안전성과 품질의 향상을 위해 커핑을 한다. 그린커피 바이어는 산지 그린커피의 선택 및 구매를 위해, 로스터는 로스터리만의 블렌드 커피를 만들기 위해, 그린커피 구입을 위한 샘플 커핑을 진행한다. 판매되는 커피의 로스팅 상태를 커핑으로 체크하면서 맛을 균일하게 조절하는 과정이기도 하다. 또 로스터리와 그린커피 수입업체에서 커머셜 커피, 스페셜티 커피, CoECup of Excellence 커피, 국내 출시되지 않은 커피 등 옥션커피를 열어 구입을 장려하고 국내의 커피 트렌드를 제시하기도 한다. 이처럼 커피업 종사자들의 커핑은 커피의 향미와 품질에 대한 변수의 기준을 정립해주는 작업이다.

3) 커핑 평가기준

커피를 평가하는 커퍼들은 전 세계적으로 공통화된 기준으로 커피의 특성을 파악하고 그들이 느끼는 커피의 맛과 향의 질을 객관화하여 숫자로 평가하고 나타낸다. 여기서 나타낸 숫자의 합계에 따라 그린커피는 등급으로 나누어진다.

평가는 프래그런스Fragrance, 아로마Aroma, 액시디티Acidity, 스위트니스Sweetness, 비터니스Bitterness, 바디Body, 클린컵Clean cup, 라운드Round, 스무스Smooth, 애프터테이스트Aftertaste, 밸런스Balance 등으로 한다.

맛의 표현

물 붓기 전

● **프래그런스**Fragrance : **향기평가**

마른 상태의 분쇄된 원두에서 나는 향으로 분쇄된 커피를 기체 상태에서 평가하는 것이다.
- ■ 드라이Dry : 그라인딩된 원두의 향기를 평가하는 것

물 부은 후

● **아로마**Aroma : **향기평가**

젖은 상태의 분쇄된 원두에서 나는 향으로 분쇄된 커피에 물을 붓고 수증기 상태로의 커피 향을 평가하는 것이다.
- ■ 크러스트Crust : 뜨거운 물165ml과 커피가 만나 커피의 조직이 부풀어 오르면서 커피사이의 가용성분이 나오는데, 그 부풀어 오른 커피의 향기를 평가하는 것
- ■ 브레이크Break : 부풀어 오른 커피를 깨트리면서 그 사이에서 올라오는 향기를 평가하는 것

● **액시디티**Acidity; 신맛 : **물의 온도 60~70℃**

신맛은 커피를 시음(sluping)했을 때 가장 먼저 느껴지는 맛으로 커피의 단맛, 향의 생동감과 바디감 등에도 영향을 주는 매우 중요한 평가 항목이다.

● **스위트니스**Sweetness : **추출액이 실온 38℃ 미만**

각 컵의 단맛을 평가하는 것으로 일반적으로 음료에서 나는 인위적인 단맛의 느낌이 아니라 커피 향미에 영향을 주어 전체적으로 풍성한 느낌이 나도록 도와주는 단맛을 말한다.

● **플레버**Flavor : **물의 온도 70℃**

플레버는 모든 미각들과 입에서 코로 이어지는 후각 점막 세포부의 모든 인상들이 결합된 요소이다. 여기서 주어지는 평점은 강렬도, 질, 맛과 향의 결합을 종합적으로 고려해야 한다. 이 항목에서는 모든 감각들을 사용할 수 있도록 커피를 입속에서 힘차게 훌쩍거렸을 때 정확한 평가가 이루어진다.

🫘 비터니스 Bitterness

추출된 커피성분의 쓴맛 또는 향

🫘 바디 Body : 물의 온도 60~70℃

커피를 입안에 머금었을 때 느껴지는 무게감을 말한다. 대체로 촉감이 무겁거나 오일감이 많이 느껴질수록 바디감이 좋다고 말한다.

🫘 클린컵 Clean cup : 추출액이 실온 38℃ 미만

커피의 투명도로 커피를 마시는 순간부터 마신 후까지 부정적인 요소가 있는지를 평가하는 것이다.

🫘 라운드 Round

커피를 입안에 머금었을 때 부드러운 촉감을 말한다.

🫘 스무스 Smooth

커피의 목넘김의 부드러움을 말한다.

🫘 애프터테이스트 Aftertaste : 물의 온도 70℃

커피를 마신 후 느껴지는 여운으로 커피를 삼키고 나서 좋은 맛과 향이 느껴지는 시간을 말하는 것이다.

🫘 밸런스 Balance

전체적으로 플레이버, 신맛, 바디 등의 균형이 잡혀 있는지를 평가하는 것이다.

커핑하기

1. 준비 재료 및 장비

- 커피 원두, 식수
- 그라인더, 커핑 컵, 커핑 스푼, 저울소량 측정 가능한 소형 저울, 온도계, 주전자
  커핑 컵이아닌 컵커핑 시 스푼을 씻고 입을 헹굴 컵, 행주

2. 안전·유의사항

- 위생 관리를 철저히 한다.
- 글라스 웨어 및 커피잔 등의 파손에 유의한다.
- 커피의 산지 또는 커피의 로스팅에 따라 맛의 변화를 인지하고 평가해야 한다.
- 물의 적정 온도와 용량을 지키며 평가에 임한다.
- 커피의 분쇄 정도에 따라 커피 수율이 달라질 수 있으므로 이를 유의한다.

3. 수행 순서 : 커핑 준비와 수행 방법

1) 로스팅

커핑은 커피를 볶은지 24시간이 지나지 않아야 하며, 로스팅 정도는 light~light medium 사이가 되어야 한다. 로스팅 시간은 8~12분 사이가 되어야 하며 커피에서 탄맛이 느껴지면 안 된다. 샘플로 사용될 커피는 밀봉하여 어두운 곳에 보관 하여야 하는데, 냉장이나 냉동이 아닌 실온20℃ 상태에서 보관하여야 한다.

2) 분쇄

분쇄는 커핑하기 15분 내에 이루어져야 한다. 커피는 가늘게fine ground 갈아야 하는데, 모든 분쇄 입자의 약 70 ~ 75% 정도가 미국 표준 20번 체를 통과하는 굵기이다. 이런 분쇄 표준을 정하는 것은 분쇄 커피의 추출 수율이 18 ~ 22%가 되도록 하기 위해서이다.

3) 비율

커피와 물의 비율은 물 150ml약 5oz에 커피 8.25g의 비율이다. 이 비율로 추출하면 가용성 성분의 농도가 1.1 ~ 1.3% 정도가 된다.

4) 물

커핑에 사용되는 물은 깨끗하고 냄새가 없어야 하며 100 ~ 200ppm 사이의 용전 미네랄TDS: total dissolved solids을 함유하고 있어야 하는데, 125 ~ 175ppm 사이가 적당하다. 시중에서 판매되는 생수와 같은 경도이다.

5) 커핑 컵

커핑 시 사용되는 컵의 재질은 강화 유리나 도기로, 용량은 5 ~ 6oz약 150~180ml이고 컵의 지름은 3 ~ 3.5inch7.6 ~ 8.9cm가 되어야 한다. 샘플당 5개의 컵이 필요하다.

6) 커핑 스푼

열 소산이 잘 되는 은 재질의 스푼으로 4 ~ 5ml의 커피를 담을 수 있는 크기여야 한다.

7) 커핑 순서

(1) 분쇄 커피 담기

샘플 로스터기로 로스팅한 후 커피향을 잘 맡을 수 있도록 가늘게 분쇄한 커피를 컵에 각각 8.25g씩 담는다.

(2) 분쇄된 커피 향기 dry aroma, fragrance

분쇄한 후 15분 이내에 코를 컵에 가까이 대고 커피 세포로부터 탄산가스와 함께 방출되는 기체를 깊게 들이마시면서 분쇄된 커피의 향기 속성과 강도를 체크한다. 분쇄 향기의 특성은 맛의 특질을 나타낸다. 분쇄 향기는 가장 휘발성이 강한 방향 물질로 구성되어 있으며, 향기 성분은 아주 짧은 시간 동안 분쇄 커피의 내부에 있다.

(3) 물 붓기

약 93℃ 정도의 끓인 물 150ml를 모든 커피 입자가 적셔지도록 컵에 가득 부어 준다. 이렇게 하면 가용성 성분의 농도가 1.1 ~ 1.35%가 된다.

(4) 추출 커피의 향기 beak aroma

물을 붓고 3 ~ 5분 정도 지나면 커피 입자는 컵 표면에 층을 만든다. 커핑 스푼으로 세번 정도 밀면서 향의 변화를 평가한다. 이런 행동을 통해 평가할 샘플의 향기특성을 평가할 수 있다. 커핑 경험을 통해 향기의 독특한 패턴을 분류하여 머릿속에 기억하게 되면 향기를 다른 향과 구분할 수 있게 해 준다.

(5) 거품 걷어내기

흡입을 위해 표면의 거품을 스푼을 이용해 조심스럽게 걷어서 없앤다. 스푼 두개를 사용하면 더 편리하다.

(6) flavor, aftertaste, acidity, body and balance 평가

거품을 걷어내고 물의 온도가 70℃ 정도가 되면 커핑 스푼으로 약 6 ~ 8ml 정도 떠서 입안으로 강하게 흡입slurping해 혀와 입안 전체에 골고루 퍼지게 한다. 먼저 flavor와 aftertaste를 평가한다. 그런 다음 커피의 온도가 60 ~ 70℃가 되면 acidity, body and balance 항목을 평가한다. 커피가 식으면 반복해서 평가한다. 커피 온도가 내려가면 기본적인 맛에 영향을 주기 때문에 여러 번 반복해서 맛을 보아야 정확한 평가를 할 수 있다.

(7) seweetness, uniformity, cleanliness 평가

물의 온도가 내려가 실온에 접근한 정도약 37℃가 되면 seweetness, uniformity, Clean cup 항목을 평가한다.

(8) 결과 기록

평가가 끝나면 그 결과를 항목별로 기록하여 평가한다.

학습 II-1
학습평가

🫘 평가 준거

학습 내용	평가 항목	성취 수준		
		상	중	하
커피 원두 배합비율(블렌딩) 선택하기	아라비카와 로부스타의 차이를 구별			
	각 산지별 원두가 가지고 있는 원두의 특성을 구별			
	원두가 블렌딩되었을 경우 그 배합된 맛의 특징 파악			
	커핑을 통한 특징 파악			

🫘 평가 방법

평가자 체크리스트

학습 내용	평가 항목	성취 수준		
		상	중	하
아라비카와 로부스타의 차이	육안으로 구분하여 구별 하는 태도			
	로스팅 원두의 추출(육안으로)을 통해 그 차이 구분			
	추출된 커피의 맛을 통해 그 차이 구분			
각 산지별 원두의 맛 차이	중앙아메리카 생산지와 그 특징 구분			
	남아메리카 생산지와 그 특징 구분			
	아시아 생산지와 그 특징 구분			
	아프리카 생산지와 그 특징 구분			
블렌딩의 방법과 원칙	블렌딩의 원칙이란			
	블렌딩 시 유의해야 할 사항 구분			
	블렌딩 시 원두의 특성 구분			
	블렌딩 시 로스팅 포인트별 맛의 차이 구분			
커핑을 통한 원두 특징 구분	커핑에 맞는 입자, 물의 온도 등 커핑에 맞게 준비			
	반복 슬러핑을 통한 원두의 특징 구분			
	커핑을 통해 각 원두의 특징을 살려 에스프레소 블렌딩하기			

●피드백● 각각 원두별로 즉, 아라비카나 로부스타종에 따른 구분, 산지에 따른 원두의 특징을 숙지하고 이를 각각 구분할 수 있는지 확인하고, 미흡한 부분에 대해서는 재교육을 통해 이를숙지하고 구분할 수 있게 한다.

서술형 시험

학습 내용	평가 항목	성취 수준		
		상	중	하
아라비카와 로부스타의 차이	● 아라비카 품종의 정의			
	● 로부스타 품종의 정의			
	● 아라비카와 로부스타 구별법			
산지별 대표적인 특징의 원두와 그 맛	● 중앙아메리카 생산지와 그 특징 구분			
	● 남아메리카 생산지와 그 특징 구분			
	● 아시아 생산지와 그 특징 구분			
	● 아프리카 생산지와 그 특징 구분			
블렌딩의 이해	● 에스프레소 블렌딩의 요건			
	● 블렌딩 시 주의 사항			
	● 블렌딩의 이유			

●피드백● 아라비카와 로부스타의 특징, 산지에 따라 원두의 특징을 숙지한 후 블렌딩의 원칙에 준거하여 블렌딩할 수 있는지 평가하고, 이를 제대로 수행할 수 있게 반복 교육을 할 수 있도록 한다.

작업장 평가

학습 내용	평가 항목	성취 수준		
		상	중	하
아라비카와 로부스타의 차이	● 아라비카 원두의 특징 숙지			
	● 로부스타 원두의 특징 숙지			
	● 실습 교육시 정리 정돈 마인드			
각 산지별 원두 맛의 차이	● 산지별 원두 맛에 대한 전반적 이해			
	● 커피 원두에 대한 대표적 맛 이해			
블렌딩의 방법과 원칙	● 로스팅 원두별 맛에 대한 이해			
	● 각 맛의 조화를 위한 맛의 균형 이해			
커핑을 통한 원두 특징 구분	● 커핑 시 사용하는 기물의 원활한 사용			
	● 커핑 시 원두 입자, 물의 온도 준수			
	● 커핑 후 시트지 작성 요령 숙지			

●피드백● 그린커피를 구분하고 이를 추출이나 커핑을 통해 각 종이나 산지에 따라 다른 특징을 찾아내는 수행을 할 때 그 열정과 자세 숙련도를 익히는 데 있어 매 수업 시간 마다 반영되도록 한다.

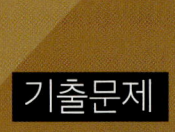

2-2. 커피 원두 선택(블렌딩)

01 서로 다른 2가지 이상의 커피를 섞어 새로운 맛과 향의 커피를 만드는 것은?

① 블렌딩(Blending) ② 커핑(Cupping)
③ 로스팅(Roasting) ④ 추출(Brewing)

02 블렌딩을 하는 이유로 거리가 먼 것은?

① 새로운 맛과 향을 창조 ② 차별화된 커피를 만들기 위해
③ 원가 절감을 위해 ④ 커피의 많은 품종을 사용하기 위해

> **해설** 너무 많은 종류를 사용하는 것은 블렌딩을 복잡하게 만들 뿐이며 장점은 미미하다.

03 커피 블렌딩(Coffee Blending)에 관한 설명으로 알맞지 않은 것은?

① 맛보다는 경제적인 목적, 즉 원가절감 차원에서 커피 블렌딩이 이루어지는 경우도 상당히 많다.
② 블렌딩은 그린커피에 열을 가해 조직을 최대한 팽창시키는 과정이다.
③ 커피를 블렌딩할 때는 우선 원하는 기호에 잘 맞는 그린커피를 선택한다.
④ 커피 블렌딩의 시점은 로스팅 전 그린커피 블렌딩과 로스팅 후 원두 블렌딩으로 구분된다.

04 로스팅 후 블렌딩(볶아섞기)에 대한 장점으로 알맞은 것은?

① 로스팅 후 블렌딩(볶아섞기)은 볶음 상태를 동일하게 만들기가 쉽다.
② 로스팅 후 블렌딩(볶아섞기)은 추출에 있어서 안정성을 높일 수 있다.
③ 로스팅 후 블렌딩(볶아섞기)은 커피콩의 특성에 맞추어 볶음 상태를 조절할 수 있고 색깔을 맞출 수가 있다.
④ 로스팅 후 블렌딩(볶아섞기)은 다양한 단종커피를 만들기가 쉽다.

> **해설** **로스팅 전 블렌딩(섞어볶기)** 일정한 속도로 볶음이 진행되기 때문에 커피의 물리적인 상태를 비슷하게 할 수 있어서 추출 안정성이 높아지는 반면, 커피의 화학적 조성에 따라 색깔이 다르게 나타나는 것은 피할 수 없고, 다양한 단종커피를 만들기가 번거롭다.
> **로스팅 후 블렌딩(볶아섞기)** 커피생콩의 특성에 맞추어 볶음 상태를 조절할 수 있으며 색깔을 맞출 수가 있고, 볶을 때 양을 조절하여 다양한 단종커피를 확보할 수 있지만, 볶음상태를 동일하게 만드는 것이 까다롭고 추출에 있어서 안정성이 낮아진다.

05 분쇄 커피입자 속으로 어떤 조건의 용매가 배어들어가는 것을 무엇이라고 하는가?

① 침투 ② 용해 ③ 분리 ④ 용해수

06 좋은 블렌딩을 위한 준비로 적합하지 않은 것은?

① 커핑을 통해 각 단종 커피들의 맛과 특성을 알아낸다.
② 특정커피의 특성을 무시하고 다른 커피의 특성을 만들어 본다.
③ 성질이 다른 커피를 사용하여 밸런스가 좋은 커피를 만들어 본다.
④ 같은 성질의 커피를 기본으로 하고, 다른 성질의 커피특성을 주기위해 일부 맛을 강조한 커피를 만들어본다.

> **해설** 특정 커피를 기본으로 하고, 이 특성을 잃지 않을 정도로 다른 커피를 가하여 커피특징을 살리면서 조화롭고 중후한 커피를 만들어 본다.

07 블렌딩의 일반원칙과 거리가 먼 것은?

① 콩의 성격을 잘 알아야 한다.
② 블렌딩에 많은 품종을 사용할 수록 좋다.
③ 각 단종 커피를 최소 15% 이상 사용한다.
④ 커피콩들의 향미 특성을 상호 보완하도록 블렌딩한다.

> **해설** 너무 많은 종류를 사용하는 것은 블렌딩을 복잡하게 만들 뿐 장점은 미미하다.

08 커피 블렌딩 후 향미가 약한 경우의 원인으로 알맞은 것은?

① 추출시 낮은 온도의 물로 추출했을 때
② 아라비카 비율이 많을 때
③ 자연건조 아라비카 비율이 많을 때
④ 추출시 커피 성분을 충분히 뽑아냈을 때

> **해설** 추출시 온도가 낮은 물로 추출하면 향미가 충분히 우러나지 않는다.

09 커피가 지닌 고유의 향미(Aroma)와 맛(Taste) 등을 객관적으로 평가하는 것을 무엇이라 하는가?

① 블렌딩(Blending) ② 로스팅(Roasting) ③ 커핑(Cupping) ④ 추출(Brewing)

10 다음 중 커핑의 목적으로 적합하지 않은 것은?

① 커피의 품질을 평가하고 커피 맛의 객관성을 찾기 위해
② 그린커피를 구입하기 전의 등급을 평가하고 적정한 가격을 책정하기 위해
③ 향미의 안전성과 품질향상을 위해
④ 커퍼의 주관적인 평가기준을 위해

> **해설** 커핑은 객관적인 평가의 기준을 찾아내는 훈련과 연습을 많이 할수록 커핑의 다양한 향미를 뽑아낼 수 있다.

11 커핑(cupping)에서 물 붓기 전 마른 상태의 분쇄된 원두에서 나는 향으로 분쇄된 커피를 기체 상태에서 평가하는 용어는?

① 크러스트(Crust)
② 브레이크(Break)
③ 프래그런스(Fragrance)
④ 플레버(Flavor)

12 커핑(cupping)에서 뜨거운 물을 붓고 3~5분 사이에 부풀어 오른 커피를 깨트리면서 그 사이에 올라오는 향기를 평가하는 용어는?

① 크러스트(Crust)
② 브레이크(Break)
③ 프래그런스(Fragrance)
④ 플레버(Flavor)

13 커피의 평가 용어 중 옳은 설명은 어느 것인가?

> 가) 프래그런스(Fragrance) : 분쇄된 원두 상태의 커피에서 발산되는 향
> 나) 크러스트(Crust) : 뜨거운 물과 커피가 만나 조직이 부풀어 오른 커피의 향
> 다) 라운드(Round) : 추출된 커피에서 후각으로 느껴지는 다양한 꽃 향기
> 라) 애프터테이스트(Aftertaste) : 추출된 커피성분의 쓴맛 또는 향

① 가, 나
② 가, 라
③ 나, 다
④ 다, 라

해 설 라운드(Round): 커피를 입안에 머금었을 때 부드러운 촉감을 말한다.
애프터테이스트(Aftertaste): 커피를 마신 후 느껴지는 여운으로 커피를 삼키고 나서 좋은 맛과 향이 느껴지는 시간을 말하는 것이다.

14 커핑(Cupping)에서 커피의 투명도로 커피를 마시는 순간부터 마신 후까지 부정적인 요소가 있는지를 평가하는 것은?

① 크러스트(Crust)
② 드라이 아로마(Dry Aroma)
③ 밸런스(Balance)
④ 클린컵(Clean Cup)

15 다음 ( ) 안에 알맞은 것은?

> 커핑은 커피를 볶은 지 (㉠)시간이 지나지 않아야 하며, 로스팅 정도는 Light - Light Medium 사이가 되어야 한다. 또한 로스팅 시간은 (㉡)분 사이가 되어야 하며 커피에서 탄맛이 느껴지면 안 된다.

① ㉠ 12 ㉡ 8~12
② ㉠ 24 ㉡ 4~6
③ ㉠ 24 ㉡ 8~12
④ ㉠ 12 ㉡ 4~6

16 분쇄는 커핑하기 몇 분 이내에 이루어져야 하는가?

① 5분 ② 10분
③ 15분 ④ 20분

17 다음 중 커핑에서 커피와 물의 비율로 적합한 것은?

① 물 100ml, 커피 5.25g ② 물 150ml, 커피 8.25g
③ 물 200ml, 커피 10.25g ④ 물 250ml, 커피 12.25g

18 커핑에 사용되는 물은 깨끗하고 냄새가 없어야 하며 용전 미네랄은 몇 ppm 사이가 적합한가?

① 50~100ppm ② 125~175ppm
③ 200~250ppm ④ 225~275ppm

> **해설** 커핑에 사용되는 물은 깨끗하고 냄새가 없어야 하며 100~200ppm 사이의 용전 미네랄을 함유하고 있어야 하는데, 125~175ppm 사이가 적당하다.

19 다음 (   ) 안에 알맞은 것은?

> 입자 속으로 용매인 물이나 알코올 혹은 기름 등이 배어들어가면 입자 속에서 녹아들지 않는 성분들과 녹는 성분들이 얽혀 있다가 녹는 성분들이 떨어져 나와 (㉠)속으로 녹아든다.
> 이를 (㉡)라 한다.

① ㉠ 용매 ㉡ 용해 ② ㉠ 용해 ㉡ 용매
③ ㉠ 용매 ㉡ 침투 ④ ㉠ 용해 ㉡ 침투

20 다음 (   ) 안에 알맞은 것은?

> 커핑 스푼은 열 소산이 잘 되는 은 재질의 스푼으로 (   )ml의 커피를 담을 수 있는 크기여야 한다.

① 15~20 ② 10~15
③ 4~5 ④ 1~2

정답

01 ① 02 ④ 03 ② 04 ③ 05 ① 06 ② 07 ② 08 ① 09 ③ 10 ④
11 ③ 12 ② 13 ① 14 ④ 15 ③ 16 ③ 17 ② 18 ② 19 ① 20 ③

학습 1   커피 원두 종류와 배합 비율(블렌딩) 선택하기
학습 2   커피 원두 볶음 정도(로스팅) 선택하기
학습 3   커피 원두 숙성 정도 선택하기
학습 4   커피 원두 평가하기

2-1. 원두 로스팅 단계

 학습목표 ● 색깔에 따라 볶음 정도를 구분할 수 있다.

1 로스팅이란

로스팅볶음, roasting은 산지에서 생산된 그린커피에 새 생명을 불어넣는 열을 가해 속에 잠재되어 있는 독특한 맛과 향기를 발현하는 과정을 의미한다.

우리가 커피를 마시기까지 그린커피green coffee, 로스팅roasted bean, 분쇄ground coffee, 추출brewing 과정을 거쳐야 한다.

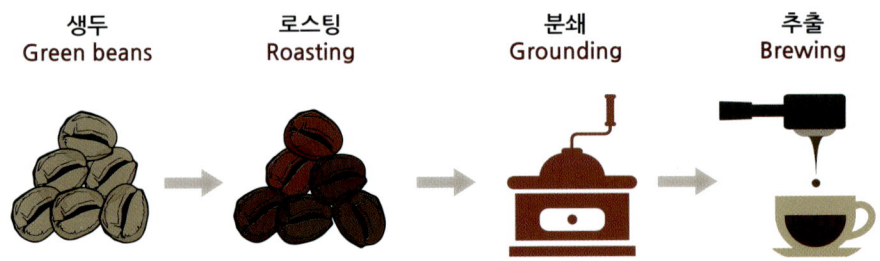

그린커피에 열을 가하면 그린커피의 세포조직이 파괴되면서 그 안에 있던 여러 가지 성분들지방, 당분, 카페인, 유기산 등이 열분해과정을 거치면서 맛과 향이 조성된다. 커피는 로스팅하는 과정에서 그 특유의 맛과 향이 다시 창조되는데, 원두에 열을 가해 맛과 향을 낼 수 있는 화학물질은 830여 가지가 발견되어 있다. 로스팅에서 중요한 것은 그린커피마다 다른 로스팅 포인트를 찾아 거기에 따른 적절한 조치를 해 주는 것이다. 따라서 로스팅된 결과에 만족하기 위해선 산지별 그린커피의 특징과 상태를 정확히 알아야한다.

2 로스팅 방식

산지에서 생산된 그린커피의 특성을 살리고 새 생명을 불어넣는 중요한 과정이 로스팅이다. 좋은 성분은 더욱 돋보이게 하고 좋지 않은 성분은 없애는 과정이 로스팅 안에서 이뤄진다. 현재 국내에서 유통중인 로스터는 매우 다양하다. 어떤 로스터를 선택하느냐도 중요하지만 로스팅을 하는 사람의 숙련도와 커피에 대한 이해도가 로스팅의 성패를 결정짓는다고 해도 과언이 아닐 것이다. 어떤 열원을 어떻게 사용하여 불 혹은 뜨거운 바람을 발생시키는지, 그 열이 어떻게 커피에 전달되는가에 대한 기초적인 내용을 살펴보자.

1) 열원

현재 로스터에 사용되는 열원은 크게 가스와 전기로 나눌 수 있다. 그밖에 숯이나 기타 연료도 있지만 극히 드물다. 가스는 액화석유가스$_{LPG}$와 액화천연가스$_{LNG}$로 나눌 수 있다.

액화석유가스는 원유를 증류하여 각 등급별 기름으로 정제하는 과정에서 발생하는 부탄과 프로판을 액화시켜서 만든 것이고, 별도의 가스통을 통해 공급된다.

액화천연가스는 천연가스를 정제하는 과정에서 발생하는 메테인을 액화시킨 재료로 대용량 배관을 통해 도시가스로 공급된다. 화력 즉, 열량면에서 액화석유가스가 액화천연가스보다 2배 정도 강해 로스팅에 더 적합하다는 이야기가 있지만 가스를 공급하는 노즐의 직경을 조절하여 비슷한 정도로 사용이 가능하다. 전기를 열원으로 하는 경우는 크게 2가지 방법으로 나눌 수 있는데, 열풍을 발생시키는 별도의 히터를 가동시키는 방법과 코일에 전기를 공급해 열을 발생시킨후 공기를 통과시켜 데우는 방법이 있다. 가스의 경우 순간적인 폭발력과 화력이 강해 빠르고 온도 조절이 수월한 반면, 전기는 가열되는 시간이 가스에 비해 길기 때문에 설치할 장소에 확보가능한 전력량을 미리 확인할 필요가 있다.

2) 가열방식

위에서 설명한 다양한 열원을 사용하여 공기를 데우거나 드럼을 직접 데우기도 하여 드럼 안에 있는 커피를 익히도록 만드는 것이 바로 로스팅이다. 현재 사용되고 있는 가열방식은 다음과 같다.

(1) 직화식

가장 원시적인 원리라고 할 수 있는 직화식은 말 그대로 불로 커피를 로스팅하는 방법이다.

가스나 전기를 연소하여 불꽃을 발생시켜 그린커피를 직접 가열하여 로스팅 하는 형식이다. 이 때 드럼이 회전하며 전체가 골고루 열을 받을 수 있도록 고안되어 있다. 드럼에 구멍이 나 있어 불꽃이 직접 커피와 접촉하도록 되어 있으며 별도의 열풍구멍은 없다.

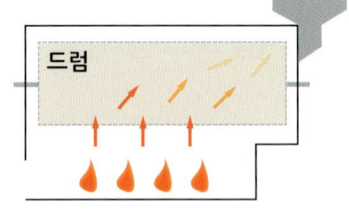

장점	● 드럼의 예열시간이 짧다. ● 경제적이다.
단점	● 그린커피의 팽창이 적다. ● 커피의 표면과 내부의 상태를 균일하게 하기 어렵다.

(2) 반열풍식

반열풍식은 직화식이 변형된 방식으로 직화식과 마찬가지로 불꽃이 드럼을 가열시킨다. 그리고 드럼의 뒷부분에 뚫려 있는 통풍구를 통해 뜨거워진 공기가 들어가 드럼 내부를 순환하여, 균일한 로스팅이 가능하도록 고안된 방법으로 현재 가장 많은 제품이 채택하고 있는 방식이다.

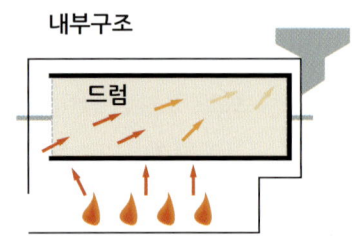

내부구조

장점	● 콩이 직접 화기에 닿지 않아 직화식보다 균일한 로스팅을 할 수 있다.
단점	● 드럼의 예열시간이 직화 방식에 비해 길다.

(3) 열풍식

직화나 반열풍식과는 다르게 별도의 연소실에서 연료가 연소되어 뜨거운 공기를 발생시켜 로스팅을 진행한다. 발생된 열풍을 순환시켜 로스팅하는 방식이며 주로 자동화된 대형공장에 많이 사용된다.

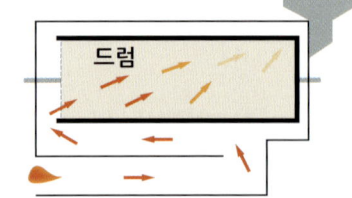

장점	● 짧은 시간에 로스팅할 때 적합하다.
단점	● 정확한 볶음도로 배출하기가 까다롭다. ● 외부공기의 영향을 심하게 받는다.

3 로스팅 과정

그린커피에서 원두가 되기까지 로스팅의 과정에서 커피콩의 변화는 어떻게 일어나는지 알아두면 로스팅을 이해하는데 도움이 된다. 투입된 그린커피가 열을 받으면서 부피가 팽창하며, 그린커피의 풋내는 날아가고, 단향이 나게 된다. 그 후 열에 의해 1, 2차 크랙이 발생하고 로스팅하는 사람에 의해 배출이 된다. 그 하나하나의 과정을 살펴보면 다음과 같다.

1) 전처리 결점두 선별

그린커피에 결점두나 이물질들이 소량만 섞여 있어도 로스팅 후 커피 맛에 안 좋은 영향을 끼치기 때문에 로스팅을 하기 전 이런 불순물들을 골라내는 것이 좋다. 워시드 커피보다 내추럴 커피는 상대적으로 불순물이 더 많이 포함되어 있으므로 보다 세밀하게 골라내주어야 한다.

2) 기계의 예열

차가운 상태의 로스터를 달구는 과정으로, 연료를 연소하여 로스팅이 가능한 충분한 온도까지 끌어올리는 과정이다. 이 과정에서 댐퍼는 최대한으로 열어 가스를 절약하도록 하는 것이 좋다. 일반적으로 드럼로스터는 이 과정이 30분 이상 걸린다.

3) 그린커피 투입

드럼의 온도가 충분히 도달했다면, 그린커피를 투입하면 된다. 우리나라와 유럽 로스터는 100%, 일본계 로스터는 80%의 그린커피를 넣는 것이 일반적이다. 로스팅이 시작되어 옐로우 상태에 이르기 전까지는 그린커피의 풋향과 수분이 증발하는 단계이다.

4) 수분날리기, 건조 옐로우 시점

옐로우 시점은 그린커피의 수분 증발이 끝나고 단향이 발생하는 시점으로 로스팅을 하는 과정에서 단향이 느껴졌다면 댐퍼를 충분히 개방하여 공기의 흐름이 원활하게 해주는 것이 향미의 올바른 발현에 좋다.

5) 1차 크랙 1st crack

그린커피 세포 내부의 수분이 기화하여 발생되는 과정이다. 1차 크랙은 커피로 전해진 열에 의해 원두의 조직이 벌어지는 1차 과정으로, 이 때 화학적 변화가 활발하게 진행되기 때문에, 그린커피의 종류와 특성에 따른 로스팅하는 이의 선택에 따라 공급 열량을 강하게 혹은 약하게 조절하기도 한다.

6) 2차 크랙 2nd crack

커피 입자의 내부조직과 외부조직의 팽창 불균형에 의해 일어나는 현상이다. 2차 크랙은 원두의 탄화가 시작되는 시점으로, 커피의 향기 조성이 거의 끝나가면서 탄화가 시작되는 단계이다. 원하는 물리적 조건을 고려하여 로스팅하는 이의 노하우에 따라 열량 공급 정도를 조절하기도 한다.

7) 원두의 배출과 냉각

원하는 배출 포인트는 추구하는 커피 스타일, 그린커피의 종류와 특성 등에 따라 달라진다 하더라도 빠른 시간에 배출과 냉각이 진행되지 않으면 원두 자체 온도에 의해 로스팅이 더 진행될 수가 있다. 따라서 냉각 시에는 회전식 교반장치나 송풍기 등을 이용해서 빨리 원두를 상온으로 떨어뜨려야 한다.

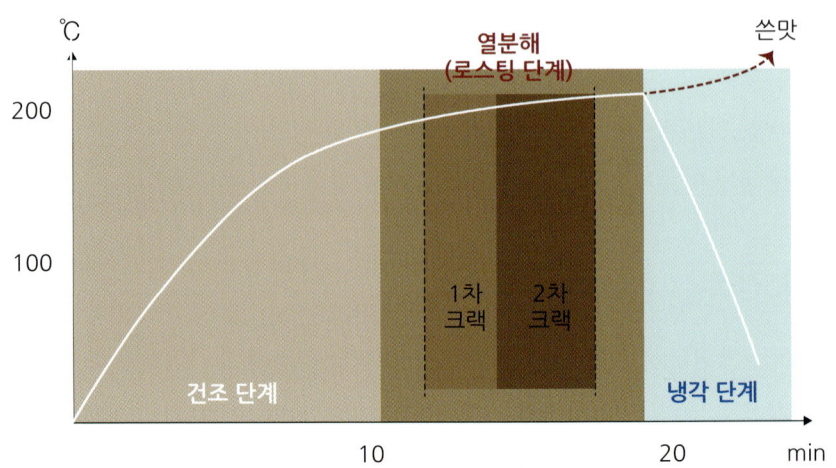

● 원두의 종류에 따라, 로스팅 기계에 따라 시간과 온도는 다소 차이가 날 수 있다.

4 커피 원두 로스팅 단계(볶음정도) 선택하기

원두는 로스팅 과정을 거쳐야만 맛과 향을 가질 수 있다. 원두를 볶아주는 작업인 로스팅은 사용하는 기계로스터에 따라 다른데, 보통 12~20분 동안 180~250°C의 온도에서 이루어진다. 이 작업이 거의 끝날 무렵이면 원두는 갈색을 띠게 되고, 맛과 향을 내는 휘발성분을 갖는다.

여기에서는 안정적으로 볶아지는 로스팅에서 커피의 컬러가 10분에 에그트론 #55에 도달한 온도가 시티 로스팅이 220°C일 경우를 기준으로 각 단계별로 6°C 차이로 하였다.

1) 그린커피 Green Coffee

그린커피 초기의 단계, 그린커피의 색깔은 연녹색에서부터 짙은 초록색까지 산지별로 다양하다.

2) 라이트 로스팅 Light Roasting

감미로운 향기가 나지만 이 단계에서 커피를 추출하면 커피다운 향기나 맛은 거의 느낄 수 없다. 그린커피를 로스터에 투입해 그린커피가 열을 흡수하면서 열분해가 일어나기 시작하는 초기단계로, 이 때 그린커피는 1차 크랙킹이 시작된다.

3) 시나몬 로스팅 Cinnamon Roasting

뛰어난 신맛을 갖는 원두이며 그 신맛을 즐기고 싶다면 이 단계에서 배출할 수 있다. 신맛이 강하고 커피향은 약하다. 아메리칸 로스팅과 같은 의미로 사용하기도 한다. 누런색이던 원두가 계피색을 띠게 된다. 커피 그린커피의 외피가 왕성하게 제거되기 시작한다.

4) 미디엄 로스팅 Medium Roasting

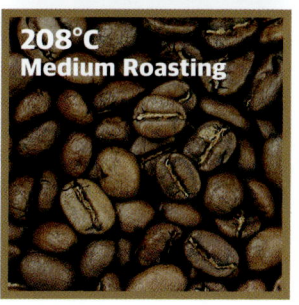

첫 번째 파열음이 끝나가는 단계로 그린커피는 꽤 팽창되어 있는 상태이고 색상 또한 급격히 변하기 시작한다. 커피의 좋은 특징인 신맛과 단맛, 그리고 독특한 향기가 함께 나타나기 시작한다. 최근들어 늘어나는 추세인 볶음도로, 아메리칸 로스팅이라고도 부르기도 하는데, 신맛이 핵심인 아메리칸 커피는 이 단계를 권한다. 식사 중 마시는 커피, 추출해서 마실 수 있는 초기 단계이며 담갈색을 띤다.

5) 하이 로스팅 High Roasting

첫 번째 파열이 끝난 직후이며 미디엄 로스팅보다 약간 더 진행된 상태이다. 신맛이 자극적으로 변하고 쓴맛이 서서히 나타나면서 감미로운 향이 난다. 여기까지 도달하는데 10분 정도 걸리는 속도로 로스팅할 경우에는 이때부터 온도 상승 속도가 빨라진다. 향미 특성은 여기서부터 커피다운 향이 강해지면서 신맛이 약해지고 쓴맛이 나타나기 시작한다. 가장 일반적인 단계로 갈색의 커피가 된다.

6) 시티 로스팅 City Roasting

조금씩 기름기가 배어나오기 시작하며, 신맛은 거의 없어지고 쓴맛과 달콤한 향기가 나는 것이 특징. 균형 잡힌 강한 느낌을 주고, 맛과 향이 대체로 표준이며 풍부한 갈색을 띠게 된다. 보통은 이 단계의 마지막에 도달하면 2차 파열음이 시작되어 다음 단계에 가까워졌음을 알려준다.

7) 풀시티 로스팅 Full city Roasting

두 번째 파열음도 적극적으로 들리면서 어느 정도 강하게 로스팅이 진행된 상태로 기름기가 전체에 돌기 시작한다. 신맛은 거의 없어지고 쓴맛과 강한 향으로 커피 맛의 정점에 올라서는 단계이다. 저먼로스트나 비엔나로스트가 여기에 속하며, 아이스커피 용도로 사용할 수 있다. 크림이나 우유를 가미하여 마시는 유럽 스타일의 커피에 알맞다. 원두의 색깔은 짙은 갈색으로 변하며 에스프레소 커피용의 표준이다.

8) 프렌치 로스팅 French Roasting

기름기가 전체에 번져 흐르고 색상은 검게 된다. 쓴맛, 진한 맛에 중후한 맛이 강조된다. 쓴맛이 다른 맛을 압도하기 때문에 아이스커피에 주로 사용한다. 이 단계는 이미 탄화가 시작되어 온도 상승 속도가 매우 빠르다.

9) 이탈리안 로스팅 Italian Roasting

탄화되어 표면이 완전히 검게 되고, 탄내가 본격적으로 나타나면서 쓴맛도 사라지기 시작한다. 예전에는 이 로스팅이 에스프레소용으로 많이 선호되었으나 현재는 튀르키예 커피 등에서나 가끔 보일 뿐 점차 줄어드는 경향을 보이고 있다.

2-2. 커피 볶음도 - 강도와 향미 특성

학습목표
- 맛에 따라 볶음 정도를 선택할 수 있다.
- 메뉴에 따라 볶음 정도를 선택할 수 있다.

1 커피 볶음도 - 강도와 향미 특성

로스팅의 온도, 시간, 속도 등에 따라 커피맛이 달라지는데, 보통 시나몬 로스팅까지는 신맛이 강하다. 좀 더 로스팅이 진행되면 캐러멜화가 진행되면서 그린커피는 짙은 갈색을 띠게 된다. 풀 시티 로스트에 이르면 옅은 신맛, 단맛이 감도는 풍부한 향미가 나타나게 된다. 프렌치 로스트 이후에는 신맛이 거의 없어지고 쓴맛을 느끼게 되는데, 그 이상 로스팅을 할 경우에는 탄맛이 난다.

커피는 볶는 과정에서 그 특유의 맛과 향이 다시 창조되는데, 원두에 열을 가하게 되면 커피는 600여 가지의 화학 반응이 일어나게 된다. 그린커피의 기본적인 세포 구조는 녹아 없어지며 팝콘같이 "펑" 하며 터진다. 이때 단백질은 소화제 성분으로 변하여 원두의 표면에 향기로운 식물성 기름을 형성하게 되는데, 이 향은 휘발성이 있어서 커피의 맛과 향기를 전달하며 물에 잘 녹는다.

커피의 로스팅 정도, 즉 볶음도는 커피의 맛과 향에 아주 직접적인 영향을 끼치게 된다. 이는 각 원두의 품질이나 블렌딩 시 평가의 기초가 되는 요소인 향기aroma, acidity, flavor, body, aftertaste에 영향을 미치기 때문이다. 그러나 이러한 요소를 쉽게 육안으로 구분하기는 쉽지가 않기 때문에 이를 구분하고 평가하기 위해 미국 SCAA에서는 커피 로스팅 칼라를 8단계로 나누고, 각각의 단계에 해당하는 Agtron No.를 기준으로 하여 로스팅 포인트에 따른 맛과 향을 예측할 수 있게 하였다.

Agtron의 M-Basic 시리즈와 Color Roast Classification System(칼라 타일)

2 산지별 커피콩의 특징

색깔	SCAA Color	Agtron No.	로스팅 명칭	온도	팽창	배전 강도	향기	신맛	단맛	바디	품종 특성	자극	특성
매우 연한 갈색 very light brown	Tile #95	95/75	▶ Light	196	1차 크랙	최약 배전	**	***	*	*	**		강하고 얼얼한 신맛 곡물맛(Grainy)
연한 갈색 light brown	Tile #85	85/67	▶ Cinnamon	200		약 배전	**	***	*	*	**		강한 신맛, 미미한 바디 품종 특성 나타나기 시작
다소 연한 갈색 moderately light brown	Tile #75	75/59	▶ Medium	210		약중 배전	***	****	**	**	***		강하고 산뜻한 신맛
약한 중간 갈색 light medium brown	Tile #65	65/51	▶ High	215	2차 크랙	중 배전	***	***	***	***	****	*	산뜻한 신맛 다양한 향기
중간 갈색 medium brown	Tile #55	55-43	▶ City	219		중중 배전	****	***	***	***	**	**	약한 신맛과 바디 풍부한 향기
중간 진한 갈색 medium dark brown	Tile #45	45/35	▶ Full-City	225		중강 배전	****	**	****	****	*	***	미미한 신맛, 강한 바디 풍성한 향기
짙은 갈색 dark brown	Tile #35	35/27	▶ French	240		강 배전	**	*	***	***		****	강한 단맛, 쓴맛 표면이 오일로 반짝임
검은색 very black	Tile #25	25/29	▶ Italian	245		최강 배전	*		**	**		***	약한 단맛, 강한 쓴맛 탄맛

★ 매우약함 ★★ 약함 ★★★ 풍부함 ★★★★ 매우풍부

수행내용

원두의 특성에 따른 대표적인 네 가지 맛 선택하기

1. 준비 재료 및 장비

- 생수, 카페인, 설탕, 소금, 구연산
- 컵 12개, 종이컵

2. 안전·유의사항

- 각 시약별 농도를 정확히 기재하고 그 실험 시약들이 섞이지 않게 주의한다.
- 커피의 대표적인 맛 네 가지를 실험 시약을 통해 훈련하고 이를 구분함으로써 커피 원두에서 느낄 수 있는 맛을 찾아내고, 이를 특성으로 각각의 원두의 특성과 그 특성을 살려 블렌딩하고 선택할 수 있는 법을 찾아낸다.

3. 수행 순서

1) 표준용액

- 커피의 대표적 맛인 단맛, 신맛, 쓴맛, 짠맛의 네 가지 시약을 농도별로 각각 4단계로 나누어 준비한다.
- 시약 준비

기준용액	기준 맛 물질	용액의 농도(그램/리터)			
맛의 종류		I	II	III	IV
신맛	구연산 / 물	0.25	0.50	1.00	2.00
단맛	설탕 / 물	5.00	10.00	20.00	40.00
짠맛	소금 / 물	0.50	1.00	2.00	4.00
쓴맛	카페일 / 물	0.50	1.00	2.00	4.00

※ 시약 준비 시 이미 이취가 없는 정수된 물을 사용하며(crystal fresh), 사용하기 24~36시간 전에 용액을 만들어 냉장 보관한다. 평가 시 실온(21℃, 70°F)으로 맞추어 각각 10ml씩 준비한다.

3) 순위 시험 평가

- 각각 시험 용액의 단맛, 신맛, 짠맛, 쓴맛의 농도를 구분한다.
- 각각 시약별 농도를 구분하여 기록하고, 그 기록을 시트지에 작성한다.
- 블라인드 테스트를 통해 각각의 맛의 차이를 감각으로 느끼고 기록한 후 그 시트지를 정답과 매치하여 확인한다.
- 농도별 맛을 혼합 후 그 혼합한 맛을 찾아내는 테스트를 통해 감각 능력을 키운다.

커피의 대표적인 맛 테스팅

날짜 / 시간   작성자

신맛 acidity

농도	I		II		III		IV	
No.	추측	정답	추측	정답	추측	정답	추측	정답
신맛								
단맛								
짠맛								
쓴맛								

단맛 sweet

농도	I		II		III		IV	
No.	추측	정답	추측	정답	추측	정답	추측	정답
신맛								
단맛								
짠맛								
쓴맛								

짠맛 salty

농도	I		II		III		IV	
No.	추측	정답	추측	정답	추측	정답	추측	정답
신맛								
단맛								
짠맛								
쓴맛								

쓴맛 bitter

농도	I		II		III		IV	
No.	추측	정답	추측	정답	추측	정답	추측	정답
신맛								
단맛								
짠맛								
쓴맛								

학습 II-2
학습평가

🔘 평가 준거

학습 내용	평가 항목	성취 수준		
		상	중	하
커피 원두 볶음정도 (로스팅 단계)	● 색깔별 원두 로스팅 포인트를 구별			
	● 각 로스팅 포인트별 맛의 특징 파악			
	● 커피의 네 가지 대표적인 맛(짠맛, 신맛, 쓴맛, 단맛) 파악			
	● 대표적인 네 가지 맛을 농도별로 구분이 가능한지, 그 맛을 혼합했을 때도 그 맛을 찾아낼 수 있는 능력			

🔘 평가 방법

평가자 체크리스트

학습 내용	평가 항목	성취 수준		
		상	중	하
커피 로스팅 포인트	● 각 로스팅 색깔별로 로스팅 특징 이해			
	● 로스팅 단계별 맛의 변화 이해			
	● 커피의 대표적 맛 이해			
커피의 대표적 맛(시약)	● 시약별 맛 구별 능력 확인			
	● 시약별 맛 농도 구별 능력 확인			
	● 시약 혼합시 구별 능력			
	● 시약 시트지 활용 능력			

서술형 시험

학습 내용	평가 항목	성취 수준		
		상	중	하
커피 로스팅 단계 포인트	● 로스팅의 단계, 명칭			
	● 로스팅 단계별 맛의 변화			
	● 메뉴별 로스팅 단계			
커피의 대표 맛	● 커피의 대표 맛은?			

작업장 평가

학습 내용	평가 항목	성취 수준		
		상	중	하
로스팅 포인트	● 배전(로스팅)에 대한 정확한 이해			
	● 배전(로스팅) 강도에 대한 색 변화의 정확한 이해			
	● 배전(로스팅) 강도에 따른 맛의 변화			
커피의 대표적인 맛	● 맛 시약별 구분에 대한 이해			
	● 맛 시약별 농도에 대한 구분			

피드백

1. 평가자 체크 리스트

● 로스팅 배전율에 따른 커피의 변화와 그 차이를 구분하고 있는지 평가자가 인지하고 그 차이를 구분하여 평가하는 데 있어 미흡한 부분에 대해서는 재교육을 통해 이를 숙지하고 구분할 수 있게 한다.

2. 서술형 시험

● 로스팅 배전별 명칭, 구분법 등에 따라 맛, 색의 변화와 로스팅별 맛에 따라 메뉴별 로스팅을 선택하여 평가할 수 있도록 교육하고 미흡할 시 재교육을 할 수 있도록 한다.

3. 작업장 평가

● 로스팅 포인트별 맛을 평가하고 그 맛에 따라 그에 맞는 메뉴를 선택하고, 또 대표적인 커피맛을 농도별, 맛별로 구분하고 찾아내려는 열정과 숙련도를 익히려는 태도를 작업장에서 수업 시 매번 반영하여 수정하도록 한다.

학습 1   커피 원두 종류와 배합 비율(블렌딩) 선택하기
학습 2   커피 원두 볶음 정도(로스팅) 선택하기

학습 3   커피 원두 숙성 정도 선택하기

학습 4   커피 원두 평가하기

3-1. 로스팅 후 그린커피의 변화

학습목표 ● 원두의 CO_2 잔존량에 따라 숙성 정도를 확인할 수 있다.

■ 로스팅 후 그린커피의 변화

로스팅된 원두를 그린커피와 비교해보면 일반적으로 부피는 약볶음의 경우 50% 팽창하고 강볶음인 경우 150%까지 팽창된다. 무게는 함수율이 11%인 생콩을 볶는다면 12~22% 정도 가벼워지는 물리적 변화와 열에 의해 화학적인 변화가 일어난다.

이러한 변화에 의해서 우리가 아는 커피의 맛과 향이 결정된다. 이 변화 가운데 커피의 맛을 결정짓는 대표적인 반응은 캐러멜화 caramelization와 메일라드 반응 maiilad reaction이라고 할 수 있다.

1) 색의 변화

그린색을 가진 그린커피는 로스팅이 시작되면서 색의 변화가 일어나게 된다. 로스팅후 4~5분정도 지나 드럼 온도가 140℃가 되면 녹색인 콩이 옅은 노란색으로 변하면서 점점 짙은 노란색으로 바뀌게 된다.

1차 크랙이 다가오면 짙은 계피색으로 바뀌고, 1차 크랙이 발생하면 콩의 표면에 주름이 져 있는 상태에서 색깔은 캐러멜화에 의해 옅은 갈색 light brown을 띤다. 원두에서 강한 파열음이 나면서 2차 크랙이 진행되면 색상은 짙은 갈색 dark brown으로 변화한다.

■ **캐러멜화** caramelization

당류가 일으키는 산화반응 등에 의해 생기는 현상으로 그린커피를 고온으로 가열하면 5~10% 포함되어 있는 자당(sucrose)이 캐러멜화가 되어 색이 변화는 반응이다.

■ 메일라드 반응 maiilad reaction

그린커피 내의 당분과 유기산이 뜨거운 열에 메일라드 반응을 일으켜 갈색으로 변하면서 고유의 맛과 향을 갖게 되는 것을 말한다.

2) 맛의 변화

콩 내부의 탄수화물이 분해됨에 따라 휘발성 산 volatile acid이 생성된다. 이러한 산은 미디엄 로스트에서 절정을 이루며 로스팅이 진행되면 감소되어 신맛이 약해진다. 특히 커피의 떫은 맛 stringency과 바디에 영향을 주는 클로로겐산 chlorogenic acid은 로스팅 정도에 비례해서 감소하며, 반대로 로스팅 속도에 반비례해서 감소한다. 이러한 현상은 로스팅이 너무 빨리 진행되면 커피에서 떫은맛이 나는 이유를 설명해 준다.

너무 빠른 로스팅은 클로로겐산을 충분히 감소시키지 못하며, 신맛을 내는 다른 산 acetic, malic, citric의 생성에도 적합하지 않다. 단맛은 캐러멜화가 진행되면서 증가하는데, 2차 크랙 이후 로스팅이 더 진행되면 초기의 열분해를 통해 생성된 전분과 당분이 탄화되어 커피에서 탄맛이 나게 된다. 즉 이러한 맛의 변화에 의해 각각 로스팅 정도에 따른 원두의 맛을 구분짓고 평가할 수 있다.

3) 향의 변화

그린커피를 투입하고 시간이 조금 지나면 수분이 증발하면서 특유의 냄새가 나기 시작하고, 시간이 3~4분 정도가 지나면 색깔이 점차 노란색으로 바뀌면서 고소한 향이 나기 시작한다. 1분 이상 지속되어 이 단계가 끝날 때가 되면 고소한 향에 신향이 조금씩 같이 나기 시작하며 점차 신향이 강해진다. 신향은 1차 크랙 전에 최고조에 달하며 1차 크랙이 발생하면 신향과 그린커피 고유의 향이 같이 나게 된다. 2차 크랙이 발생하면 그린커피 고유의 향이 강하게 나며, 그린커피의 수분이 거의 없어 조직이 타면서 탄향이 강하게 나고 로스팅 2차 크랙의 정점을 지나게 되면 향기 성분의 증발로 인해 오히려 향이 약해진다.

4) 형태의 변화

그린커피를 투입하면 내부의 수분이 증발하면서 표면에 주름이 생기기 시작하며 콩의 크기는 계속 작아지게 되는데, 밀도가 강할수록 이러한 현상이 더 잘 일어나게 된다. 1차 크랙 이후 콩은 다공질 조직으로 바뀌며 부피가 팽창하는데 그린커피에 비해 50~60% 정도 커진다.

2차 크랙이 일어나면 색깔이 점점 진해지고 세포 조직은 더욱더 다공질로 바뀌어 부서지기 쉬운 상태가 되며, 그린커피 원래 크기보다 최대 100% 정도 커지다가 오일 분출 이후 로스팅이 계속 진행되면 조직은 파열되고 수분 함량은 1% 미만까지 감소한다.

5) 중량의 변화

그린커피는 열을 받으면 콩 내부의 수분이 증발하며 이에 따라 중량도 줄어들게 된다. 로스팅 시간이 길어질수록 비례하여 줄어들게 되는데, 1차 크랙 시점에서 15~17% 정도 줄고, 2차 크랙 시점에서 18~23% 정도 줄게 된다. 로스팅에 따라 압축 강도는 감소하며 세포 내 성분은 유동화된다. 중량은 수분 증발에 의해 84~85%가 줄어들며 나머지는 탄산가스와 채프chaff에 의한 것인데 로스팅 전반은 주로 수분 증발, 후반은 주로 성분의 산화, 분해에 의한 것이다.

❷ 볶은 커피의 CO_2 방출과 잔존량

로스팅 후에는 탄산가스, 즉 CO_2를 적절히 방출하는 작업이 꼭 필요하다. 볶은 커피는 로스팅과 저장 중에 2~5배의 가스87% 탄산가스를 방출하는데, 50%는 즉시 방출하고 50%는 볶은 콩의 조직 안에 남아 있으면서 서서히 방출된다. 탄산가스는 커피의 향기 성분이 산화되는 것을 억제하지만 포장을 팽창시키므로 일반적으로 볶은 통 커피는 8~24시간, 분쇄 커피는 1~8시간 가스를 방출 시킨 다음 포장을 한다. 가스를 방출하는 동안 부분적으로 일어나는 산화를 억제하기 위하여 볶은 커피의 저장 통을 질소가스로 채우기도 한다. 질소가스를 채움으로써 산패를 억제할 수 있기 때문에 이런 방법을 쓰기도 한다.

이렇듯 로스팅 후 커피는 50%의 CO_2를 방출하고 50%를 가지고 있다가 이를 서서히 방출하는데, 로스팅을 막 끝낸 커피의 경우 이를 추출하면 빠르게 추출이 되거나 드립으로 추출할 경우 부풀림이 심한 것을 볼 수 있다. 이는 커피 조직이 물을 만나 그 속에 고형 물질을 탄산가스와 함께 배출해 내기 때문이다.

■ **가스 방출**degassing

원두에서 혹은 분쇄한 상태로 가스를 방출시키는 공정을 다른 말로 '에이징' 또는 '숙성'이라고 한다. 숙성은 커피를 볶은 후 1~3일 정도 하며 로스팅 정도, 상태, 보관, 온도 등에 따라 다소 달라진다. 이러한 숙성으로 각기 메뉴나 추출 방법 또는 원두의 특성에 따라 그에 맞는 숙성도를 조절할 수 있다. 로스팅 후 보관의 안정성, 품질의 유지를 위해 숙성, 특수 밸브 부착, 탈 산소재질소 투입 포장 등을 이용한다.

3-2. 추출의 개념과 CO_2 잔존량에 따른 추출의 변화

학습 목표
- 추출 방식에 따라 숙성 정도를 선택할 수 있다.
- 맛에 따라 숙성 정도를 선택할 수 있다.

1 추출의 개념

커피 가루는 수용성 물질과 불용성 물질이 있어 수용성 물질에서 녹아 나올 수 있는 물질을 용질soluble, 녹을 수 있는 물질이라고 한다. 이러한 용질을 끄집어 내기 위해서는 용(solvnt, 녹이려고 들어간 액체가 필요한데, 커피에 있어서 용매는 물이고, 이 물은 뜨거울수록 더 잘 녹으므로 일정 이상의 뜨거운 물을 용매로 사용하게 된다. 커피 가루에 뜨거운 물이 들어가면 커피 가루의 수용성 물질인 용질이 녹아 나와 투입된 용매, 즉 물과 섞여서 추출되는데 이를 용액이라고 한다. 이 용액이 커피이다.

추출은 커피 가루 입자 표면에 있는 성분을 씻어 내는washing, 세정 과정과 입자 내부에서 표면으로 이동하는 확산diffusion 과정으로 나눌 수 있으며, 표면의 성분을 씻어 내는 세정 과정은 뜨거운 물과 접촉 즉시 일어나고, 확산은 세정보다는 천천히 일어난다. 위에서 언급한 것과 같이 커피 가루의 표면 내부에서 성분을 끄집어 내는 것을 추출이라고 하는데, 고체인 커피 가루와 물을 분리시켜야 하므로 필터를 사용하게 된다. 현재 이 필터는 종이, 융, 철제 등이 있다. 이와 같이 필터는 커피 가루를 계류시키는 여과 기능을 한다. 커피층 내에서 물의 이동은 우선 가루와 가루 사이에 있는 공기를 물이 밀어내고 들어앉아 커피 가루를 적시고, 고체층커피 가루에 무엇인가를 축적시키지 않고 빠져나가는 것으로 이를 퍼콜레이션percolation, 침출이라고 한다. 단, 에스프레소의 경우는 확산보다는 세정 과정에서 주로 추출된다.

추출 과정의 경우 커피 가루에 물이 투과가 되고 이때 커피 입자 속에 있던 CO_2가 방출되면서 난류를 일으켜 커피 가루가 부풀게 된다. 난류란 커피 가루, 기체(CO_2), 뜨거운 물이 비정형적으로 혼합되는 현상으로, 뜨거운 물이 커피 가루와 접촉할 때 커피 가루에서 CO_2를 방출하면서 일어난다. 이 난류로 인해 물이 커피 가루를 통과하는 속도를 늦추며 표면에서 거품을 일으키게 된다.

난류로 인해 커피 가루는 떠오르고 분리되며 재배열되어 커피 가루층 전체에 균일한 흐름을 유도하는데, 과도한 난류는 물 흐름을 지연시켜 과잉 추출을 유발한다. 이러한 이유 때문에 갓 로스팅한 원두는 조금 더 굵게, 오래된 원두는 조금 더 가늘게 하여 추출해야 한다. 이는 원두가 가지고 있는 CO_2의 잔존량이 다르기 때문에 원두의 상태에 따른 분쇄 정도에 따라 조절하여 안정화된 상태를 만들려고 하는 작업이다. 즉, CO_2의 잔존량이 많으면 굵게, 잔존량이 적을수록 가늘게 하여 커피의 추출 수율커피맛의 안정을 조절하는 것이다. 입자를 조절하는 이유는 입자가 굵으면 굵을수록 커피가 가지고 있는 CO_2를 천천히 배출하고, 가늘수록 빠르게 배출하기 때문이다.

2 CO_2잔존량에 따른 추출의 변화와 차이

CO_2 잔존량이 많을 경우 커피 속에 함유하고 있는 고형 물질들이 물과 만나 밖으로 배출시킬 때 그 고형 물질들과 함께 배출되는데, 이때 CO_2잔존량이 많으면 같은 조건의 같은 시간 동안 추출 시 그 고형 물질이 빠져나오는 길을 CO_2가스가 방해하기 때문에 고형 물질보다 가스가 더 많이 나오는 것을 확인할 수 있다. 반대로 CO_2잔존량이 적을 경우 물과 만나 함께 배출되는데, 이때 물이 통과하는 길에 가스가 존재하지 않아 물이 고형 물질 속에 머무는 시간이 짧아 그 진한 고형 물질은 제대로 함께 배출되지 못하는 것을 볼 수 있다.

(1) 로스팅 후 얼마 안된 콩의 경우

CO_2가스 잔존량이 많기 때문에 에스프레소를 같은 조건으로 추출할 경우 떨어지는 모습이 꿀렁꿀렁하다고 할 수 있다. 이는 가스를 많이 함유하고 있기 때문에 기포가 발생하며 같은 조건(같은 시간)으로 추출 시 크레마가 일반적으로 액체보다 훨씬 많이 추출되는 것을 볼 수 있다.

(2) 로스팅 후 일정 시간이 지나서 CO_2의 잔존량이 적당히 안정화가 되었을 때

커피가 가장 맛있는 상태로서 CO_2가스가 적당히 있어 물이 커피 입자와 만나는 시간이 어느 정도 유지될 수 있게 하여 커피 속의 고형 물질을 충분히 알맞게 끌어 낼 수 있기 때문에 적당한 크레마와 액체를 추출할 수 있다.

(3) CO_2의 잔존량이 거의 없을 경우

커피의 크레마가 거의 없고 주로 액체만 빠르게 추출되는 것을 볼 수 있다.

수행내용

로스팅 후 잔존량에 따른 커피 추출하기

1. 준비 재료 및 장비

- 커피 원두로스팅 후 숙성 단계별, 식수
- 커피 머신, 그라인더 탬퍼, 샷 글라스, 에스프레소잔, 계량컵무게는 10g 이내, 저울소수점 단위의 소량을 측정할 수 있는 소형 저울, 행주, 타이머

2. 안전·유의사항

- 위생 관리를 철저히 한다.
- 글라스 웨어 및 커피잔 등 파손에 유의한다.
- 커피 투입량과 추출량이 정확하게 지켜질 수 있도록 유의한다.
- 커피 투입량과 추출량에 따라 커피맛의 변화를 인지하고 추출에 임한다.
- 포타필터를 분리할 때 떨어뜨리지 않도록 주의한다.
- 커피 머신 버튼의 용도를 정확히 숙지한 후 사용한다.

3. 수행 순서

- 먼저 3가지 상태의 원두를 준비한다.
    - 로스팅 후 얼마 안된 콩
    - 로스팅 후 약 10일 지난 콩
    - 로스팅 후 약 1개월 이상 지난 콩
- 각각 원두별로 같은 분쇄 굵기에, 같은 양을 계량 후 같은 조건(추출 온도, 추출 시간, 추출 압)으로 샷 글라스에 받아서 추출되는 과정을 관찰한다.
- 각 추출 상태별 판단
    ① 로스팅 후 얼마 안된 콩: CO_2 함량이 많아 크레마에 가스를 많이 함유하고 있어 기포가 발생한다.

② 로스팅 후 일정 시간 지났을 때 약 10일 경과 : CO_2잔존량이 적당하고 원두 상태가 안정화가 되어, 기포 발생 없이 매끈하고 균일하게 추출되고 크레마와 액체의 비율이 적당한 비율로 추출된다.

③ 로스팅 후 많은 시간이 지났을 때 약 1개월 이상 지난 콩 : CO_2잔존량이 적고 거품이 맑은 색을 띠며, 점도 없이 일관성 없게 추출된다. 커피 상태를 보면 크레마는 거의 없이 아주 얇게 형성되며, 금방 없어지면서 구멍이생긴다.

■ 유의사항
- 각 원두별 그라인딩 시 그 전에 사용한 원두가 그라인더에 남아 있지 않게 깨끗이 청소한 후 그 다음 원두를 그라인딩한다.
- 각 추출별 추출 환경이나 조건을 동일하게 하여 잔존 CO_2양에 따른 변화를 알 수 있도록 그 조건을 철저히 유념하고 추출에 임한다.

NCS

학습 II-3

학습평가

🔴 평가 준거

학습 내용	평가 항목	성취 수준		
		상	중	하
커피의 잔존량 평가	● 커피 잔존량 확인 능력			
	● 커피 숙성별 추출의 변화 파악			
	● 커피 잔존량별 커피의 맛 구분 능력			
	● 동일 조건 시 커피(CO_2잔존량)에 따라 구분법 파악			
	● 크레마의 질감이나 양에 따른 CO_2잔존량 평가			

🔴 평가 방법

평가자 체크리스트

학습 내용	평가 항목	성취 수준		
		상	중	하
커피의 잔존량 구분	● 동일 조건으로 커피를 추출하려는 노력			
	● 커피의 숙성도에 따라 구분하려는 노력			
	● 커피의 잔존량을 확인하려는 노력			
	● 커피의 잔존량에 따라 맛을 구분하려는 노력			
	● 크레마별 그 차이를 구분하려는 노력			

서술형 시험

학습 내용	평가 항목	성취 수준		
		상	중	하
로스팅 후 그린커피의 변화	● 로스팅 후 그린커피의 변화 요인			
	● 로스팅 후 CO_2 잔존량의 변화는 어떻게 바뀌는가?			
	● 잔존량에 따른 추출의 차이			

작업장 평가

학습 내용	평가 항목	성취 수준		
		상	중	하
로스팅 후 CO_2 잔존량의 변화	CO_2 잔존량에 대한 정확한 이해			
	추출 시 동일 조건을 지키려는 노력			
	실습 교육 시 추출에 대한 기본 스킬과 능력			

피드백

1. 평가자 체크 리스트

- 커피의 잔존량을 체크하는 데 있어 커피 추출 시 동일 조건으로 다른 숙성도의 커피를 잘 추출하고 또 그 숙성도의 차이를 구분하려는 노력, 잔존량에 따라 맛이 어떻게 다른지, 크레마의 상태에 따라 CO_2의 양을 잘 찾아내는지 체크하여 미흡한 부분에 대한 재교육이 이루어질 수 있도록 한다.

2. 서술형 시험

- 로스팅 후 그린커피의 변화, CO_2잔존량의 변화 그리고 잔존량에 따른 추출의 차이를 잘 이해하고 있는지 평가하고, 이에 부족한 부분이 있을 시 그 부분을 보완할 수 있도록 한다.

3. 작업장 평가

- 로스팅 후 CO_2잔존량에 대한 정확한 이해를 하고 이를 평가하고 체크하는 과정을 수행 시에 그 수행 과정을 정확히 행하려는 태도와 방법이 매 수업 시간마다 잘 반영되고 이루어지는지 체크하고 수정 반영되도록 한다.

학습 1 커피 원두 종류와 배합 비율(블렌딩) 선택하기
학습 2 커피 원두 볶음 정도(로스팅) 선택하기
학습 3 커피 원두 숙성 정도 선택하기
학습 4 커피 원두 평가하기

4-1. 에스프레소 추출과 크레마

- 에스프레소 추출 시 크레마의 색깔과 조밀도를 확인하여 원두의 상태를 평가할 수 있다.
- 커피의 맛을 확인하여 원두의 상태를 평가할 수 있다.

1 에스프레소 추출

에스프레소는 express, '빠르다'를 의미하는 이탈리어에서 유래되었다. 원두를 곱게 분쇄하여 7~10g의 커피, 90~95도의 뜨거운 물, 8.5~9.5bar의 압력, 20~30초, 20~30mL의 기준으로 추출하고, 황금색 거품층Crema이 있는 커피이다.

1) 맛있는 에스프레소를 추출하기 위한 요소

■ **분쇄도**

정확한 에스프레소 추출을 위한 분쇄도는 맛을 형성하는데 가장 중요한 요소이다. 커피의 분쇄도는 에스프레소 머신에서 만들어지는 9기압이라는 압력을 완성하는 단계이며, 물과 커피가 접촉하는 면에 따라서 추출되는 성분들은 바뀌게 된다.

■ **커피의 양**

한 잔의 에스프레소를 추출하기 위해서 사용되는 커피의 양은 7~10g 정도이다. 물론 그 양의 범위는 원두의 상태에 따라서 변화하겠지만 매번 추출을 할 때마다 그 양이 변화 한다면 균일한 커피를 추출 할 수 없다.

■ **수평밀도**

수평밀도는 추출 동작에서 커피를 받고 난 후 양을 맞추는 과정에서 진행하고, 다시 커피를 다지는 과정Tamping에서 진행한다. 이 두 과정에서 결정되는 커피의 수평밀도를 제대로 맞추지 못하면 과다추출Over extraction과 과소추출Under extraction의 원인이 된다.

2 크레마

에스프레소 거품은 이탈리아 용어로 크레마crema라고 한다. 크레마는 영어의 크림cream에 해당하는 말로서, 신선한 커피에서 나오는 지방 성분, 커피의 향 성분이 결합하여 생성된 미세한 거품으로 에스프레소의 향을 지속시켜 주는 효과가 있다.

■ 커피의 신선도

커피의 신선도에 따라서 크레마의 상태가 변화되는데, 숙성이 덜 된 커피나 너무 신선한 커피는 너무 많은 양의 크레마를 추출하고, 오래된 커피는 반대로 거의 나오지 않는다.

■ 좋은 크레마의 상태

크레마의 성분은 커피의 오일성분인 지용성 성분과 물이 커피를 통과하면서 생기는 거품, 수용성 성분의 결합체이며, 두께는 샷 글라스에 3~5mm 정도의 크레마가 좋다. 색깔은 진한 갈색Dark brown으로 스푼으로 밀면 신속하게 다시 복원되는 크레마가 좋다.

4-2. 드립커피 추출의 원리와 방법

학습목표
- 에스프레소 추출 시 크레마의 색깔과 조밀도를 확인하여 원두의 상태를 평가할 수 있다.
- 커피의 맛을 확인하여 원두의 상태를 평가할 수 있다.

1 드립 커피 추출의 원리와 방법

1) 커피 추출의 3대 과정

커피나 차는 반드시 용매를 사용하여 그 성분을 우려낸다. 이 때 어떤 도구를 사용하든 어떤 방식으로 추출하든 모든 종류의 추출에 있어서 반드시 거치는 침투, 용해, 분리의 과정을 커피 추출의 3대 과정이라고 한다.

(1) 침투 浸透

커피의 녹는 성분을 용질溶質, 녹아들도록 하는 액체를 용매溶媒, 그 섞여있는 상태를 용액溶液이라고 한다. 잔에 들어있는 커피는 결국 커피용액인 셈이다. 커피의 녹는 성분인 용질이 커피입자로부터 떨어져 나와 물에 녹아드는 일은, 커피 분쇄입자의 표면과 내부에서 거의 동시에 시작된다. 이렇게 용매가 입자 속으로 배어들어가는 일을 침투라고 한다.

(2) 용해 溶解

입자 속으로 용매인 물이나 알코올, 혹은 기름 등이 배어 들어가면 입자 속에서 녹아들지 않는 성분들과 녹는 성분들이 얽혀 있다가 녹는 성분들이 떨어져 나와 용매 속으로 녹아든다. 이를 용해라고 한다. 드립추출 등에서 처음에 약간의 물을 붓고 기다리는 과정을 거치는데, 이 처음 붓는 물이 커피 입자와 만나 침투와 용해가 일어나는 일을 유도하기 위한 물도 또한 용해수라고 한다. 용해는 짧은 시간에 추출이 진행되는 에스프레소 추출에서도 일어난다.

(3) 분리 分離

드립퍼를 사용하여 커피를 뽑는 경우, 녹임물을 붓고 30초에서 2분 정도 기다렸다가, 분쇄커피입자 속에 녹아떨어져 있던 커피성분들이 입자 바깥으로 나오도록 유도하는 물을 부어

주는데 이 물이 추출수인 셈이다. 이때 추출이 일어나는 과정을 세밀히 살펴보면, 분리된 커피 성분들에 의해 입자 속에 커피 성분과 용매가 섞여 커피용액이 진한 상태로 형성되어 있다고 할 수 있다. 이런 상태에서 입자 외부를 맹물과 같이 농도가 낮은 용매가 둘러싸게 되면, 농도가 진한 입자 내부로부터 바깥으로 진한농도의 커피 액이 확산되어 나온다. 이를 분리라고 한다. 확산에 의해 분리가 진행된 셈이다.

이렇게 분쇄한 커피로부터 시작하여 침투·용해·분리의 추출과정이 진행되는 과정에서, 분쇄 상태와 용매의 온도가 커피와 만나 추출이 진행되는 각 과정의 조건 등에 의해 커피의 향기나 맛이 달라진다. 이런 조건이나 상황을 잘 이용하면 좋은 커피를 만들어 낼 수 있다.

2 드립 시 부풀림의 원인과 상태

커피를 추출할 때 원두에 물을 부어 뜸을 들이게 되는데, 이때 커피 원두가 물과 만나 커피 입자 속에 남아 있던 가스 즉, CO_2를 배출하고 그 가스와 함께 유배출하게 된다. 이때 갓 볶은 커피는 가스, 즉 CO_2가 많기 때문에 부풀림이 크고 많다. 이는 커피 입자가 물과 만나면서 물이 원두 입자에 스며들며 그 안에 들어 있는 고형 성분을 가스와 함께 배출하는데, 이때 가스가 많으면 더 활발히 움직이기 때문에 많이 부푸는 것이다. 반대로 로스팅 후 시간이 조금 지난 후 가스, 즉 CO_2가 적은 상태의 원두의 경우 함유 가스량이 적기 때문에 부풀림이 적다고 볼 수 있다.

3 커피의 신선도와 산패도 판별법

1) 후각에 의한 판별법

신선한 즉 갓 볶은 CO_2의 잔존량이 어느 정도 존재할 경우 향긋한 향이 강하고 이 향은 시간이 지나 CO_2의 잔존량이 줄어들수록 약해진다. 오랜 시간이 지나면 매우 좋지 않은 담배꽁초와 비슷한 냄새가 나는데, 이는 산패되고 있는 향이다.

2) 시각에 의한 판별법

신선한 커피일 경우 처음 물을 부을 때 상당히 많이 부풀어 오른다. 이는 커피가 지니고 있는 가스, 즉 CO_2의 잔존량이 많기 때문이다.

이는 가스가 많아서 밖으로 배출되는데, 이때 커피 입자와 만나 크게 부푸는 현상이다. 시간

이 지남에 따라 CO_2의 잔존량이 줄어들고 거의 없어질 때 커피에 물을 부으면 물이 잘 스며들지 않고 물과 커피 가루가 잘 융합되지 않는다. 원두를 분쇄하지 않더라도 배전 후 2주 이상 지난 원두 역시 신선도가 떨어져 잘 부풀지 않는다.

3) 미각에 의한 판별법

오래된 커피일수록 불쾌한 신맛, 쓴맛, 떫은맛이 나고 기름에 찌든 냄새가 난다.

수행내용
드립커피 추출하기

1. 준비 재료 및 장비

- 커피 원두, 식수
- 그라인더, 드립퍼, 드립 서버, 행주

2. 안전·유의사항

- 위생 관리를 철저히 한다.
- 글라스 웨어 및 커피잔 등의 파손에 유의한다.
- 커피 숙성도에 따라 맛의 변화를 인지하고 평가해야 한다.
- 물의 적정 온도와 용량을 지키며 평가에 임한다.
- 커피의 분쇄 정도에 따라 커피 수율이 달라질 수 있으므로 이를 유의한다.

3. 수행 순서

① 우선 각 숙성도별 원두를 차례대로 그라인더 드립 입자에 맞게 갈아서 준비한다. 이때 그라인더는 깨끗하게 청소하고 이전에 남아 있던 원두와 섞이지 않게 항상 주의한다.

② 커피를 계량하여 분쇄를 한다.
- 항상 그라인더를 깨끗이 청소한 후 사용한다.
- 그라인딩 입자를 드립에 맞게 조절하고 확인한다.
- 입자가 맞는지 확인 한 후 적당량을 갈아 낸다.

③ 준비된 드립퍼에 드립용 여과지를 깔고 커피를 담는다.

④ 커피 추출의 첫 번째 단계는 뜸이다. 뜸을 잘 들여야 커피 성분이 원활하게 뽑혀 맛있는 커피를 만들 수 있다. 뜸을 주는 이유는 커피에 처음 물을 부어 뜸을 들이게 되면 물이 균일하게 확산되면서 가루 전체에 물이 고르

게 퍼지게 된다. 그러면 커피 입자가 물을 흡수하여 커피의 수용성 성분이 물에 충분히 녹게 되어 추출이 원활하게 이루어진다. 만일 이런 뜸을 들이는 과정 없이 바로 추출을 하게 되면 수용성 성분이 물에 용해될 시간이 없어 싱거운 커피가 추출되고, 커피에 함유되어 있는 탄산가스와 공기를 빼 주는 역할도 해 준다.

- 가운데부터 천천히 물줄기를 중심부부터 밖으로 돌려가며 물을 붓는다.
- 1차적으로 커피에 물이 다 적셔지면 커피 입자는 빵처럼 부풀게 된다.
- 커피가 빵처럼 부풀면 잠시 뜸들일 시간을 주고, 시간이 지남에 따라 CO_2의 가스가 배출되면서 점점 더 부풀어 오르는 것을 확인할 수 있다.

⑤ 뜸을 준 후 추출 과정: 추출할 때도 뜸과 마찬가지로 물이 한쪽으로 치우치거나 중심부에만 치중되지 않도록 골고루 넓게 추출해야 하며, 페이퍼에 물이 직접 닿지 않도록 해야 한다. 어떤 커피를 뽑을 것인가에 따라 또는 개인의 특성에 따라 커피를 추출하는 방법은 다양하다.

⑥ 뜸을 주게 되면 커피가 부풀어 올라오다가 점차 그 속도가 느려지면서 어느 순간 팽창이 멈추게 되는데, 바로 이때 1차 추출을 시작한다. 커피가 멈추게 되면 다시 수축하여 물을 부어 주어도 잘 주입이 되지 않으므로 타이밍을 놓치지 않도록 주의한다. 1차 추출을 위해 물을 주입하면 커피가 팽창하면서 추출이 이루어진다. 커피층 안에 있던 물이 점점 없어지고 서버로 흘러내리는 물줄기가 차츰 가늘어지면서 밑에서부터 방울로 바뀌기 시작하고 팽창했던 커피층이 아래로 내려오는데, 이때가 추출 시점이다. 반복적인 물 붓기를 통해 추출을 원하는 만큼 하고 마무리한다.

- 뜸이 다 끝나 가면 물 붓기를 반복하여 추출을 시작하고, 원하는 양만큼 물 붓기를 한 후 추출을 마무리한다.

■ **주의사항_ CO_2잔존량의 차이에 따른 추출 형태**

- 갓볶은 커피는 CO_2 잔존량이 많아서 많이 부푸는 것을 확인할 수 있다.
- 로스팅 후 시간이 많이 지난 커피는 CO_2 잔존량이 적어 잘 부풀어 오르지 않는다.

학습 II-4

학습평가

평가 준거

학습 내용	평가 항목	성취 수준		
		상	중	하
에스프레소와 드립 추출 (CO_2 잔존량에 따른 변화)	드립 추출법 활용 능력			
	CO_2 잔존량에 따라 드립의 변화 평가 능력			
	에스프레소를 추출			
	CO_2의 잔존량에 따라 에스프레소의 크레마 비교 능력			

평가 방법

평가자 체크리스트

학습 내용	평가 항목	성취 수준		
		상	중	하
에스프레소와 드립 추출 (CO_2 잔존량에 따른 변화)	동일 조건에서 추출하려는 노력과 태도			
	크레마의 조밀도와 CO_2 잔존량에 대한 이해			
	드립 추출에 대한 이해			
	CO_2 잔존량에 따른 드립 시 다른 변화 이해			

서술형 시험

학습 내용	평가 항목	성취 수준		
		상	중	하
에스프레소와 드립 추출 (CO_2 잔존량에 따른 변화)	에스프레소 추출의 정의			
	크레마의 정의			
	드립 시 부풀림이란?			
	드립 추출 과정은?			

작업장 평가

학습 내용	평가 항목	성취 수준		
		상	중	하
에스프레소와 드립 추출 (CO$_2$ 잔존량에 따른 변화)	● 드립 추출에 대한 정확한 이해			
	● 에스프레소 추출에 대한 정확한 이해			
	● 그라인더에 대한 정확한 이해(입자 조절, 청소)			

피드백

1. 평가자 체크 리스트
● 에스프레소 추출과 드립 추출을 통해 숙성도에 따른 크레마의 차이와 드립 시 부풀림의 차이를 통해 CO$_2$의 잔존량과 원두를 평가할 수 있는지 체크하고 미흡한 부분은 재교육할 수 있도록 한다.

2. 서술형 시험
● 에스프레소 추출과 크레마의 차이 비교, 드립 시 부풀림 비교 등 수행 과정을 전부 다 인지하고 있는지 평가하고 미흡할 시 이를 보완하도록 한다.

3. 작업장 평가
● 추출에 대한 기본 개념을 숙지하고 이를 작업장 내에서 그 조건에 맞게 수행하여 평가하려는 항목을 찾아내려는 열정과 자세가 매 수업에 반영되도록 한다.

기출문제 2-3. 커피 원두 선택(로스팅)

01 그린커피를 수확한 후 보관년도를 기준으로 2년이 지난 콩을 지칭하는 명칭은?

① past crop
② old crop
③ aged bean
④ new crop

> **해설** new crop - 수확 가공한 지 1년이 경과하지 않은 그린커피
> past crop - 수확 가공한 지 1년이 경과한 그린커피
> old crop - 수확 가공한 지 2년 이상 지난 그린커피

02 아래 보기의 조건으로 만들어진 커피는?

> ㉠ 그린커피(green coffee) 상태의 그린커피를 증기로 쪄서 수분이 50~60%가 되게 한다.
> ㉡ 솔벤트, 물, CO_2 등을 사용하여 커피와 카페인을 분리한다.

① 초이스커피
② 디카페인(Decaffeinated)커피
③ 향 커피
④ 인스턴트커피

> **해설** 디카페인 커피는 그린커피 상태에서 카페인을 제거하여 제조한 커피이다.

03 로스팅(roasting)에 관한 설명으로 맞지 않은 것은?

① 그린커피에 열을 가해 조직을 팽창시키고 화학변화를 일으켜 맛과 향을 끌어내는 작업을 말한다.
② 그린커피는 로스팅에 의해 연한 초록색에서 갈색으로 변하는 것이 일반적이다.
③ 수분함량이 떨어지며 부피가 2배 정도 증가한다.
④ 무게는 10~20% 증가하게 된다.

> **해설** 그린커피를 로스팅하면 무게는 10~20% 줄어든다.

04 로스팅 단계를 올바르게 짝지은 것은?

① drying - roasting - cooling
② cooling - drying - roasting
③ roasting - cooling - drying
④ cooling - roasting - drying

> **해설** 로스팅시 일어나는 3단계 변화로 그린커피의 건조, 열변화, 냉각 과정을 통해서 원두로 만들어진다.

05 로스팅되고 있는 그린커피에서 발생하는 물리적 현상으로 알맞지 않은 것은?

① 무게가 가벼워진다. ② 부피가 늘어난다.
③ 수분이 기화한다. ④ 탄성력이 증가한다.

> **해 설** 로스팅시 일어나는 열변화로는 그린커피의 수분이 감소, 부피가 팽창, 무게가 감소, 색과 향이 변한다.

06 로스팅에 관한 설명으로 알맞지 않은 것은?

① 원두는 약하게 로스팅하면 신맛이 강해진다.
② 원두는 강하게 로스팅하면 쓴맛이 강해진다.
③ 원두의 부피와 무게의 변화는 200℃ 이상의 고온에서 일어난다.
④ 강하게 로스팅하면 할수록 향이 점점 강해진다.

> **해 설** 로스팅시 일어나는 물리적 변화 중 맛과 향의 변화로 약로스팅일수록 부드러운 향과 신맛이 다소 강하고 강로스팅일수록 전반적으로 쓴맛이 강하고 향이 감소한다.

07 다음은 흔히 알려져 있는 8단계 로스팅 과정 중 어느 것에 관한 설명인가?

> 감미로운 향기가 나지만 이 단계의 원두를 가지고 커피를 추출하면 쓴맛, 단맛, 깊은 맛은 느낄 수 없다. 열분해가 일어나기 시작하는 초기단계로 그린커피는 1차 크랙킹이 시작된다.

① 라이트 로스팅(Light Roasting)
② 미디엄 로스팅(Medium Roasting)
③ 프렌치 로스팅(Frenchn Roasting)
④ 시나몬 로스팅(Cinnamon Roasting)

08 다음은 로스팅 8단계 과정 중 어느 것에 관한 설명인가?

> 신맛이 강하게 살아나는 단계로, 커피의 좋은 신맛을 즐기고 싶은 사람에게 적합하다. 그린커피의 은피(Silver skin)가 왕성하게 제거되기 시작하는 시점이다.

① 라이트 로스팅(Light Roasting)
② 이탈리안 로스팅(Italian Roasting)
③ 시티 로스팅(City Roasting)
④ 시나몬 로스팅(Cinnamon Roasting)

> **해 설** 원두의 색상, 맛, 향미 성분이 형성되기 시작하는 단계로, 내부압력이 매우 높아져서 1차 크랙과 함께 가스가 급격하게 빠져나가는 단계이다.

09 다음은 로스팅의 과정 중 어느 것에 관한 설명인가?

> 커피의 특징인 신맛과 쓴맛, 그리고 독특한 향기가 함께 나타나기 시작한다. Cupping시에 많이 이용되는 단계로, 아메리칸 로스팅이라고도 한다. 식사 중에 마시는 커피, 추출해서 마실 수 있는 기초단계이며 원두는 담갈색을 띈다.

① 라이트 로스팅(Light Roasting) ② 미디엄 로스팅(Medium Roasting)
③ 그린커피(Green Coffee) ④ 시나몬 로스팅(Cinnamon Roasting)

해 설 보통 커핑을 위한 단계로 여러 가지 성분의 발현이 최상의 상태인 단계이다.

10 로스팅의 과정 중 어느 것에 관한 설명인가?

> 신맛이 거의 없어지고 쓴맛과 진한 맛이 살아나면서 커피 고유의 맛이 강조되는 단계이다. 크림이나 우유를 가미하여 마시는 유럽 스타일의 커피에 알맞다. 원두의 색깔은 짙은 갈색으로 변하며, 에스프레소 커피의 표준으로 많이 채택된다.

① 풀시티 로스팅(Full City Roasting) ② 미디엄 로스팅(Medium Roasting)
③ 하이 로스팅(High Roasting) ④ 에스프레소 로스팅(Espresso Roasting)

해 설 어느 정도 강하게 로스팅한 것으로, 기름기가 전체에 돌기 시작한다.

11 로스팅 과정 중에 나타나는 변화에 대한 설명으로 올바르지 않은 것은?

① 그린커피는 로스팅이 시작되면서 밝은 색에서 어두운 색으로 변화가 일어나게 된다.
② 로스팅 중 부피는 조직이 팽창하면서 50~150% 정도로 커진다.
③ 로스팅이 시작되면 수분이 기화하여 빠져나가면서 원두의 무게는 12~22% 가량 줄어든다.
④ 수분은 로스팅을 통해 증가한다.

해 설 로스팅시 일어나는 물리적 변화 중 수분은 약 12%에서 0.5~3.5%로 줄어든다.

12 로스팅에서 그린커피에 열을 전달하는 방식으로 알맞은 것은?

| ㉠ 전도 | ㉡ 복사 |
| ㉢ 대류 | ㉣ 기화 |

① ㉠, ㉡, ㉢ ② ㉠, ㉡
③ ㉢, ㉣ ④ ㉠, ㉡, ㉢, ㉣

해 설 **로스팅중 드럼 내부에서 일어나는 복합적인 열흐름**
- **대류**: 기체나 액체 분자들의 이동에 의한 순환
- **복사**: 뜨거운 물체 옆에 있으면 공간을 건너 열이 전달되는 원리
- **전도**: 따뜻한 쪽에서 다른 한쪽으로 분자의 이동에 의해 생성

13 다음은 무엇에 관한 설명인가?

> 그린커피에 열을 가함으로써 세포조직에서 물리적, 화학적인 변화를 일으켜 커피 특유의 맛과 향을 생성하는 공정이다.

① drying ② roasting
③ cupping ④ blending

해 설 로스팅은 복잡한 물리 화학적인 연속과정이라 할 수 있는데, 이 과정을 통해 원두의 색상, 맛, 향미 성분 등이 형성된다. 또한 건조해지면서 부서지기 쉬운 구조로 변한다.

14 커피를 로스팅할 때 발생하는 변화와 관계없는 것은?

① 카페인 양이 증가한다. ② 수분 함량이 급격히 감소한다.
③ 휘발성 향기성분이 증가한다. ④ 가용성 성분이 증가한다.

해 설 로스팅 작업을 거치면서 원두의 수분증발 및 이산화탄소 생성, 휘발성 향미성분의 방출로 인해 원두의 질량이 감소한다. 하지만 카페인의 변화는 거의 일정한 값을 유지한다.

15 로스팅 과정에서 나타나는 화학적 변화 현상으로 알맞지 않은 것은?

① 낮은 온도에서의 로스팅은 시간이 길어지고 무게의 손실을 가져온다.
② 메일라드 반응이 일어나 갈색의 물질로 변화된다.
③ 미디엄 로스팅 단계에서는 맛의 균형과 풍부한 향미를 가진다.
④ 카페인은 로스팅 과정에서 증가한다.

해 설 카페인 함량은 로스팅을 해도 거의 일정한 값을 유지한다.

16 로스팅 방법에 대한 설명으로 잘못된 것은?

① 혼합로스팅: 단종 로스팅 후 혼합하는 방식
② 저온로스팅: 저온으로 장시간 동안 로스팅 하는 방식
③ 고온로스팅: 고온으로 짧은 시간에 로스팅 하는 방식
④ 더블로스팅: 로스팅을 두 번에 걸쳐 하는 방식

해 설 혼합로스팅은 미리 그린커피의 상태를 잘 고려하여 적합한 조건으로 혼합해서 로스팅하는 방식

17 로스팅을 하기전에 로스터가 고려하지 않아도 되는 것은 무엇인가?

① 로스터기의 용량에 따른 그린커피의 투입량을 고려
② 그린커피의 물리적 현상에 대한 이해
③ 로스팅의 단계를 미리 결정하여 준하도록 설계
④ 원두의 부피 감소율

해설 로스터는 작업전 우선 물리적 환경을 잘 검검하고 그린커피의 특성에 맞는 로스팅 단계를 미리 정한다.

18 커피의 맛과 향, 로스팅의 관계에 대한 설명으로 알맞지 않은 것은?

① 로스팅의 강약 정도는 추출된 커피의 맛과 향에 결정적인 영향을 미친다.
② 숙련된 커피 로스터는 맛과 향을 미리 예측하고 로스팅의 정도를 결정해야 한다.
③ 같은 종류의 그린커피는 로스팅의 정도와 방법도 같게 해야 한다.
④ 블렌드 커피를 로스팅할 경우 원두별 맛과 향의 정도를 어떻게, 어느 정도에서 조화시킬 것인가 까지 계산해야 한다.

해설 같은 종류의 그린커피라도 수분량과 고도에 따른 조밀도, 수확연도에 따른 색깔의 차이에 따라 달라진다.

19 로스팅시 고려해야 하는 그린커피의 특징과 관계없는 것은?

① 그린커피 수분함량
② 그린커피의 크기
③ 생산지의 환경
④ 그린커피의 수확연도에 따른 색깔

해설 그린커피의 품질 특성을 고려 해야 하고 크기, 조밀도, 수분함량, 색깔을 고려해야 한다.

20 다음은 어떤 방식의 로스터에 대한 설명인가?

> 열전달 방식이 주로 대류에 의하여 이루어지며, 일반적으로 고온고속 로스터라고 알려져 있으나 실제로는 비교적 저온의 고속열풍에 의해 빠른 속도로 로스팅이 진행되도록 설계된 로스터이다.

① 직화식 로스터
② 반열풍식 로스터
③ 열풍식 로스터
④ 디지털 로스터

21 로스팅에 영향을 미치는 요소가 아닌 것은?

① 단위시간당 공급열량
② 열량공급방식
③ 로스팅 포인트
④ 그린커피 확인창의 위치

22 다음은 로스팅시 일어나는 크랙에 대한 설명이다. 틀린 것은?

① 콩의 센터컷이 분리되면서 나는 파열음이다.
② 커피의 특성이 다르더라도 크랙은 같은 온도에서 일시에 일어난다.
③ 콩의 부피 증가로 팽창하려는 장력과 콩 자체의 저항력과의 평형이 깨지면서 발생한다.
④ 콩 내부 수분의 기화와 가스의 형성으로 일어난다.

23 그린커피의 로스팅에 있어 열의 전달방식이 아닌 것은?

① 대류
② 팽창
③ 전도
④ 복사

24 로스팅이 진행되면서 일어나는 변화가 아닌 것은?

① 색의 변화　② 무게　③ 형상　④ 품종

25 커피의 향기 조성이 거의 끝나가면서 탄화가 시작되는 단계는?

① 1차크랙　② 2차크랙　③ 티핑　④ 스코칭

26 커피의 당 성분과 단백질과, 아미노산이 반응하여 커피의 향미와 맛 성분을 만들어 내는 것은?

① 메일라드 반응　② 흡열 반응
③ 발열 반응　④ 확산현상

> **해설** 메일라드 반응은 아미노산의 아미노기와 환원당의 카보닐기가 축합하는 초기, 중간, 최종 단계를 거쳐 새로운 물질이 만들어지는 현상이다. 예를 들면 오븐에서 빵을 구울 때 빵이 노출된 겉부분은 뜨거운 열에 메일라드 반응을 일으켜 갈색으로 변하게 되고 구수한 맛을 낸다.

27 다음은 커피 추출의 3대 과정이다. 순서가 올바른 것은 어느 것인가?

① 침투 → 용해 → 분리　② 분리 → 용해 → 침투
③ 용해 → 분리 → 침투　④ 용해 → 침투 → 분리

> **해설** 커피 추출의 3대 과정은 침투 → 용해 → 분리의 과정을 말한다.

28 커피 추출을 위한 분쇄에 대한 설명 중 적합하지 않은 것은?

① 선택한 추출방법에 알맞은 분쇄도를 선택해야 한다.
② 분쇄 입자의 크기가 균일해야 양질의 성분을 일정하게 추출할 수 있다.
③ 분쇄된 커피에 미분이 많이 함유되어 있을 때 좋은 맛의 커피를 추출할 수 있다.
④ 적합한 분쇄는 양질의 원두, 적절한 로스팅, 올바른 추출법과 함께 좋은 커피를 얻기 위한 중요한 요소이다.

> **해설** 미분은 커피의 다양한 향미결점이 발생될 수 있으며 미분 발생이 적을수록 좋은 그라인더이다.

29 맛있는 에스프레소를 추출하기 위한 요소로 적합하지 않은 것은?

① 분쇄도　② 커피의 양
③ 수평밀도　④ 물의 표면장력

> **해설** 물의 표면장력이란 물의 표면에 있는 물 분자들이 서로 뭉치려는 힘 때문에 나타나는 현상이다.

30 로스팅 후 그린커피의 변화에 대한 설명으로 ( )에 적합한 것은?

> 로스팅된 원두를 그린커피과 비교해보면 부피는 약 (㉠)% 커지고, 무게는 (㉡)% 정도 가벼워지는 물리적 변화와 열에 의해 화학적인 변화가 일어난다.

① ㉠ 10~20 ㉡ 8~12　　　　　　② ㉠ 20~30 ㉡ 12~20
③ ㉠ 50~150 ㉡ 12~22　　　　　④ ㉠ 40~50 ㉡ 22~30

해설 일반적으로 약볶음인 경우 부피는 50% 팽창하고 강볶음인 경우 150%까지 팽창한다. 무게는 함수율이 11%인 생콩을 볶는다면 12~22% 정도 가벼워진다.

31 신선한 커피에서 나오는 지방 성분과 커피의 향 성분이 결합하여 생성된 미세한 거품은?

① 크레마(Crema)　　　　　② 캐러멜(Caramel)
③ 밸런스(Balance)　　　　　④ 스모그(Smog)

32 산지에서 생산된 그린커피(Green Bean)에 새 생명을 불어넣는 열을 가해 속에 잠재되어 있는 독특한 맛과 향기를 발현하는 과정은?

① 블렌딩(Blending)　　　　② 커핑(Cupping)
③ 로스팅(Roasting)　　　　④ 추출(Brew)

33 로스팅 방식 중 열풍식에 대한 장점으로 적합한 것은?

① 균일하고 로스팅 시간이 짧으며 대량으로 로스팅할 때 적합하다.
② 드럼 내부의 예열시간이 짧다.
③ 경제적이며 커피의 맛과 향이 직접적으로 표현할 수 있다.
④ 드럼내부로 공급되는 열량의 손실이 적다.

34 로스팅 과정에서 그린커피 세포 내부의 수분이 기화하여 발산되는 과정을 무엇이라 하는가?

① 원두의 배출　　　　　　② 1차 크랙(1st crack)
③ 2차 크랙(2st crack)　　　④ 옐로우 시점

35 커피 입자의 내부 조직과 외부 조직의 팽창 불균형에 의해 일어나는 현상을 무엇이라 하는가?

① 예열과정　　　　　　　　② 1차 크랙(1st crack)
③ 2차 크랙(2nd crack)　　　④ 원두의 배출

정답
01 ②　02 ②　03 ④　04 ①　05 ④　06 ④　07 ①　08 ④　9 ②　10 ①
11 ④　12 ①　13 ②　14 ①　15 ④　16 ①　17 ④　18 ③　19 ③　20 ③
21 ④　22 ②　23 ②　24 ④　25 ②　26 ①　27 ①　28 ③　29 ④　30 ③
31 ①　32 ③　33 ①　34 ②　35 ③

NCS 국가직무능력표준
National Competency Standard

Part 3
커피 기계 운용
Operating the Coffee Machine

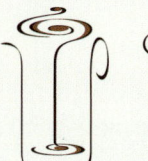     

학습 1 커피기계 설정하기
학습 2   커피기계 상태 확인하기
학습 3   소모품 교체하기
학습 4   커피기계 세척하기

1-1. 커피기계 설정

 학습 목표
● 추출하고자 하는 커피 맛에 따라 커피기계의 추출 온도, 추출 압력, 추출량, 스팀 압력을 설정할 수 있다.

1 에스프레소 추출 머신

1) 에스프레소 머신의 발전

에스프레소 머신은 1901년 이태리 밀라노의 루이지 베제라Luigi Bezzera가 증기압을 이용한 기계의 특허를 취득하였고, 1903년 이 특허의 사용권을 얻은 데지데리오 파보니Desiderio Pavoni가 커피 애호가들에게 많은 인기를 끌었다. 1947년 아킬레 가찌아Achille Gaggia가 피스톤식 머신을 개발하여 에스프레소의 크레마를 탄생시키고, 현재의 매뉴얼식 에스프레소 머신의 원형이 되고 있다. 1960년 엔지니어인 카를로 에르네스토 바렌테Carlo Ernesto Valente가 개발하여 그 다음해인 1961년 선보인 훼마Faema E61머신은 전동펌프를 이용해 항상 일정한 압력으로 추출 할 수 있는 머신으로 주목 받았다.

2) 에스프레소 머신의 종류

에스프레소 머신의 종류	특 성
수동 머신(Manual machine)	피스톤식(레바형) 에스프레소 추출 머신
반자동 머신(Semi-automatic machine)	추출 버튼이 on-off로만 되어있고, 플로우메터가 없는 머신(그라인더분쇄, 탬핑)
자동 머신(Automatic machine)	물량을 세팅하여 추출할 수 있는 머신 (그라인더분쇄, 탬핑)
완전 자동 머신(Fully automatic machine)	분쇄, 커피담기, 탬핑, 추출까지 버튼만 누르면 자동으로 추출되는 머신

에스프레소 머신은 수동머신, 반자동머신, 자동머신, 완전 자동 머신이 있지만 우리가 흔히

말하는 반자동 머신은 그라인더를 사용하여 분쇄를 하고, 바리스타가 직접 탬핑을 하여 추출하는 세미 오토메틱머신Semi-automatic machine과 오토메틱머신Automatic machine을 말한다.

일반적으로 우리나라 개인 매장에서는 2그룹 에스프레소 머신을 많이 사용하며, 1그룹 머신부터 4그룹 머신까지 생산된다. 대부분 수입에 의존하고 있으며, 이태리나 프랑스, 스위스의 에스프레소 머신이 많이 수입되고 있다.

3) 에스프레소의 유래

세계 최초로 에스프레소 커피를 제조하려는 노력은 '산타이스'에 의해 증기압을 이용한 커피머신을 개발하여 1855년 프랑스 만국 박람회에 첫선을 보이면서 시작되었다. 그러나 산업혁명이 시작되는 19세기 초부터 증기의 압력을 사용하여 커피를 제조해보려는 노력이 이탈리아에서 시작되었고 그 뒤로 프랑스, 독일로 옮겨져갔다. 이탈리아어로 '빠르다'는 의미를 갖고 있는 에스프레소Espresso는 커피 원두의 화학적 특성과 기계라는 물리적 도구가 이상적으로 조화를 이룬, 커피라는 거대한 산맥의 최고봉이라 할 수 있다. 혀끝으로 느껴지는 에스프레소의 진한 커피 맛과 고소한 향은 확실히 다른 커피와는 뭔가 다르다는 느낌을 갖게 하기에 충분하다. 3~5mm 두께의 크림 거품이 떠있는 30mL1oz의 에스프레소는 카페인 함유량은 적지만 순하면서 농후한 맛이 있고, 초콜릿을 연상시키는 지속성 강한 향내가 쓴맛과 신맛의 절묘한 조화를 이뤄낸다.

에스프레소는 90~95℃의 뜨거운 물을 압력7~10bar을 가하여 곱게 갈아 평평하게 다진 커피가루의 사이로 약 20초에서 30초 사이에 빠져 나오도록 통과시키면 커피엑기스 같은 진액 커피가 추출되는데 이 진액이 바로 에스프레소 커피이다.

4) 에스프레소의 특징

일반적으로 에스프레소 커피는 짧은 시간에 추출되기 때문에 보통 필터 드립식 커피보다 카페인의 양이 절반 밖에 되지 않는다고 하며 커피의 맛도 좋다고들 한다. 그러나 실제로는 커피 원두를 잘게 분쇄하였기 때문에 클로로겐산 등의 폴리페놀 성분과 카페인 성분이 추출되기 좋은 조건이어서 카페인은 더 많을 수 있다. 이런 성분들과 함께 미분들이 섞여 나오기 때문에 커피의 맛은 거칠거나 탁하게 될 가능성이 크다.

그래서 에스프레소 본고장이라고 할 수 있는 이탈리아에서는 1온스의 커피를 추출하는 것을 원칙처럼 표기하지만, 실제로는 리스트레토에 해당되는 15~20ml 추출이 일반적이다.

추출은 로스팅이 잘 된 원두를 알맞은 입자로 분쇄하는 것이 중요하다. 굵게 분쇄된 경우

추출을 아무리 잘해도 함유 물질이 물에 잘 스며들지 않아서 밋밋한 에스프레소가 된다. 또한 너무 가늘게 분쇄되면 물이 잘 빠지지 않아 추출이 느리게 진행되다가 나중에 커피케이크에 구멍을 뚫고 나오게 되며, 적정량에 도달하였을 때에는 오히려 묽으면서 쓴맛만 강한 커피가 되기 쉽다.

따라서 분자의 굵기를 일정하게 유지하도록 분쇄해야 하는데 양이 적거나 많지 않아야 하고, 압력도 적당해야 하며, 물의 온도 역시 중요하다. 특히 20~30초 사이에 추출되어 잘 만들어진 에스프레소를 잔에 부으면 맨 위에 거품이 형성된다. 거품Crema의 양과 색으로 에스프레소의 완성도를 알 수 있는데, 거품의 양은 3~5mm, 색은 진한 갈색황금색이면 좋다.

거품은 중간부터 없어지기 시작하는데, 3분 이상 거품이 쌓여있는 커피가 잘 만들어진 것이다. 만약 거품의 빛깔이 연하고 밀도가 낮다면 분쇄입자가 굵거나 담은 양이 적어서 추출시간이 짧았을 경우이고, 색이나 어둡고 밀도가 높으면 분쇄 입자가 너무 고와서 초기 추출이 느리다가 뒤에는 빨라지면서 추출이 되었을 경우이다.

이런 경우는 크레마의 두께도 얇아서 커피 액이 쉽게 드러난다. 황금색 크레마에 설탕을 넣어도 금방 가라앉지 않도록 두텁게 형성시켜 주는 것이 좋은 에스프레소 추출의 비결이며 최상의 에스프레소의 맛을 느낄 수 있다.

에스프레소의 추출 기준

	일반적 기준	WBC World Bartender Championship	이탈리아
커피(g)	7±1	-	6.5±1.5
추출량(ml)	25±5	30±5(크레마 포함)	-
물의 압력(bar)	9±1	9±0.5	9±2
추출 시간(초)	25±5	25±5(권장사항)	30±5
물의 온도(℃)	90~95	90.5~96.0	90±5

2 에스프레소 머신의 구조

① 컵 히터 그리드

컵을 40°C 이상 따뜻하고 건조하게 보관하기 위하여 컵 히터 그리드에 올려놓는다.

② 보일러 수위창(사이트 글래스)

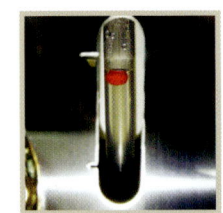

투명한 보일러 창은 보일러 내부의 최소와 최대량의 급수 레벨을 표시한다. 최소 범위 아래로 물의 수위가 내려가서는 안된다. 다양한 에스프레소 머신들이 그 자체 작동 레벨을 가지고 있는데, 기계에 따라 급수량을 최대 레벨로, 혹은 3/4까지를 최대량으로 표시하여 기계를 운행한다. 또한 어떤 기계들은 투명 유리를 갖고 있지 않거나 수위가 자동으로 조절되어 수위가 너무 떨어질 경우 자동으로 스위치가 꺼져 버린다. 정상 작동일 경우 작은 표시 등이 켜져 기계가 정상으로 작동되고 있음을 나타내며, 또 다른 표시등은 물의 양이 낮을 경우 경고 등이 켜진다.

스팀 보일러 안에 물이 너무 많이 들어있을 경우는 너무 많은 수분으로 인해 좋은 거품을 만들 수 없고, 물이 기계의 적정선보다 적을 경우 열교환 타입 머신의 경우 내부 열교환기가 폭발할 수도 있기 때문에 주의해야 한다.

③ 보일러 압력 게이지 사이트 글래스

보일러 내부의 스팀 압력과 물의 압력을 표시하는 동그란 압력 게이지는 색상별로 적정 압력을 표시하곤 한다. 추출시 스팀 압력은 보일러 내부 전열기에 의해 자동으로 조절되고, 보통 0.9~1.2bar에 있으며, 펌프 압력은 일반적으로 8~10bar 사이에, 역시 초록색으로 표시되는 것이 일반적이다.

작동전평상시 기압은 1.0bar 전후, 펌프 압력수압은 2.5bar 정도이다.

■ **작동전**평상시
증기압 1.0bar
수압 2~3bar

■ **작동시**추출시
증기압 1.0bar
수압 9bar

※ 게이지에 나타나는 스팀 압력은 0.8~1.2bar이지만 외부압력을 0으로 표시하기 때문에 실제로는 1.8~2.2bar인 셈이다.

④ 추출 키 버튼

최근 나오는 에스프레소 머신은 추출 버튼 스위치를 눌러 싱글, 또는 더블 도스의 필요한 커피 양을 프로그래밍한 후 자동으로 분배 작동시킬 수 있는 기능이 있다. 물론 이 경우 디지털 오작동을 대비하기 위해 수동 추출도 가능하도록 해 놓기도 한다.

⑤ LCD 디스플레이 창

디지털 장비의 경우 디스플레이 창을 통해 머신의 상태를 확인하기 편하다.

⑥ 그룹 헤드

커피가 추출될 수 있도록 포타필터를 고정하고 가열시키는데, 가정용은 1그룹, 매장용은 2그룹, 3그룹이 일반적이며 4그룹도 있다.

⑦ 포타필터 Portafilter

커피가 담긴 포타필터를 그룹 헤드에 삽입하여 부착하여 위치를 잡은 후, 우측으로 비틀어 안전하게 잠근다. 포타필터는 분쇄된 커피를 담는 필터 바스켓을 잡아 준다.

⑧ 온수 추출구

일반적으로 세 가지 방식이 있는데, 조절 손잡이를 돌리거나, 레버를 당기거나, 전기 온수 추출 스위치를 눌러 뜨거운 물을 받을 수 있다.

⑨ 스팀 완드 스팀 노즐, 스팀 밸브

스팀 완드는 우유로 거품을 낼 때, 또한 액체를 가열할 때도 사용한다. 스팀 밸브는 스팀을 작동하는 밸브로 시계 반대 방향으로 돌리면 스팀이 나오고, 시계 방향으로 돌리면 스팀이 멈춘다.

⑩ 드립 트레이와 그리드 홀더

추출할 때 컵을 받쳐두는 곳이다. 트레이 바로 아래 쪽에 배수 통로가 있는데, 배수 트레이를 열면 배수관을 볼 수 있다. 배수 튜브는 세척이 중요한데, 작업자가 튜브에 있는 커피 찌꺼기 청소를 하지 않거나, 또는 배수구 파이프 청소를 하지 않았을 경우 종종 문제가 발생한다.

■ **주의**_ 배수관을 세척 또는 플러싱하지 않은 상태에서 튜브를 통해 깨끗한 물 한 컵을 부어 배수관을 헹궈 시스템을 플러싱할 경우, 파이프가 막혀 있기 때문에 카운터 상부로 물이 흘러 넘치게 되는데, 이 경우 물이 샌다고 오해할 수 있다. 따라서 배수관이 막히지 않도록 정기적 청소는 매우 중요하다.

⑪ ON / OFF 스위치

0은 꺼짐, 1은 급수, 2는 보일러가 작동되어 가열이 진행된다.

전원 스위치를 켜면, 압력이 작동하며, 가열또는 작동 온도로 맞춰질 때까지이 될 때까지 10 ~ 20분 정도 걸리는데, 이 때 열기가 보일러에서 그룹 헤드와 포타필터로 전달된다. 커피를 만들기 전 그룹 헤드가 뜨거워졌는지 확인하는 것은 중요하다.

3 에스프레소 머신의 온도 설정

1) 끓는 물 온도

커피 양과 상관 없이, 에스프레소 머신은 일정한 온도의 끓는 물을 커피에 전달한다. 물의 온도, 헤드의 온도 조절은 바리스타가 가장 유념해야 할 항목중 하나인데, 금속으로 만들어진 그룹 헤드 하부의 물 온도를 안정시켜 90~92℃의 일정한 온도를 유지하는 것이 관건이다. 커피가 함유하고 있는 휘발성 맛 성분 보존의 총체적인 역할을 하는 것이 끓는 물 온도이고, 이 물 온도는 에스프레소가 함유한 아로마의 질과 양을 책임지고 있기 때문이다. 또한 안정된 물 온도는 아름다운 적갈색의 크레마를 제공한다.

끓는 물이 포타필터 안에 담긴 커피 덩어리 표면에 놓이면, 열이 위로 올라가는 성질에 의해 포타필터 아래 쪽 온도는 낮을 수밖에 없다. 각 샷의 브루잉이 끝난 후 포타필터를 떼어내면, 금속 제품들은 열을 재빨리 내뿜게 되는데(스테인리스 강철로 만들어진 그룹 헤드는 놋쇠보다 훨씬 천천히 대기에서 열을 교환한다), 기계가 불완전하게 결합되면 끓는 물의 온도 범위가 꽤 큰 차이가 나게 되어 물이 넘치는 문제가 발생하기도 한다. 최근 업장에서 사용하는 머신들은 적절한 압력과 함께 온도를 자동으로 조정하여 사용하기에 큰 불편이 없는 것이 일반적이다.

■ 낮은 물 온도

88℃ 이하의 낮은 브루잉 물 온도로 만들어진 에스프레소는 달콤한 맛이 사라지고 시큼한 맛만 난다.

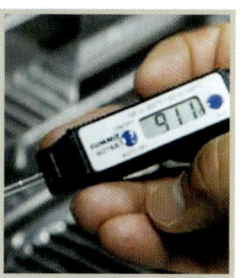

■ 높은 물 온도

95℃ 이상으로 너무 높을 경우, 커피 오일이 타면서 쓴 맛이 혀 중앙에 감돌게 된다. 또한 두껍고 진한 선의 크레마가 보이며, 최악의 경우 커다란 방울들이 거품 조직 위에 생긴다. 물 온도가 약간 초과될 경우, 맛이 밋밋하고 무미건조한 에스프레소가 만들어진다.

■ 완벽한 물의 온도

완벽한 에스프레소는 완전한 온도 90~92℃로 만들어지며, 두꺼운 캐러멜의 달콤함을 띤 다양한 향미를 갖게 된다. 수많은 시행착오 끝에 블렌딩이 잘 된 원두커피를 가장 신선하고 맛있게 추출하는 관건은 온도에 있음을 알게 되었고, 따라서 언제나 균일한 온도를 짧은 시간 안에 준비되도록 하는 것이 머신의 핵심기술 중 하나로 평가되고 있다.

2) 포타필터 열 보존의 중요성

에스프레소 머신의 포타필터Portafilter를 떼어내면 그룹 헤드는 자연히 온도가 내려간다. 이와 같은 이유로 샷의 여과 작업이 진행되기 전 2초간 펌프를 가동시켜 주는 것은 에스프레소 머신 내부의 온도안정화를 위해 매우 중요하다. 또한 적정 온도 유지를 위해 포타필터는 항상 머신의 그룹 헤드에 맞물려 있어야 한다. 포타필터를 사용하는 데 유의해야 할 점은 다음과 같다.

① 커피가 담긴 포타필터를 그룹 헤드에 맞물릴 때는 신속하게 움직인다.
② 그라인더를 통해 분쇄 커피를 포타필터에 담을 때는 빠르고 정확하게 담고, 사용된 커피 찌꺼기는 빨리 버린다.
③ 커피를 다시 교체하기 전, 그룹 헤드로부터 2oz의 물을 뺀다.

■ 포타필터의 세척

사용한 커피 덩어리는 넉박스Knock box에 버린 후, 건조한 타올로 포타필터를 닦아주는 것이 좋다. 하지만 많은 업장에서 그룹 헤드로부터 물을 뽑아 필터 안에 남은 커피 찌꺼기를 씻어 내리는데, 이렇게 하면 머신의 설정 온도보다 물 온도가 낮아질 가능성이 있다. 에스프레소 머신은 일반적으로 싱글 샷1oz, 28ml, 또는 더블 샷2oz, 56ml의 물 만큼만 전달되도록 설계되기 때문이다.

NCS

학습 III-1
학습평가

🫘 평가 준거

학습 내용	평가 항목	성취 수준		
		상	중	하
커피기계 설정하기	● 맛에 따른 커피기계의 추출 온도 설정			
	● 맛에 따른 커피기계의 추출 압력 설정			
	● 맛에 따른 커피기계의 추출량 설정			

🫘 평가 방법

평가자 체크리스트

학습 내용	평가 항목	성취 수준		
		상	중	하
커피기계 설정하기	● 맛에 따라 추출 온도 설정			
	● 맛에 따라 추출 압력 설정			
	● 맛에 따라 추출량 설정			
	● 형태별 보일러의 구조 이해			
	● 커피기계의 구조 이해			

서술형 시험

학습 내용	평가 항목	성취 수준		
		상	중	하
커피기계 설정하기	● 커피기계의 추출 메커니즘에 대한 이해			
	● 커피기계의 구조와 그 역할에 대한 이해			

작업장 평가

학습 내용	평가 항목	성취 수준		
		상	중	하
커피 기계 설정하기	맛에 따라 추출 온도 설정			
	맛에 따라 추출 압력 설정			
	맛에 따라 추출량 설정			
	형태별 보일러의 구조 이해			
	커피기계의 구조 이해			

피드백

1. 평가자 체크 리스트
- 학습자의 성취도를 알려 준 후 그에 따라 학습자가 추가로 충분히 연습할 수 있는 기회를 준다.

2. 서술형 시험
- 학습자의 점수에 따라 미흡한 부분에 대한 자료 등을 제공하여 확실히 이해할 수 있도록 돕는다.

3. 작업장 평가
- 실제 작업장에서 학습자가 어떻게 수행해야 하는지에 대해 충분히 숙지할 수 있도록 한다.

학습 1   커피기계 설정하기
학습 2   커피기계 상태 확인하기
학습 3   소모품 교체하기
학습 4   커피기계 세척하기

2-1. 커피기계 상태 확인

 ● 펌프 압력, 보일러 압력, 추출 온도, 기계의 예열 상태, 필터와 그룹의 예열 상태 등을 확인할 수 있다.

1 에스프레소 머신 기본 점검

1) 기본 점검

① 기계에서 비정상적인 소리가 나지 않는지 확인한다.
    - 스팀에서 나는 쉿쉿 소리에 다른 잡음이 섞이지 않는가?
    - 펌프 또는 솔레노이드 밸브 쪽에서 삐걱거리는 소리가 나지 않는가?
    - 판이나 펌프가 느슨해 졌을 경우에 생기는 달가닥 달가닥 소리는 나지 않는가?
② 플라스틱 타는 냄새가 나지 않는지 맡는다.
③ 스팀 완드 또는 온수 추출구에서 악취가 나지 않는지 확인한다.
④ 온수 추출구에서 갈색의 변색된 물이 나오지 않는지 확인한다.
⑤ 카운터 상부에서 기계 아래로 물이 새지 않는지 본다.
⑥ 스팀 완드와 온수 추출구에서 물이 새지 않도록 밸브가 꼭 잠겼는지 확인한다.
⑦ 보일러 투시 창의 물 레벨이 알맞게 채워져 있는지 확인한다.
⑧ 보일러 스팀 압력과 수압을 확인한다.
    - 스팀 압력 눈금은 0.9~1.0bar
    - 수압은 평상시 2~3bar, 추출시 9bar
⑨ 포타필터 가장자리, 그룹 헤드 안의 샤워스크린 등에 손상이나 마모가 없는지 확인한다.

에스프레소 머신 일일 점검표

매장_____ 머신 모델_____ 날짜_____ 작성자_____

번호	에스프레소 머신			정상범위	체크
1	에스프레소 머신	압력 게이지	● 보일러 내부 스팀 압력	0.9~12bar	
2			● 수압(평상시)	2~3bar	
3			● 수압(추출시)	9bar	
4		물 온도	● 끓는 물 온도 확인	90~92℃	
5		커피 추출 시간	● 싱글샷, 더블샷 동일	25~30초	
6		커피 추출 양	● 싱글 에스프레소	25~30ml	
7		보일러 물 수위	● 투시창 레벨 범위 확인		
8			● 추출 버튼이 모두 정상적으로 켜져 있는지 확인		
9	그라인더		● 전날 사용된 잔여 찌꺼기 제거를 위해 원두 소량을 분쇄 후 함께 폐기		
10			● 싱글샷 분쇄 도스 량	7~10g	
11			● 더블샷 분쇄 도스 량	14~20g	

2 에스프레소 운용

1) 에스프레소 머신 전원 켜기

매장 출근 후 에스프로소 머신을 켜기 위해 대체적으로 다음을 순서를 따른다.
① 전원 스위치를 1번으로 돌려 보일러 내부에 물을 채운다.
② 보일러 내부에 물이 차면 모든 LED 불빛이 켜지는데, 수위 게이지를 통해 물이 채워졌는지 다시 한번 확인한다.
③ 전원 스위치를 2번으로 돌려 보일러를 가열한다.

 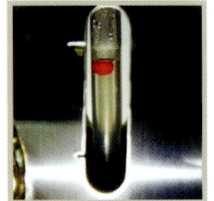 

2) 에스프레소 샷 추출 및 정리

일반적인 에스프로소 머신은 다음의 순서에 따라 추출한다.

① 포타필터를 왼쪽으로 방향을 틀어 분리한다.
② 포타필터의 물기를 제거한다.
③ 포타필터를 그라인더 지지대에 올려놓고 레버를 2번 당겨 18g의 분쇄 원두를 담는다.
④ 포타필터를 고무 패드 위에 올려놓고 탬퍼를 감싸듯이 잡아 엄지와 검지를 이용하여 수평이 되도록 하여 1회 탬핑한다. 샷 타임을 확인 한 후 누르는 힘의 세기를 조절한다.
⑤ 포타필터 가장자리에 남아있는 분쇄 원두를 정리한 뒤 그룹헤드에 장착한다.
⑥ 샷 글라스를 추출구 아래에 놓은 뒤 샷을 추출한다.
⑦ 추출된 에스프레소의 하트층, 바디층, 크레마층이 잘 이루어졌는지 확인한다 홀딩타임 10초.
⑧ 포타필터 정리를 위해 샷 글라스를 치우고 포타필터를 분리한다.
⑨ 포타필터 안 커피찌꺼기를 넉박스 Knock box 고무기둥에 쳐서 제거한 후 깨끗이 청소한다.
⑩ 청소한 포타필터는 그룹헤드에 살짝 결합하여 보관한다.

● 포타필터 안의 커피 찌꺼기를 제거할 때는 포타필터의 머리를 넉박스의 고무 기둥에 쳐서 제거해야 한다. 넉박스 가장자리를 치면 포타필터가 마모될 수 있고, 포타필터의 목을 고무기둥에 치면 머리부분이 분리될 수 있다.

학습 III-2
학습평가

평가 준거

학습 내용	평가 항목	성취 수준		
		상	중	하
커피기계 상태 확인하기	● 펌프 모터 압력 게이지 확인 능력			
	● 보일러 스팀 압력 게이지 확인 능력			
	● 온수의 온도 확인 능력			
	● 커피 추출수의 온도 확인 능력			
	● 그룹 개스킷의 마모 상태를 확인			
	● 그룹 온도와 포타필터 온도 확인			
	● 보일러의 공기 제거 능력			
	● 커피기계 버튼의 작동 상태 확인 능력			
	● 커피기계의 배수 상태 확인			

평가 방법

평가자 체크리스트

학습 내용	평가 항목	성취 수준		
		상	중	하
커피기계 상태 확인하기	● 펌프 모터 압력 게이지를 확인할 수 있는가?			
	● 보일러 스팀 압력 게이지를 확인할 수 있는가?			
	● 온수의 온도를 확인할 수 있는가?			
	● 커피 추출수의 온도를 확인할 수 있는가?			
	● 그룹 개스킷의 마모 상태를 확인할 수 있는가?			
	● 그룹 온도와 포타필터 온도를 확인할 수 있는가?			
	● 보일러의 공기를 제거할 수 있는가?			
	● 커피 기계 버튼의 작동 상태를 확인할 수 있는가?			
	● 커피기계의 배수 상태를 확인할 수 있는가?			

서술형 시험

학습 내용	평가 항목	성취 수준		
		상	중	하
커피기계 상태 확인하기	● 커피기계의 각 부품별 역할과 사용 방법			
	● 커피기계의 상태를 확인하는 방법			

작업장 평가

학습 내용	평가 항목	성취 수준		
		상	중	하
커피기계 상태 확인하기	● 펌프 모터 압력 게이지를 확인할 수 있는가?			
	● 보일러 스팀 압력 게이지를 확인할 수 있는가?			
	● 온수의 온도를 확인할 수 있는가?			
	● 커피 추출수의 온도를 확인할 수 있는가?			
	● 그룹 개스킷의 마모 상태를 확인할 수 있는가?			
	● 그룹 온도와 포타필터 온도를 확인할 수 있는가?			
	● 보일러의 공기를 제거할 수 있는가?			
	● 커피 기계 버튼의 작동 상태를 확인할 수 있는가?			
	● 커피기계의 배수 상태를 확인할 수 있는가?			

피드백

1. 평가자 체크 리스트

● 학습자의 성취도를 알려준 후 그에 따라 학습자가 추가로 충분히 연습할 수 있는 기회를 준다.

2. 서술형 시험

● 학습자의 점수에 따라 미흡한 부분에 대한 자료 등을 제공하여 확실히 이해할 수 있도록 돕는다.

3. 작업장 평가

● 실제 작업장에서 학습자가 어떻게 수행해야 하는지에 대해 충분히 숙지할 수 있도록 한다.

학습 1　커피기계 설정하기
학습 2　커피기계 상태 확인하기
학습 3　소모품 교체하기
학습 4　커피기계 세척하기

3-1. 커피기계의 소모품 교체

 학습 목표
● 커피기계의 소모품 교체 시기와 교체 방법을 숙지하고 훈련해서 양질의 커피를 추출하여 접객할 수 있는 능력을 함양한다.

■ 그룹 개스킷 Group Gasket

개스킷은 그룹헤드 안쪽에 있는 고무링으로 에스프레소 추출 시 포타필터와 그룹헤드 연결 부위로 커피 추출시 추출압력이 새는 것을 막아주는 역할을 한다.

- 교체시기 : 6개월마다 교체한다.
- 발생현상 : 포타필터가 오른쪽으로 90° 이상 돌아가거나 추출 시 물이 떨어진다.
- 주의사항 : 개스킷은 여러 종류가 있어 머신에 맞는 것을 선택해야 한다.
- 교체방법 : 그룹헤드가 뜨거우니 안전을 위해 장갑을 착용한다.

　① 드라이버로 그룹헤드의 스크린 볼트나사를 풀어 샤워망을 분리한다.
　② 송곳이나 (-)드라이버를 사용하여 경화된 기존 개스킷을 개스킷 일부가 떼어낸다.
　③ 개스킷 조각이 완전히 제거된 것이 확인하고 탄성이 있는 새 개스킷으로 교체한다.
　　 (새 개스킷이 탄성이 있어 잘들어가지 않기 때문에 십자(+)드라이버나, 가늘고 긴 막대에 헝겊을 대고
　　 (개스킷의 흠집을 막기 위해) 제자리에 안착이 되도록 골고루 꾹꾹 밀어넣어 준다)
　④ 역순으로 샤워망, 고정 볼트나사를 끼워 준다.

고장난 개스킷과 교환할 수 있는 새 제품

■ 스팀완드 스팀노즐

스팀완드는 자주 사용하는 부품으로, 나사 부분이 풀릴 수 있고 마모가 될 수도 있으며 고무 오링이 마모될 수도 있다. 그러므로 이상이 생길 때마다 조정 또는 교체해 주어야 하고, 식용 윤활유를 자주 발라 주는 것이 좋다.

■ 샤워 필터 산포망

샤워 필터는 포타필터의 커피 위에 물을 분사시켜 주는 부품이다. 샤워 필터가 마모되면 물이 고르게 분사되지 않아 양질의 커피를 얻기 힘들다. 항상 점검을 해서 찌그러지거나 홈이 생기면 교체해 주어야 한다.

■ 추출 필터

추출 필터는 최종적으로 잔에 떨어지기 직전에 통과하는 부품이다. 추출 필터가 마모되면 추출 속도가 빠르게 진행되어 추출된 잔에 찌꺼기가 과도하게 많이 떨어지고 거친 맛으로 추출된다. 자주 점검해서 교체시기를 결정해야 한다.

■ 정수기 필터

정수기는 물속에 함유된 이물질이나 소독약 냄새를 제거하고 살균하는 역할을 한다. 물이 좋지 않으면 좋은 커피맛을 얻을 수 없다. 정수기의 교환 시기는 사용량에 따라 다르다. 정수기에 표기되어 있는 사용량을 숙지하고 하루 동안 매장의 정수물 사용량을 계산해서 교환 시기를 결정해야 한다.

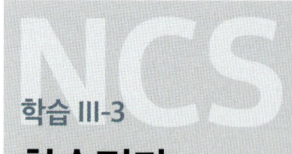

학습 III-3
학습평가

🔸 평가 준거

학습 내용	평가 항목	성취 수준		
		상	중	하
커피기계 소모품 교체하기	● 그룹 개스킷 교체			
	● 스팀 완드 교체			
	● 샤워 필터 교체			
	● 추출 필터 교체			
	● 정수기 필터 교체			

🔸 평가 방법

평가자 체크리스트

학습 내용	평가 항목	성취 수준		
		상	중	하
커피기계 소모품 교체하기	● 그룹 개스킷 교체			
	● 스팀 완드 교체			
	● 샤워 필터 교체			
	● 추출 필터 교체			
	● 정수기 필터 교체			

서술형 시험

학습 내용	평가 항목	성취 수준		
		상	중	하
커피기계 소모품 교체하기	● 커피기계 각 부품별 교체 시기와 그 이유			
	● 커피기계 각 부품별 교체 방법과 관리 방법			

작업장 평가

학습 내용	평가 항목	성취 수준		
		상	중	하
커피기계 소모품 교체하기	● 그룹 개스킷 교체			
	● 스팀 완드 교체			
	● 샤워 필터 교체			
	● 추출 필터 교체			
	● 정수기 필터 교체			

피드백

1. 평가자 체크 리스트
● 학습자의 성취도를 알려준 후 그에 따라 학습자가 추가로 충분히 연습할 수 있는 기회를 준다.

2. 서술형 시험
● 학습자의 점수에 따라 미흡한 부분에 대한 자료 등을 제공하여 확실히 이해할 수 있도록 돕는다.

3. 작업장 평가
● 실제 작업장에서 학습자가 어떻게 수행해야 하는지에 대해 충분히 숙지할 수 있도록 한다.

학습 1   커피기계 설정하기
학습 2   커피기계 상태 확인하기
학습 3   소모품 교체하기

학습 4   커피기계 세척하기

4-1. 커피기계 부품 세척하기

학습 목표 ● 커피기계의 세척 방법과 세정제 사용 방법을 숙지하고 훈련하여 청결을 유지하고 양질의 에스프레소를 추출할 수 있다.

■ 1 에스프레소머신 세척기법

더러운 에스프레소 기계로 만들어진 에스프레소 커피는 혀의 가운데 부분을 공격해서 쓰고 떫은 맛을 남긴다. 사실 청결한 에스프레소 머신이라도 포타필터 안에 오일이 남아있는 상태에서 그룹 헤드 내부에서 변질이 진행된다면, 에스프레소를 만든 후 약 40분 후부터 악취를 풍기기 시작한다. 따라서 다음의 사항들을 유념해서 기계를 세척하는 것이 좋다.

■ 문지르기

포타필터 안에 커피 오일을 남기지 않는 것이 중요하다. 에스프레소 한 컵을 만들고 난 후 매번 포타필터를 대형 스팀 보일러의 약 95℃의 뜨거운 물 분사기로 헹궈주는 것이 좋은데, 이 모든 작업은 15초 내에 끝내도록 한다.

또한 하루에 커피를 얼마나 많이 만드는지에 상관 없이, 매 45분 마다 뜨거운 물로 헹궈주는 작업과 더불어, 포타필터가 식기 전에 재빨리, 필터 안과 헤드 추출구를 패드로 문질러 닦고 다시 뜨거운 물로 헹근 후 포타필터를 그룹 헤드에 끼운다. 이 세척 작업은 꼼꼼하지만 빠르게 해야 한다.

■ 포타필터 끓이기

포타필터 안이 까맣거나 변질된 커피들이 쌓이지 않도록 다음의 방법을 사용해서 포타필터를 청결하게 관리한다.

① 1리터 스팀 주전자에 뜨거운 물을 반 정도 채운다.

② 큰 숟가락 하나 정도의 삼중인산나트륨TSP을 물에 넣은 후, 더러운 포타필터를 집어 넣고 끓인다.
③ 끓기 시작하면 포타필터에 쌓여있던 모든 커피 물질이 금방 떨어지게 되는데, 매우 깔끔하면서 시간을 절약시켜주는 세척 방법이다.

■ 그룹 헤드 헹구기

한 컵의 에스프레소를 만들 때마다 밸브를 통해 압력이 방출되는데, 포타필터를 분리할 때 뜨거운 가압 커피가 사방에 흩날리지 않도록 그룹 헤드가 막아주는 역할을 한다. 그러면 결국 커피 침전물이 남게 되는데, 대부분 에스프레소 머신 내부의 물 딜리버리 시스템의 튜브와 밸브를 통해 설치된 배수 연결관으로 내려가지만, 일부러 뽑아주지 않는 한 오일 성분이 함유된 오물이 그룹 헤드에 그대로 남게 된다. 이를 제거하기 위해 포타필터를 떼어낸 후 재빨리 헤드를 통해 약 28~56g 정도의 물을 방출한 후, 다시 그 헤드에 포타필터를 끼워 준다. 그러면 또 다른 에스프레소 한 컵을 만들 준비가 된 것이다.

② 에스프레소 머신 매일 마감 청소: 백플러싱

① 바 스푼을 이용하여 포타필터와 금속 바스켓을 분리한다.
② 세척한 넉 박스에 뜨거운 물을 절반 정도 채운 다음 분리한 포타필터와 필터 바스켓을 담가둔다 포타필터 손잡이 부분이 물에 닿지않도록 한다.
③ 계량 컵에 뜨거운 물을 받아 스팀 완드를 넣는다.
④ 청소용 포타필터 블라인드 필터를 준비한다.
⑤ 그룹 헤드에 청소용 블라인드 필터를 장착한다. 자동 세척 버튼을 누르고, 청소가 완료되면 물과 찌꺼기를 버려 준다. 포타필터에 찌꺼기가 남을 때까지 청소한다.
⑥ 청소 작업이 끝난 뒤에는 에스프레소 청소용 브러시와 계량컵에 뜨거운 물을 준비한다.
⑦ 전용 브러시를 이용하여 샤워 스크린 가장자리와 가스켓 부분을 원을 그리며 돌려 준다. 커피 찌꺼기가 나오지 않을 때까지 진행한다.
⑧ 바 행주를 깨끗하게 세척한 후 가스켓 부분의 커피 오일과 커피 찌꺼기를 닦아 준다.
⑨ 충분히 우유 찌꺼기가 불려진 스팀 노즐은 깨끗하게 세척된 스팀행주를 이용하여 노즐과 노즐 끝 부분의 틈새를 깨끗하게 닦아 준다.
⑩ 그룹 헤드들의 청소가 전부 끝나면 배수 트레이 청소를 진행한다. 배수 트레이 아래쪽 배수 구멍을 막고 개수대로 이동하여 중성 세제를 사용하여 세척한다.

⑪ 배수관에 쌓여 있는 커피 찌꺼기를 흘려 보내기 위해 배수 트레이통 안에 뜨거운 물을 부어 준다.
⑫ 기계의 앞 면과 안 쪽 외관에 묻어있는 커피 얼룩을 제거한다.
⑬ 세척된 배수 트레이를 재조립한다. 뜨거운 물에 담가 두었던 포타필터는 수세미를 이용하여 물로만 세척한다.
⑭ 포타필터는 그룹 헤드에 느슨하게 결합시키고, 계량 컵에 뜨거운 물을 담아 스팀 노즐을 담가두고 기계 마감을 한다.

❸ 에스프레소 머신 주 단위 청소

① 전용 세제와 티스푼, 넉박스Knock box를 준비한 후 블라인드 바스켓이 장착된 포타필터에 기계 전용 세제 1티스푼을 넣는다. 그룹 헤드에 장착한 다음 자동 세척Back Flushing을 진행한다. 각각의 그룹 헤드를 이 방법으로 청소한다.
② 세척된 넉박스에 뜨거운 물을 채우고, 에스프레소 머신 전용 세제 3tsp를 넣는다.
③ 샤워 스크린 홈에 티스푼을 걸쳐 지렛대의 원리를 이용하여 분리한다가스켓과 동시에 분리.
④ 분리한 포타필터와 필터 바스켓, 샤워 스크린을 담가 두었다가 중성 세제를 사용하여 세척한다.포타필터 손잡이 부분이 물에 닿지 않도록 한다. 가스켓은 찬물로 따로 세척함.
⑤ 브러시를 이용하여 샤워 스크린과 그룹 가장 자리 부분을 원을 그리며 돌려 준다. 커피 찌꺼기가 나오지 않을 때까지 진행한다.
⑥ 깨끗한 행주를 이용하여 그룹 헤드 안 쪽을 닦아 준다.

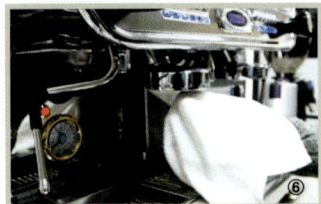

NCS

학습 III-4

학습평가

🫘 평가 준거

학습 내용	평가 항목	성취 수준		
		상	중	하
커피기계 세척하기	● 커피기계 오염 정도 확인			
	● 커피기계 배수 장치 청소 능력			
	● 세정제를 이용한 추출 그룹 청소 능력			
	● 세정제를 이용한 포타필터 청소 능력			

🫘 평가 방법

평가자 체크리스트

학습 내용	평가 항목	성취 수준		
		상	중	하
커피기계 세척하기	● 커피기계 오염 정도 확인			
	● 커피기계 배수 장치 청소 능력			
	● 세정제를 이용한 추출 그룹 청소 능력			
	● 세정제를 이용한 포타필터 청소 능력			

서술형 시험

학습 내용	평가 항목	성취 수준		
		상	중	하
커피기계 세척하기	● 커피기계 부품별 오염도 확인 및 관리법			
	● 세정제를 이용한 청소와 청소 후 관리법			

Part 3. Operating the Coffee Machine

작업장 평가

학습 내용	평가 항목	성취 수준		
		상	중	하
커피기계 세척하기	● 커피기계 오염 정도 확인			
	● 커피기계 배수 장치 청소 능력			
	● 세정제를 이용한 추출 그룹 청소 능력			
	● 세정제를 이용한 포타필터 청소 능력			

피드백

1. 평가자 체크 리스트
● 학습자의 성취도를 알려 준 후 그에 따라 학습자가 추가로 충분히 연습할 수 있는 기회를 준다.

2. 서술형 시험
● 학습자의 점수에 따라 미흡한 부분에 대한 자료 등을 제공하여 확실히 이해할 수 있도록 돕는다.

3. 작업장 평가
● 실제 작업장에서 학습자가 어떻게 수행해야 하는지에 대해 충분히 숙지할 수 있도록 한다.

기출문제 3. 커피 기계 운용

01 현대식 에스프레소 머신의 발전 단계로 올바른 것은?

① 증기압방식 - 피스톤방식 - 전동펌프방식
② 증기압방식 - 진공추출방식 - 피스톤방식
③ 증기압방식 - 피스톤방식 - 진공추출방식
④ 진공추출방식 - 피스톤방식 - 증기압방식

해설 현재 널리 사용되는 에스프레소 머신의 최초는 1901년 이탈리아의 루이지 베제라(Luigi Bezzera)가 특허를 취득한 '증기 가압식 에스프레소 머신'이다.
1947년 아킬레 가찌아(Achille Gaggia)가 피스톤 머신을 고안하여 특허를 취득했다.
1961년에 모터펌프를 차용한 훼마(Faema E61)머신이 탄생하였으며, 전동 펌프를 이용하여 항상 일정한 고압으로 커피 추출이 가능해졌다.

02 전자동 에스프레소 커피머신의 장점으로 알맞지 않은 것은?

① 커피를 추출하기가 쉽고 간편하다.
② 작은 공간에도 설치가 가능하다.
③ 여러 사람이 각자 추출해도 비슷한 맛의 추출이 가능하다.
④ 관리가 용이하다.

해설 ④는 반자동 에스프레소 커피머신의 장점이다.

03 반자동 머신(semi-automatic machine)에 대한 설명으로 맞지 않는 것은?

① 추출 버튼이 on-off로만 되어 있다.
② 그라인더 분쇄가 머신 내에 장착되어 있다.
③ 일반적으로 1그룹 머신부터 4그룹 머신까지 생산된다.
④ 플로우메터(flow meter)가 없어 일일이 추출 버튼을 작동시켜야 한다.

해설 반자동머신은 별도의 그라인더를 통해 분쇄를 한 후 탬핑을 하여 추출하는 방식이다.

04 에스프레소 머신의 명칭으로 알맞지 않은 것은?

① 1-스팀밸브 / 2-버튼 표시등
② 3, 4-온수추출버튼
③ 5-표시등 / 6-수량계
④ 7-솔레노이드 밸브 / 8-온수 추출구

해설 1. 스팀밸브 2. 버튼 표시등
3, 4. 온수추출버튼
5. 표시등   6. 수량계
7. 스팀 완드 8. 온수 추출구
9. 포타필터 10. 그룹헤드
11. 추출압력 / 스팀압력 게이지
* 솔레노이드 밸브란 전자식 밸브로 커피 추출 그룹에 장착되어 있다.

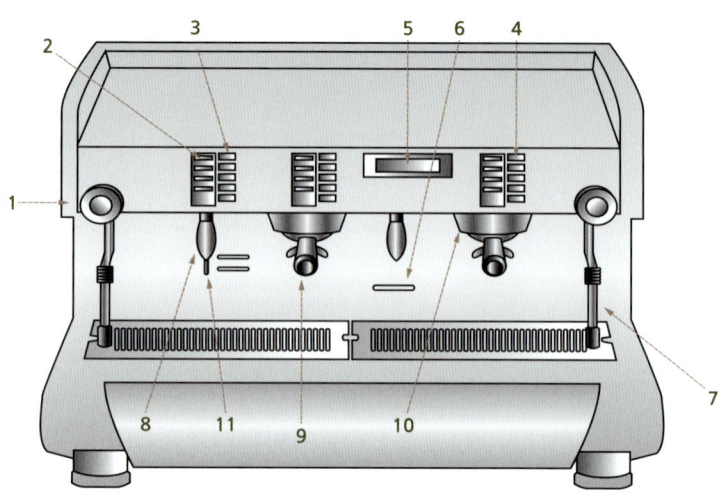

05 에스프레소 머신의 포타필터(portafilter)에 대한 설명으로 알맞은 것은?

① 분쇄된 커피를 담아 그룹 헤드에 장착시키는 기구를 말한다.
② 포타필터의 구조로는 블라인드 필터, 바스켓, 손잡이, 추출구로 이루어져 있다.
③ 필터 바스켓은 보통 2잔용과 4잔용이 있다.
④ 필터 홀더(filter holder)는 필터를 고정시키는 부분으로 온도 유지를 위해 스텐으로 제작되었다.

해설 포타필터의 구조로는 블라인드 필터, 필터 바스켓, 필터고정 스프링, 필터 홀더, 손잡이, 추출구로 이루어져 있다. 필터 바스켓은 1잔용과 2잔용이 있다. 필터 홀더는 온도 유지를 위해 동으로 제작되었다.

06 펌프 게이지에 대한 설명으로 맞지 않는 것은?

① 펌프 게이지는 펌프 모터에서 발생된 압력을 육안으로 확인해 주는 측정 장치이다.
② 보통 게이지의 범위는 0~18bar로 표시되어 있다.
③ 커피를 추출할 때 압력 게이지는 8~10bar 안에서 작동해야 정상으로 본다.
④ 압력의 위험 수위는 적색으로 표시된다.

해설 보통 게이지의 범위는 0~16bar까지 표시되어 있다.

07 포타필터를 장착하는 그룹헤드에 대한 설명으로 맞지 않는 것은?

① 그룹 헤드는 산포망을 통해 물을 미세한 수많은 줄기로 분사시키는 역할을 한다.
② 그룹 헤드는 에스프레소 추출을 위해 물이 공급되는 부분이다.
③ 그룹 헤드는 두꺼운 재질을 사용하며 온도 유지를 위한 축열 기능을 갖추고 있다.
④ 그룹의 개수에 따라 1그룹, 2그룹, 3그룹 머신 등으로 구분된다.

해설 ①은 디스퍼션(Dispersion, 산포망, 스크린)에 대한 설명이다.

08 에스프레소(espresso)에 대한 설명으로 알맞은 것은?

① 빠른 시간(1~2분)에 추출할 수 있다.
② 강한 압력에 의해 순간적으로 추출하는 방식이다.
③ 진하게 내려야 하므로 커피 입자는 다른 추출방식보다 굵어야 한다.
④ 에스프레소는 꼭 에스프레소 도구나 기계를 통해 추출하지 않아도 된다.

해설 추출시간 20~30초, 가압추출방식이기 때문에 마이크로 분쇄입자를 사용해야 한다.

09 에스프레소의 대표적 4M으로 알맞지 않는 것은?

① 블렌딩(miscela)
② 매뉴얼(manual)
③ 머신(machine)
④ 분쇄도(macinazione)

해설 에스프레소의 4M은 블렌딩(Miscela), 분쇄(Macinazione), 머신(Macchina, Machine), 바리스타의 손(Mano)이다. 손이라는 뜻을 가진 mano는 바리스타를 의미한다.

10 에스프레소에 관한 설명으로 맞지 않는 것은?

① 에스프레소는 섭씨 90~95도의 뜨거운 물을 사용한다.
② 뜨거운 물의 압력은 8~9bar가 평균이다.
③ 에스프레소의 원두 굵기는 곱게 갈아 사용한다.
④ 에스프레소는 커피가루의 사이로 약 40~50초 사이에 빠져 나오도록 한다.

해설 에스프레소는 20~30초 사이에 추출한다.

11 에스프레소의 특징에 관한 설명으로 알맞은 것은?

① 일반적으로 에스프레소는 필터 드립식 커피보다 약 반 정도의 카페인 밖에 들어있지 않다.
② 빠른 추출로 물에 잠기는 시간이 적어 필터 드립식 커피에 비해 밋밋한 맛이 추출된다.
③ 에스프레소 커피에는 드립식 커피와는 달리 적갈색의 크레마가 형성되는데 크레마의 형성 상태에 따라 커피의 맛이 달라진다.
④ 추출은 로스팅으로 잘 구워진 원두를 분쇄할 때 굵게 갈아진 입자를 만들어 내는 것이 중요하다.

해설 에스프레소의 크레마는 황금색의 크레마가 형성되어야 하며, 이 때 이상적인 좋은 향미가 우러난다고 할 수 있다. 보통의 에스프레소는 강볶음의 커피콩을 사용하는데, 강볶음 과정에서 카페인의 양이 줄어들기는 하나, 물리적으로 많이 팽창되기 때문에 카페인의 추출이 잘 일어난다.

12 에스프레소의 크레마에 관한 설명으로 맞지 않는 것은?

① 크레마(crema)는 영어로는 크림(cream)이다.
② 신선한 커피에서 나오는 지방 성분과 커피의 향 성분이 포함되어 있다.
③ 두께는 3~4mm 크림 거품이 떠 있는 커피가 좋다.
④ 색상은 진한 적색으로 갈수록 좋다.

해 설 색상은 밝은 갈색이거나 붉은 황금색이 좋다.

13 에스프레소의 추출변수 범위에 대해 맞지 않는 것은?

① 분쇄된 커피의 양 : 6.5 ± 1.5g
② 물의 온도 : 90 ± 10℃
③ 주입되는 물의 압력 : 9 ± 2bar
④ 추출 시간 : 25 ± 5sec

해 설 물의 온도는 90±5℃ 이다.

14 다음 설명 중 잘못된 것은?

① doser - 분쇄커피가루를 보관하는 용기
② knock box - 커피 쿠키를 버리는 곳
③ tamper - 커피를 담아 다지는 도구
④ dosing chamber - 우유를 데우거나 거품내는 도구

해 설 dosing chamber - 분쇄커피통

15 맛있는 에스프레소를 추출하기 위한 요소로 맞지 않는 것은?

① 분쇄도
② 수평밀도
③ 커피의 양
④ 머신의 가격

16 에스프레소 분쇄도에 관한 설명으로 알맞은 것은?

① 정확한 에스프레소 추출을 위해서 가장 중요한 요소로 손꼽히고 있다.
② 커피의 분쇄도는 에스프레소 머신에서 만들어지는 12기압이라는 압력을 사용한다.
③ 물과 커피가 접촉하는 면에 상관없이 에스프레소는 일정한 성분이 추출된다.
④ 에스프레소의 분쇄도는 일반적으로 밀가루보다 가늘게 설탕보다 굵어야 한다.

해 설 드립커피 입자 0.5~1.0mm, 에스프레소 입자 0.1~0.3mm

17 한 잔의 에스프레소를 추출하기 위해서 사용되어야 하는 커피의 양은?

① 4~6g
② 7~10g
③ 10~14g
④ 20~25g

해설 1shot 기준 7±1g

18 에스프레소의 추출은 리스트레토, 에스프레소, 룽고, 도피오로 나뉘는데, 이 중 룽고의 커피추출 양은?

① 15~25ml
② 25~30ml
③ 35~40ml
④ 45~60ml

해설 에스프레소 1잔을 길게 35~40mL 추출하며, 묽고 쓴 맛이 특징이다.

19 에스프레소 추출 시 포타필터에 원두가루를 넣고 다지는 행위를 무엇이라고 하는가?

① 탬핑
② 그라인딩
③ 태핑
④ 레벨링

20 에스프레소 추출 시 커피 성분이 많이 추출된 과다 추출(over extraction)의 원인으로 맞지 않는 것은?

① 원두의 분쇄도가 너무 가는 경우
② 펌프 압력이 낮을 경우
③ 보일러 압력이 높을 경우
④ 커피를 적게 담았을 경우

해설 펌프의 압력이 낮으면 통과하는 시간이 길어지면서 과다추출의 원인이 될 수 있다. 또한 보일러 압력이 높으면 추출온도가 높아져서 과다추출로 이어질 수 있다. 다만 분쇄가 지나치게 고우면 대부분 케이크에 구멍이 생기면서 전체 농도는 낮아지는 경향이 있다.

21 커피의 신선도에 따라 크레마의 상태가 변화된다. 크레마가 거의 형성되지 않는 경우는?

① 숙성이 덜 된 커피인 경우
② 커피의 신선도가 좋을 경우
③ 커피가 오래되었을 경우
④ 수평밀도가 좋을 경우

해설 갓 볶은 콩일수록 크레마가 많이 나왔다 금방 사라지며, 산패된 커피는 거의 형성되지 않는다.

22 매일 마감시 해야 할 반자동 에스프레소 머신의 물 역류 세척방법의 청소 순서로 알맞은 것은?

① 청소용 필터 교체→그룹에 장착→연속추출버튼→5초 후에 중지→7회 반복
② 청소용 필터 교체→연속추출버튼→5초 후에 중지→그룹에 장착→7회 반복
③ 그룹에 장착→청소용 필터 교체→5초 후에 중지→청소용 필터 장착→7회 반복
④ 그룹에 장착→청소용 필터 교체→연속추출버튼→5초 후에 중지→7회 반복

23 에스프레소(espresso)의 유래에 관한 설명으로 알맞은 것은?

① 증기압을 이용한 커피머신을 개발하여 1855년 프랑스 만국박람회에 첫 선을 보이면서 시작되었다.
② 프랑스 말로 '빠르다' 라는 뜻을 가지고 있다.
③ 산업화와 슬로우푸드 바람을 타고 급속도로 보급되었다.
④ 세계 최초로 에스프레소 커피를 제조하려는 노력은 '만델링'에 의해 개발되었다.

> **해설** 최초의 기계는 1855년 에두아르도 로이젤 드 산타이스라는 사람이 프랑스 파리에서 열린 유니버설 박람회에 출품했던 대형 상업용 기계였다.

24 커피 장비에서 우유를 피처에 넣고 뜨겁게 데워주는 장치로 밸브를 시계 반대 방향으로 돌리면 스팀이 분출되며 시계방향으로 돌리면 잠글 수 있다. 이것을 무엇이라고 하는가?

① 스팀완드(증기봉)　　　② 수면계
③ 스팀압력 게이지　　　④ 온수밸브

25 커피를 뽑을 때 포타필터 옆으로 물이 새지 않도록 포타필터를 바르게 고정시켜야 하며, 오래 사용하면 딱딱해져서 물이 새는 원인이 되는 것은 어떤 부품 때문인가?

① 그룹 개스킷　　　② 포타필터 스프링
③ 스팀핸들　　　④ 온수밸브

> **해설** 커피를 뽑을 때 생기는 고온 고압을 장시간 사용하면 고무 개스킷이 경화되어 고무의 탄력성을 잃게 된다.

26 다음은 무엇에 관한 설명인가?

> 에스프레소 머신에서 물의 흐름을 통제하는 부품으로 보일러에서 데워진 온수의 흐름을 통제하는 역할을 한다.

① 솔레노이드 밸브　　　② 펌프모터
③ 플로우메터　　　④ 펌프게이지

> **해설** **펌프모터** : 수돗물의 압력을 상승 시켜주는 역할을 하는 부품
> **플로우메터** : 커피 추출 물량을 감지해주는 부품
> **펌프게이지** : 펌프 모터에서 발생된 압력을 육안으로 확인해 주는 측정 장치

27 커피기계의 보일러에 대한 설명으로 알맞은 것은?

① 보일러의 재질과 추출 수 온도유지는 상관없다.
② 보일러의 재질은 두꺼운 플라스틱으로 사용된다.
③ 보일러의 내부청소는 일주일에 한 번 정도 반드시 실시한다.
④ 보일러의 용량이 클수록 온도유지에 좋다.

해설 에스프레소 머신의 용량은 보일러의 용량을 의미하고 본체는 동 재질이고 내부는 부식을 방지하기 위해 니켈로 도금이 되어 있는데 지속적으로 사용하면 보일러 내부에 스케일이 발생하므로 1~2년에 한 번식 분해하여 제거해 주어야 한다.

28 보일러의 물은 채워지는 정도가 얼마인가?

① 30% ② 50%
③ 70% ④ 100%

해설 보일러는 온수와 스팀을 공급하는 역할을 하는데 70%는 물로 채워지며 나머지 30%의 공간에 스팀이 채워지도록 설계되어 있으며, 내부용적의 크기는 리터로 표시한다.

29 매장에서 에스프레소 머신의 유지관리를 위해 매일 체크해야 하는 사항에 해당하지 않는 것은?

① 보일러 압력 체크 ② 스팀완드 청결
③ 개스킷 체크 ④ 추출 압력 체크

해설 개스킷의 수명은 6개월에서 1년 정도이다.

30 다음은 무엇에 관한 설명인가?

> 그라인더를 통해 분쇄를 한 후 탬핑 작업을 하여 추출을 하나 메모리칩이 장착되어 있어 추출량을 자동으로 세팅 할 수 있는 방식의 머신

① 에스프레소 수동식 머신
② 에스프레소 반자동 머신
③ 에스프레소 자동 머신
④ 에스프레소 완전 자동 머신

해설 **에스프레소 수동식 머신** : 사람의 힘에 의해 피스톤을 작동하여 추출하는 방식의 머신
에스프레소 반자동 머신 : 그라인더를 통해 분쇄를 한 후 탬핑을 하여 추출하는 방식으로 추출 버튼은 on-off로 되어 있어 추출 버튼을 작동시켜 추출량을 조절하는 방식의 머신
에스프레소 완전 자동 머신 : 그라인더가 내장되어 있어 별도의 탬핑 작업 없이 버튼 작동만으로 추출하는 머신

31 커피 추출 후 커피 잔여물이 떨어져 배출되기 위해 모이는 곳으로, 막히지 않도록 관리해주어야 하는 곳은?

① 호퍼 박스 ② 드레인 박스
③ 도우저 박스 ④ 포타필터 바스켓

해설 **호퍼 박스** : 그라인더에 원두를 보관하는 통으로 용량은 일반적으로 1kg 정도
도우저 박스 : 그라인더에 분쇄된 커피를 보관하고 있다가 일정량 분쇄 커피를 포타필터에 공급하는 역할
포타필터 바스켓 : 분쇄커피가 담겨지는 필터 바스켓의 지름은 54~58mm가 사용되며 1잔용과 2잔용이 있다.

32 매장에서 에스프레소 커피 기계를 사용 중에 포타필터의 관리로 알맞은 것은?

① 보온을 위해 컵 워머 위에 올려놓는다.　　② 깨끗한 행주 위에 올려놓는다.
③ 포타필터 받침대 위에 올려놓는다.　　　④ 그룹헤드에 장착한 상태로 둔다.

해 설　포타필터는 분쇄된 커피를 담아 그룹 헤드에 장착시키는 기구이다.

33 커피가 포타필터 옆으로 새어나오는 현상의 원인이 아닌 것은?

① 필터 바스켓이 막혔다.　　　　　② 너무 많은 양의 커피가 담겼다.
③ 그룹헤드 개스킷이 마모되었다.　　④ 추출 수압이 너무 약하다.

34 다음 (　) 안에 가장 적합한 것은?

> 에스프레소는 (㉠)초 사이에 추출되어 크레마의 양은 (㉡)mm, 색은 (㉢)색이면 좋다.

① ㉠ 20~30초　㉡ 3~5mm　㉢ 황금색
② ㉠ 15~20초　㉡ 1~2mm　㉢ 진한갈색
③ ㉠ 15~20초　㉡ 3~5mm　㉢ 진한갈색
④ ㉠ 20~30초　㉡ 1~2mm　㉢ 황금색

정답

01 ① 02 ④ 03 ② 04 ④ 05 ① 06 ② 07 ① 08 ② 09 ② 10 ④
11 ③ 12 ④ 13 ② 14 ④ 15 ④ 16 ① 17 ② 18 ③ 19 ① 20 ④
21 ③ 22 ① 23 ① 24 ① 25 ① 26 ① 27 ④ 28 ③ 29 ③ 30 ③
31 ② 32 ④ 33 ④ 34 ①

Part 4
커피 그라인더 운용
Operating The Coffee Grinder

    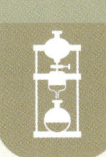

You will become a Good Barista!
Part 4. 커피 그라인더 운용

1. 커피의 분쇄

먼 옛날 커피열매를 그대로 먹던 사람들이 껍질을 벗겨 그린커피만을 꺼내 불에 볶아 먹는 법을 알게 되면서부터 원두의 분쇄가 시작되었다.

초창기에는 절구에 넣고 빻았는데, 지금도 에티오피아에서는 전통적인 프라이팬 로스팅과 절구를 이용하여 커피분쇄를 하고 있다. 물론 소득수준이 매우 낮다 보니 고가의 장비를 사용하지 못하는 이유도 있다. 현대에 와서 커피밀Coffee Mill, 핸드밀Hand Mill이라고 부르고 있으며, 분쇄 목적과 함께 인테리어 효과도 낼 수 있도록 다양한 디자인이 만들어지고 있다.

원두를 빻는 방식에서 가는 방식으로 변화하면서 커피의 다양한 추출방법과 더불어 눈부신 발전이 시작된다. 커피 그라인더Coffee Grinder라는 용어가 사용되기 시작된 것이다.

미세하고 정확한 분도가 요구되는 에스프레소는 모터를 장착한 전동식 그라인더가 없었다면 탄생할 수 없었을 것이다. 국내외 수많은 바리스타 대회의 경우, 일반적으로 스폰서를 통해 머신이 지정되는 경우가 많다. 하지만 해외 유명 바리스타들은 개인 그라인더를 지참하여 대회에 임하는 경우가 많은데, 그만큼 추출에 있어 그라인더의 역할은 바리스타가 조절할 수 있는 매우 중요한 부분이기 때문이다.

추출방법에 따른 알맞은 분쇄도의 선택이란 커피의 추출에 사용되는 기구와 추출 농도, 그리고 분쇄하는 입자의 크기에 따라 달리하는 것이 일반적이다.

같은 양의 그라인딩 커피와 같은 양의 온도의 물을 사용할 때 커피 추출액의 농도는 분쇄된 커피입자가 작을수록, 물과의 접촉시간이 길수록 진해진다. 하지만 커피 농도가 짙다는 것과 맛이 풍부하다는 것은 의미가 전혀 다르다.

미국의 커피 추출 연구소의 추출이론에 의하면 맛과 향이 우수한 커피의 조건은 60~65g의 분쇄커피로 1리터의 커피액을 추출하면서 커피농도는 1.15~1.35%, 추출수율은 18~22%를 유지하는 것이 좋다고 한다. 이에 맞추려면 커피입자의 접촉시간이 길어질수록 분쇄된 입자의 크기는 커져야 하고, 반대로 물 접촉시간이 짧아질수록 커피입자의 크기는 작아야 한다.

커피를 분쇄할 때 그라인딩 방식은 마찰열이 많이 발

생하게 되는데, 특히 잘게 부서지는 원두가루에 열이 가해지면서 휘발성이 강한 커피향에 영향을 끼치게 된다. 마찰열이 많고 적게 발생되는 것은 그라인더의 성능과 분쇄도, 커피의 양과 관계가 있다.

커피원두를 분쇄할 때 생기는 먼지같은 것을 미분이라고 하는데, 이 또한 맛과 향에 상당한 영향을 준다. 분쇄할 때 원두에 가해지는 강한 충격과 마찰열로 인해 미분이 만들어지는데, 이중 상당량은 커피와 함께 배출되어 너무 고운 커피입자가 만들어내는 부정적인 커피맛의 원인이 되며, 배출되지 못한 미분은 그대로 그라인더 안에 남아 빠르게 산패를 일으키며 다음 커피를 추출할 때 좋지않은 영향을 끼치게 된다. 이를 방지하기 위해 기계 내부와 배출구 부분의 미분 제거를 위해 사용전 1~2초 정도 분쇄를 해주고 버린 다음 본격적인 도우징dsosing 작업을 하는 것이 좋다.

1) 분쇄의 종류

원두를 분쇄하면 표면적이 넓어져서 물이 커피가루를 쉽게 통과하고, 커피가 가지고 있는 오일성분, 고체성분, 가스 등의 가용성분을 쉽게 추출할 수 있다.

명칭	에스프레소분쇄	고운분쇄	중간분쇄	굵은분쇄
굵기	0.5mm이하	0.5~0.7mm	0.7~1.0mm	1.0mm이상
적용	에스프레소	사이폰	드립식추출	프렌치프레스
추출시간	30초	1분	3분	4분

2) 커피 사용량 조절

분쇄한 입자의 크기가 작을수록 물의 통과속도가 느리고 쓴맛이 나며 과다추출로 잡미 등이 생길 수 있다. 입자의 크기가 클수록 물의 통과가 빠른 대신 커피 맛이 약해질 수 있다.

입자크기	물의 통과	추출성분	쓴맛	특징
작다	느리다	많다	강함	추출과다로 잡미 등이 생기기 쉽다.(over추출)
크다	빠르다	적다	약함	빠른 추출로 인해 커피 맛이 약해질 수 있다.(under추출)

2. 커피 그라인더 작동하기

분쇄시 유의할 점은 추출하고자 하는 기구의 특성에 알맞은 크기의 입자로 분쇄를 하여야 하며 미분은 분쇄 시 발생되는 커피의 먼지로써 물에 쉽게 용해되어 좋지 않은 맛의 원인이 되므로 미분이 발생하지 않도록 해야 한다. 또한 분쇄 시 발생하는 열은 커피의 맛과 향을 변질시키므로 열의 발생을 최소화 해 주어야 하며 입도가 고르지 못하면 커피 입자마다 물과 접촉하는 면적의 차이로 용해속도가 달라지고 이로 인해 커피 맛이 떨어지게 된다. 그러나 가장 중요한 것은 분쇄된 커피는 원두 상태보다 향기가 훨씬 빨리 사라지므로 추출하기 직전에 원두를 분쇄해야 한다는 것이다.

① 커피 호퍼 ② 조정 접관(입자조절 손잡이)
③ 디스펜서 ④ 핸들레버(커피추출레버)
⑤ 전원 스위치 ⑥ 필터 거치대

1) 감각적 분쇄도 세팅

감각적 분쇄도 세팅은 먼저 커피를 분쇄하여 그 상태를 가지고 분쇄도를 결정한다. 하지만 그 상태를 가지고 완전히 정확한 분쇄도를 결정할 수는 없다. 바리스타의 오랜 경험과 감각으로 정확한 분쇄도에 근접한 범위를 알아볼 수 있다. 그 범위를 찾은 상태에서 향미의 감각을 이용하여 분쇄도 세팅을 한다.

■ 분쇄 속도

그라인더에서 갈리는 속도는 굵은 분쇄일수록 빠르며, 고운분쇄에서는 느리다.

■ 뭉치는 정도

분쇄 커피가 뭉치는 정도는 굵은 분쇄일 경우 뭉치는 커피 입자가 거의 없으며, 고운 분쇄에서는 많이 뭉친다. 중간 분쇄는 그 중간 정도로서 조금씩 뭉쳐 있다.

■ 촉감

촉감으로 분쇄도를 알아 볼 때는 손가락으로 커피 입자를 비벼보고 느낄 수 있다.

굵은 분쇄의 촉감은 까칠한 모래알 같은 느낌이며, 너무 고운 분쇄의 촉감은 밀가루 같은 느낌이다. 적절한 분쇄도는 처음에는 부드럽고, 마지막에 몇 개의 입자에서 까칠한 느낌을 받는다.

2) 정밀 분쇄도 세팅

분쇄도 세팅에서는 항상 균일한 커피의 양이 담겨야 정확한 분쇄도를 알 수 있는데 매번 추출할 때마다 그 양이 달라지면 정확한 분쇄도로 세팅하기 어렵다. 그래서 저울을 이용한 정밀 세팅을 권한다. 물론 숙련된 바리스타는 매번 필터바스켓에 담기는 커피의 양이 항상 균일하겠지만 이제 막 커피를 알아가는 수강생들은 저울을 이용하여 그 양을 균일화시키고 분쇄도 세팅을 하는 것이 좋다. 일반적으로 바리스타는 매장 오픈 후 제일 먼저 에스프레소 머신과 그라인더 점검을 한 후 분쇄도 세팅을 하는데, 균일한 추출로 일정한 커피의 맛을 만들기 위해서이다.

3. 커피 그라인더 청소하기

■ **일일청소 : 매일**

① 호퍼와 그라인더 본체에 있는 원두를 완전히 제거한다.
② 디스펜서 안의 분쇄된 커피를 완전히 제거한다.
③ 호퍼와 그라인더 받침대를 물로 깨끗이 세척한 후 완전히 건조시킨다.

- 주의 : 세제 사용금지

■ **주간청소 : 일주일 1~2회**

① 호퍼와 그리인더 본체에 있는 원두를 완전히 제거한다.
② 디스펜서 안의 분쇄된 커피를 완전히 제거한다.
③ 그라인더 청소용 약품을 소량 사용하면서 분쇄기를 가동한다.
④ 다시 원두를 분쇄시켜 약품을 완전히 제거한다.
⑤ 호퍼와 그라인더 받침대를 물로 깨끗이 세척한 후 완전히 건조시킨다.

- 주의 : 세제 사용금지

■ **월간청소 : 한 달 1~2회**

① 일일청소의 ①, ②, ③과 같이 한다.
② 조정날개를 시계방향으로 돌려 그라인더 날을 분리시킨다.
③ 그라인더 본체안의 날은 청소기를 이용하여 청소하고, 분리된 날과 조정날개를 물 세척 후 완전히 건조시킨다.
④ 디스펜서 안의 도우저를 고정시키고 분리한다.
⑤ 디스펜서 안은 청소기로 커피가루를 제거하고 조정접관과 도우저, 스프링은 물 세척 후 완전히 건조시킨다.
⑥ 도우저, 스프링은 역순으로 조립한다.

기출문제 4. 커피 그라인더의 운용

01 커피 원두의 표면적이 넓어짐으로써 물이 커피층을 통과할 때 커피가 가지고 있는 오일성분, 고체성분, 가스 등의 가용성분을 추출하기 위한 것을 무엇이라 하는가?

① 그라인딩(grinding) ② 블렌딩(blending)
③ 로스팅(roasting) ④ 브루잉(brewing)

02 커피의 분쇄 시 유의할 점으로 알맞지 않은 것은?

① 추출하고자 하는 기구의 특성에 알맞은 크기의 입자로 분쇄하여야 한다.
② 분쇄 시 발생되는 미분은 커피의 맛에 크게 영향을 주지 않는다.
③ 분쇄 시 발생하는 열은 커피의 맛과 향을 변질시킨다.
④ 커피 입자가 고르지 못하면 물과 접촉하는 면적의 차이로 커피 맛이 떨어지게 된다.

해설 미분은 분쇄 시 발생되는 커피의 먼지로 과다추출이 일어나 좋지 않은 맛의 원인이 된다.

03 커피 분쇄 시 원두입자의 크기가 너무 고울 때의 향미 특징으로 알맞은 것은?

① 물의 통과는 빠르며, 쓴맛이 약하다.
② 물의 통과는 빠르며, 추출성분이 적다.
③ 물의 통과는 느리며, 쓴맛이 강하다.
④ 물의 통과는 느리며, 추출성분이 약하다.

04 커피 분쇄 시 입자의 크기가 클 경우 나타날 수 있는 특징과 거리가 먼 것은?

① 물의 통과가 빠르다.
② 추출성분이 적다.
③ 쓴맛이 약하다.
④ 추출과다로 인해 잡미 등이 생기기 쉽다.

해설 ④는 입자의 크기가 작을 때 생기는 현상이다.

05 커피 추출 시 필요한 원두를 분쇄해야 하는 시점으로 적당한 것은?

① 로스팅 후 일주일이 지난 시점이 좋다.
② 커피 추출에 앞서 원두 가스가 빠져나가야 하므로 1시간 전이 좋다.
③ 원두는 향기가 날아가지 않게 하기 위해 추출 직전에 분쇄하는 것이 좋다.
④ 커피를 마시기 전 날 미리 갈아두는 것이 좋다.

해설 커피가 로스팅한 지 보름 이내라면 1시간 전에 분쇄하는 것이 좋다. 하지만 일반적으로 분쇄는 항상 추출 직전에 하는 것이 좋다.

06 오른쪽 그라인더 사진 중 원두를 담는 통으로 원두통과 뚜껑, 원두 투입 레버로 이루어져 있는 것은?

① 디스펜서 ② 조정 접관
③ 도우저   ④ 호퍼

07 오른쪽 그라인더의 각 부분에 대한 명칭으로 알맞지 않은 것은?

① 1-커피호퍼   ② 3-디스펜서
③ 5-조정접관   ④ 6-필터거치대

해설 5는 전원스위치 부분이다.

08 그라인더의 종류는 수십 가지가 있으나 기능과 구조는 대개 비슷하다. 업소용 전동 그라인더에서 가장 중요한 4대 구성요소 중 맞지 않는 것은?

① 그라인더 모터   ② 분쇄입자 조절레버
③ 호퍼   ④ 그라인더 날

해설 그라인더의 4대 구성요소로는 그라인더 모터, 호퍼, 그라인더 날, 도우저 등이다.

09 그라인더는 날의 형태에 따라 칼날형(blade)과 버형(burr) 그리고 롤형(roll)으로 구분된다. 그 중 칼날형(blade) 그라인더에 대해 설명하고 있는 것은?

① 회전수가 적어 열 발생이 적으나 분쇄 속도가 느리며 수동식과 전동식에 모두 사용된다.
② 소형으로 주로 가정용으로 사용되며 프로펠러 형태의 두 개의 날이 통 안에서 회전하며 분쇄하는 원리이다.
③ 커피 원두가 버(burr)라고 부르는 두 개의 금속판 사이를 통과하면서 분쇄하는 방식이다.
④ 산업용 그라인더로 반대로 회전하는 홈이 파인 두 개의 실린더 사이로 커피가 분쇄되는 형태로 가장 균일한 커피가 분쇄된다.

해설 ①은 원뿔형 그라인더, ③은 평면형 그라인더, ④는 롤형 그라인더에 관한 설명이다.

10 그라인더의 마모 상태를 점검하는 방법으로 알맞지 않은 것은?

① 물구멍(water channel)이 자주 발생한다.
② 그라인더가 갑자기 작동하지 않으면 그라인더의 날이 마모되었다고 볼 수 있다.
③ 마모된 날은 마찰열의 증가로 향기 성분을 감소시키므로 커피 맛의 변화로 가늠할 수 있다.
④ 분쇄자의 크기나 추출상태로도 가늠할 수 있으나 쉬운 일은 아니다.

해 설 물구멍은 경우에 따라 water channel, weep hole, weep-drain 등으로 표현하기도 한다.
그라인더의 날이 마모되었다고 분쇄가 되지 않는 것은 아니다.

11 수동식 그라인더인 핸드밀에 관한 설명으로 알맞지 않은 것은?

① 가격이 저렴하여 가정에서 사용하기 적합하다.
② 날의 구조에 따라 분쇄정도가 균일하지 않다는 단점이 있다.
③ 속도가 늦기 때문에 빨리 추출해야 하는 업소에는 적합하지 않다.
④ 한 번에 많은 양을 분쇄할 수 있는 장점이 있다.

해 설 핸드밀은 한 번에 적은 양을 분쇄할 수 있다.

12 그라인더 날의 청소 중요성으로 알맞지 않은 것은?

① 칼날 주위에 낀 커피 찌꺼기와 기름때가 산패되기 때문이다.
② 커피 찌꺼기가 오래 되면 안 좋은 냄새가 날 수 있다.
③ 그라인더 날 청소로 그라인더 마모 상태를 확인해 미리 점검하는 것이 좋다.
④ 그라인더 날의 청소가 이루어지지 않으면 미분이 엉겨붙어 조절하기 어려워질 수 있다.

13 커피 그라인더의 분쇄 입자 상태가 변하는 원인이 되는 것으로 거리가 먼 것은?

① 날씨
② 매장 온도
③ 원두의 양
④ 사용횟수

해 설 원두의 양에 따라 분쇄입자가 달라지는 것은 아니다.

14 커피 그라인더의 관리 중 매일 영업이 끝난 후 점검해야 하는 것으로 알맞지 않은 것은?

① 그라인더의 분할판을 분리하여 청소한다.
② 도우저 내부 원두를 빼낸 후 전용 진공청소기로 흡입 청소한다.
③ 호퍼를 분리하여 호퍼에 묻어 있는 오일 때를 세척한다.
④ 그라인더 내부에 있는 원두를 전용 진공청소기로 흡입 청소한다.

해 설 그라인더의 분할판은 일주일에 한번 정도 하면 된다.

15 그라인더 도우저 핸들을 당겼는데 핸들레버가 원래 상태로 되돌아가지 않을 경우 고장이 난 부위는?

① 도우저 마이크로 스위치 파손 ② 그라인더 스프링 파손
③ 도우저 분할판 빠짐 ④ 전원이 들어오지 않는 경우

해설 도우저 핸들 레버를 당기면 원래 상태로 되돌아가게 해주는 스프링이 도우저 하부 판에 부착되어 있다.

16 그라인더의 호퍼 청소방법으로 알맞은 것은?

① 호퍼의 분리-물로 씻기- 마른 행주로 닦아주기
② 호퍼의 분리-미지근한 물로 씻기-건조
③ 호퍼의 분리-세제를 이용한 청소-물로 씻기-건조
④ 호퍼의 분리-마른 행주로 닦아주기

해설 원두에는 커피오일 성분이 있어 호퍼는 매일 마감 시 세제를 이용하여 닦아주는 것이 좋다.

17 그라인더의 입자조절 판이다. 입자조절을 하는 방법으로 알맞은 것은?

① 입자조절 손잡이를 시계 반대 방향으로 돌리면 숫자가 작아진다.
② 입자조절 손잡이를 숫자가 커지는 방향으로 돌리면 원두의 입자가 굵어진다.
③ 입자조절 손잡이를 숫자가 작아지는 방향으로 돌리면 원두의 입자가 굵어진다.
④ 입자조절 손잡이를 돌리는 숫자는 분쇄도의 크기와는 상관이 없다.

해설 그라인더는 일반적으로 숫자가 커지면 분쇄 입자도 굵어진다.

18 커피 그라인더의 부분별 명칭으로 알맞지 않은 것은?

① 호퍼 : 원두커피를 담는 통이다. 원두통에 묻은 원두기름으로 인해 시간이 지나면 찌든 냄새가 나므로 깨끗이 청소해 주는 것이 중요하다.
② 분쇄기 개폐판 : 레버를 안으로 밀면 호퍼에 담긴 원두가 날 쪽으로 이동되지 않도록 막아 준다.
③ 도우저 : 숫자가 커질수록 입자가 굵어지고, 숫자가 작을수록 입자가 가늘어진다.
④ 포타필터 받침대: 도우징 레버를 당겨 원두커피를 받을 때 포타필터를 걸쳐 놓는 받침대이다.

해설 ③의 설명은 원두 입자 조절 레버에 대한 설명이다.

19 커피 추출을 위해 그라인딩(grinding)을 해야 하는 이유로 알맞은 것은?

① 원두의 표면적을 넓혀 짧은 시간에 추출이 이루어지도록 하기 위함이다.
② 커피 원가의 절감을 위함이다.
③ 커피의 물리화학적 변화를 주기 위함이다.
④ 두꺼운 크레마를 형성하기 위함이다.

20 whole bean을 보관하는 용기는?

① 그룹헤드　　　　　　　　② 필터 홀더
③ 빈 호퍼　　　　　　　　　④ 스팀 피쳐

> **해설**　**빈 호퍼** : 그라인더에 원두를 보관하는 통으로 용량은 1kg 정도이다.

21 그라인더에서 분쇄된 커피를 배출레버를 당겨 일정한 양의 커피를 포타필터에 담는 동작을 무엇이라고 하는가?

① Grinding　　　　　　　　② Cupping
③ Tamping　　　　　　　　④ Dosing

> **해설**　Grinding : 커피 분쇄
> 　　　　Cupping : 커피의 맛을 감별
> 　　　　Tamping : 커피 다지기

정답　01 ①　02 ②　03 ③　04 ④　05 ③　06 ④　07 ③　08 ②　09 ②　10 ②
　　　　11 ④　12 ③　13 ③　14 ①　15 ②　16 ③　17 ②　18 ③　19 ①　20 ③
　　　　21 ④

Part 5
커피 추출
The Coffee Extraction

You will become a Good Barista!

Part 5. 커피 추출

1. 추출

1) 추출의 의미

추출은 영어로 Brewing이라고 하는데, 이는 원두에서 커피 성분을 뽑아낸다는 것을 의미한다. 이를 조금 더 자세히 설명해보면 추출이란 각기 다른 산지의 그린커피를 선별하여 그린커피가 지닌 각각의 품종, 생산여건, 가공방법, 수확연수, 수분함량, 밀도 등을 고려하여 최상의 상태로 로스팅 된 원두를 추출방식에 따라 분쇄하여 커피의 특성에 따른 향미를 최대로 표출해 내는 것이라고 할 수 있다.

2) 추출의 과정

커피 추출 과정은 뜨거운 물이 분쇄된 커피 입자에 스며들어 커피의 가용성 성분들이 용해되며 이 과정에서 확산과정을 거쳐 용출된 성분들을 물의 침지 또는 여과 방식을 이용해 추출해 내는 것이다.

3) 추출의 종류

- ■ **침지법** Steeping
  - 달임법 Decoction : 끓는 물에 분쇄한 커피를 넣고 같이 끓인 후 마시는 방법 튀르키예식, 퍼컬레이터
  - 우려내기 Infusion : 커피가루에 뜨거운 물을 부은 후 나무숟가락으로 10~12회 잘 저어 3~4분 정도 기다린 후 필터를 천천히 내려서 추출하는 방법 프렌치프레스

- **투과법**Brewing
  - 여과필터에 커피가루를 담은 후 물을 부어 커피성분만을 추출하는 방법
    융 드립, 페이퍼 드립, 워터드립, 베트남 커피

- **가압추출법**Pressurize extraction
  - 커피가루에 뜨거운 물을 압력을 가하여 통과시켜서 커피액을 용해하여 추출하는 방법
    에스프레소, 모카포트

4) 좋은 커피를 위한 조건

- 신선한 원두 사용: 로스팅 한지 오래되지 않은 원두 사용
- 추출기구와 로스팅된 정도에 맞게 분쇄 : 추출기구의 특성과 로스팅 단계를 고려하여 입자크기를 결정한다.
- 정확한 물의 온도: 로스팅 단계에 따라 정확한 온도로 추출
- 신선한 물을 사용: 철분은 타닌과 결합해 좋지 않은 맛을 생성하므로 철분이 적고 신선하며 냄새가 없는 물일 것
- 적정량의 커피사용: 추출하고자 하는 양에 맞게 적정량의 커피를 사용한다
- 커피의 특성에 맞는 추출기구 선택: 원하는 맛을 표현해 줄 수 있는 적당한 추출 기구를 선택
- 적당한 컵의 선택: 뜨거운 커피는 온도를 길게 유지할 수 있도록 두께가 두꺼운 컵이 좋고, 찬 커피는 시원하게 보이도록 투명한 유리컵 등을 사용한다.

5) 커피의 보관

- 섭씨 25도 이하일 경우: 밀폐봉투에 담아 냉암장소에 보관
- 섭씨 25도 이상일 경우: 냉장보관하며 꺼낸 후 바로 사용하지 말고 온도차를 없앤 후 끝까지 사용해야 한다. 다시 냉장고에 넣으면 좋지 못한 냄새와 습기가 커피에 스며들 수 있다.
- 1~2일 이내에 소비할 수 있도록 소포장 단위로 구입하여 가능한 2주 안에 소비
- 개봉된 커피봉투는 공기를 최대한 빼낸 다음 밀봉

■ 커피 산패의 요인

- 산소: 포장내 소량의 산소만 존재해도 완전 산화된다.
- 수분: 상대습도가 100%일 때 3~4일, 50%시 7~8일, 0%시 3~4주부터 산패가 진행된다.
- 온도: 온도가 10℃ 상승할 때 마다 향기성분은 2.3승씩 변한다.
- 로스팅 단계: 강로스팅일수록 함수율은 낮고 오일이 베어나와 다공질多孔質 상태가 되므로, 약로스팅에 비해 빨리 산패가 진행된다.
- 분쇄입도: 분쇄상태의 커피는 통상태원두보다 5배 빨리 산패가 진행된다.

6) 물의 종류와 조건

■ 물의 종류

종류	함유량(ppm)	맛
연수	0~75	신맛과 마일드한 맛
약경수	75~150	볼륨감과 쓴맛
경수	150~300	"
강경수	300이상	"

※ 함유량 : 칼슘과 마그네슘 등을 탄산칼슘으로 환산한 값(경도)

■ 좋은 물의 조건

- 이산화탄소가 남아있는 물이 좋음: 두 번 이상 끓인 물은 피할 것
- 수돗물보다는 정수된 물을 사용: 염소성분을 제거
- 아침 일찍부터 수돗물을 받을 경우 수도꼭지를 열어 물을 흘려보낸 후 사용
- 50~100mm의 무기물이 녹아 있을 때 커피 맛이 가장 좋음약경수일 때
- 신선하고 좋은 맛이어야 하며 냄새가 없고 불순물이 없을 것

■ 추출시 물의 조건

- 낮은 온도: 시큼한 맛과 떫은맛이 강해짐
- 높은 온도: 단맛이 강해지지만 쓴맛과 날카로운 맛도 강해짐

2. 에스프레소 추출하기

1) 에스프레소 추출 동작

(1) 팩킹packing

팩킹이란 에스프레소 추출을 위하여 분쇄된 커피를 포타필터에 담는 동작을 말한다. 도우징Dosing, 태핑Tapping, 탬핑Tamping으로 이루어진다. 팩킹과정은 커피의 분쇄도와 양이 결정된 상태에서 커피의 맛을 좌우하는 가장 중요한 동작이라 할 수 있다. 바리스타가 반자동 에스프레소 머신을 사용하여 커피의 맛을 조절하는 단계이며 기본적인 동작이지만 매우 정교한 기술과 여러 감각적인 부분들이 요구된다.

바리스타는 신속하고 정확한 팩킹과정을 진행하여 커피가 가지고 있는 향미를 조절하고 고객에게 신선한 커피를 제공할 수 있다.

(2) 커피받기 - 도우징dosing

도우징은 핸들레버Doser handle lever를 이용하여 도우저 안의 분쇄된 커피를 포타필터에 담는 과정이다. 추출할 때 마다 균일한 양을 담아야 하며 필터바스켓 전체에 골고루 분포하면서 담는 연습이 필요하다.

커피 원두의 양은 1shot=7~10g, 2shot=14~20g의 범위에서 담지만 경우에 따라서 적게 또는 많게 양을 결정할 수 있다.

균일한 도우징으로 매번 일정한 커피 추출이 필요한데 결정된 커피의 양보다 조금 많이 담은 상태에서 정량 고르기를 하여 양을 맞추는 방법도 추천한다.

■ 커피 담기 순서

① 포타필터를 그룹헤드에서 분리한다.
② 그라인더를 작동시킨 후 깨끗한 리넨을 사용하여 필터바스켓을 건조시킨다.
③ 레버를 앞으로 당겨서 커피를 받는다. 이때 포타필터는 고정된 상태에서 커피받기를 진행해도 상관없지만 필터바스켓 안에 커피를 골고루 분포하기 위해서 포타필터를 좌/우로 돌려가면서 받아도(돌려담기) 상관없다.
④ 정해진 양을 균일하게 담는다. 예를 들어 만약 16g의 필터바스켓을 사용한다면 매번 저울로 체크하여 15.5~16g의 양이 담기는지 확인하면서 연습한다.
⑤ 커피를 담는 중간에 그라인더 작동을 멈춘다. 적정량의 커피를 분쇄해서 커피가 디스펜서 안에 남지 않도록 한다.

■ 커피가 한 쪽으로 넘치는 현상을 막기 위하여 포타필터를 좌측에서 우측으로 180° 돌려가며 도우징을 할 수 있다.

(3) 수평 맞추기 - 1차 태핑tapping

정량 고르기는 필터바스켓에 담은 커피 속의 빈 공간을 채우고, 결정된 정량을 맞추는 과정이다. 이 동작은 탬퍼로 충격주어 수평 맞추기를 하는 방법과 다른 도구와 손을 사용하여 맞추는 방법 등 여러 가지 방법들이 있다. 그 방법은 바리스타들이 추구하는 커피의 맛과 추출 방법에 따라 다양하게 사용되고 있는데 바리스타 마스터 과정에서는 탬퍼를 사용하는 방법과 손을 사용하는 방법을 배워 보도록 하자.

커피의 성격에 맞는 정확한 커피의 양을 맞추지 못하면 균일한 커피와 정확한 에스프레소의 향미를 추출하기 어렵다.

■ 수평 맞추기 순서

① 탬퍼의 손잡이 부분을 이용하여 포타필터의 밑면이나 옆면을 살짝 두드려 커피의 빈 공간을 채운다.
② 포타필터를 왼손으로 잡은 상태에서 왼쪽으로 50° 이상 기울인다.
③ 탬퍼의 손잡이로 포타필터에 충격을 가하여 커피를 소량 버리면서 수평을 맞춘다(만약 받은 커피의 양이 정확하다면 버리지 않아도 된다. 커피는 버리는 방향의 반대편이나 옆면에 충격을 주는 것이 좋다(충격을 주는 힘이 중요하다).
④ 다시 커피의 빈 공간을 채울 때는 빈 공간이 있는 쪽을 탬퍼 손잡이로 충격을 가한다. 마지막으로 빈 공간을 채워 넣는 동작에서 커피의 수평을 맞춰야 한다.

(4) 다지기 tamping

- 고정 : 포타필터를 작업대에 거치한 상태에서 3kg 정도의 힘으로 살짝 고정하면서 수평을 맞추는 과정이다. 다지기를 하는 힘보다는 커피의 수평밀도를 맞추는데 신경을 쓴다.
- 태핑 : 탬퍼 손잡이로 포타필터에 충격을 주어 고정 후 필터바스켓 안쪽에 붙는 커피를 털어내기 위해서 하는 동작이지만 태핑 동작으로 인해 커피 케이크에 균열이 생기는 현상과 가장자리 유격이 생길 수 있으므로 생략하거나 아주 살짝 충격을 준다.

- 탬핑다지기 : 13~20kg의 힘으로 커피를 다지는 과정이다. 수평밀도를 맞추는 것이 제일 중요하며 탬핑의 세기에 따라 추출 상태의 변화는 거의 없다고 보면 된다. 적절한 힘을 가하여 필터바스켓 안쪽 스프링 라인까지 커피가 내려가면 정상 추출이 가능하다. 하지만 수평밀도가 맞지

않았을 경우에는 물의 흐름이 치우치는 현상이 일어나고 추출량의 편차도 생길 수 있다.

■ 다지기 순서

① 고정단계에서는 500g 정도의 힘으로 살짝 수평을 맞추어 고정시킨다.
② 태핑은 탬퍼 손잡이를 이용하여 포타필터에 작은 충격을 준다.
③ 탬핑다지기은 정확한 자세를 유지한 상태에서 탬퍼의 베이스부분과 손잡이, 손바닥, 어깨가 일직선이 되도록 한다주의) 탬퍼를 잡은 상태에서 손목을 구부리지 않는다.
④ 13~20kg의 힘으로 한번에 정확히 수평을 유지하며 다지기 한다팔의 힘과 동시에 체중을 실어 어깨에 무리가 가지 않도록 한다.

⑤ 탬퍼를 필터바스켓에서 분리시킬 때는 힘을 가하지 않은 상태에서 탬퍼를 살짝 회전시켜 분리한다.고른 표면 유지와 탬퍼 베이스 하부에 커피가 묻어나오는 것을 방지하기 위함.

2) 에스프레소 추출 동작의 이해

(1) 추출 동작의 순서

순서	동작 명칭	설 명
1	잔 데우기	온수를 이용하여 제공될 잔을 데워준다.
2	포타필터 분리	포타필터를 그룹헤드에서 분리시킨다.
3	그라인더 작동(분쇄)	커피 분쇄를 한다.
4	포타필터 건조	커피 분쇄와 동시에 필터바스켓 안쪽의 물기를 제거한다.
5	커피 받기	커피를 받는다. (1cup=7~10g, 2cup=14~20g)
6	태핑, 탬핑	정량고르기 후 고정, 고르기 후 탬핑(다지기)
7	열수 흘리기	추출 버튼을 눌러 추출물을 흘린다.
8	상부청소	필터바스켓 상부청소를 한다.
9	장착	그룹헤드에 포타필터를 장착한다.
10	추출	투샷 40~60ml 에스프레소
11	제공	친절한 서비스
12	마무리	커피 찌꺼기 제거 및 작업대 정리

(2) 각 동작의 상세 설명

■ 잔 데우기

에스프레소는 온도를 중요시 여긴다. 추출 전 잔 데우기를 하여 온도를 유지시켜주고 맛과 향이 날아가는 것을 방지한다. 잔 데우기를 하는 이유는 잔의 온도를 올리기 위한 것과 온수로 잔의 청결을 유지하기 위해서도 한다.

■ 커피 분쇄

커피는 분쇄되면서 급속도로 향기가 사라지므로, 분쇄되어 있는 시간만큼 맛과 향, 신선도는 떨어진다. 그러므로 신선한 에스프레소를 위해서는 항상 추출 직전에 커피분쇄를 해야 한다. 보통 그라인더 디스펜서에 분쇄된 상태로 보관을 하게 되면 커피의 신선도가 지켜지는 시간을 20분 안쪽으로 본다.

■ 필터건조

포타필터 건조는 깨끗한 리넨이나 행주로 하는데, 가능한 신속하게 2~3초안에 끝낸다. 포타필터 건조를 하는 이유는 추출 후 물기가 남아 있는 포타필터에 분쇄된 커피를 담게 되면 물과 커피가 만난 그 위치에 뭉치는 현상이 일어나면서 커피케이크가 고른 상태가 될 수 없기 때문이다.

> Tip! 커피분쇄에서부터 포타필터 장착/ 추출까지의 시간을 가능한 짧게 처리하여야 신선하고 맛있는 커피를 추출할 수 있다. 그 이유는 포타필터의 온도가 정상적인 에스프레소 추출 온도를 만들기 위해 뜨거운 상태로 보관되어 있기 때문이다. 오랜 시간 포타필터에 담겨져 있는 커피는 그 신선도를 잃게 된다.

■ 도우징 커피받기

균일한 도우징이 일정한 에스프레소의 추출을 가능케 한다. 이 기술은 꾸준한 훈련을 통하여 숙련되는 동작이며 바리스타 감각으로 정확한 커피의 양을 조절해야 한다.

사용하는 커피의 특징을 잘 파악하여 어느 정도 양으로 추출을 하면 가장 맛있는 에스프레소가 되는지 알아야 한다. 보통은 커피를 과다하게 담는 경우가 많은데, 그렇게 되면 절대로 고른 추출이 이루어지지 않는다.

그리고 커피를 받을 때는 필터바스켓 전체에 커피가 골고루 퍼지도록 빈 공간을 채우며 도우징한다.

■ 수평 맞추기

수평 맞추기 동작으로 내가 원하는 커피의 양으로 일정하게 추출할 수 있으며 커피케이크의 밀도 형성도 고르게 할 수 있다. 이 동작이 정확하지 않으면 균형잡힌 맛으로 추출하기 어렵다. 그것은 포타필터에 충격을 가할 때마다 커피의 밀도가 변화하기 때문이다. 과도한 2차 태핑과정은 커피 케이크의 균열을 주어 추출물 유속의 흐름이 올바르지 못하고, 부분적으로 과다 추출 현상이 일어날 수 있기 때문에 생략하거나 부드럽게 충격을 준다.

■ 탬핑 다지기

탬핑은 기술적인 면에서 바리스타가 하는 마지막 추출 기술이기도 하다. 정확한 수평 밀도를 맞추지 못하면 올바른 에스프레소를 추출하기 어렵다. 정확한 탬핑을 하기 위해서는 체중의 힘을 오로지 밑으로만 전달해야 하며 탬퍼 손잡이가 수직 상태를 유지하여야 한다.

■ 열수 흘리기

　추출 전 열수 흘리기는 그룹이 공기와 접촉하여 온도가 떨어져 있어서 샤포망을 데워주는 역할을 하고, 샤포망에 낀 커피 찌꺼기를 청소해주는 역할도 한다. 또 처음에 너무 높은 온도로 커피가 추출되는 것을 막을 수 있다. 대기 시간이 길어지면 추출 전 열수 흘리기의 시간을 늘려 90~95도의 알맞은 온도로 추출을 해야 한다.

■ 필터 바스켓 상부청소

　필터바스켓 상부와 개스킷고무패킹의 접촉은 물이 새는 것을 막고 동시에 바스켓을 밀폐시켜서 압력 형성에 도움을 준다. 개스킷이 마모하게 되면 정확한 압력으로 추출을 하지 못한다. 그래서 추출 직전에는 항상 개스킷의 마모를 줄이기 위해 필터바스켓 상부청소를 해야 한다.개스킷은 6개월~1년을 사용하면 교체한다.

3. 드립

드립Drip은 넓은 의미로 보면 에스프레소 추출과 같이 기계는 사용하지 않고 추출 기구를 사용하여 커피를 만드는 것을 의미하며 좁은 의미로 보면 물, 주전자 즉, 드립포트Drip pot와 드립퍼Dripper를 사용하여 커피를 추출하는 방법을 말하며 멜타Melitta, 칼타Kalita 등을 말하는데, 종이필터를 사용하는 겨우나 융으로 만들어진 드립퍼를 사용하는 추출방법을 의미한다.

1) 드립과 에스프레소

드립과 에스프레소 머신을 이용한 추출 방법은 각기 그 특성이 다르며 나름대로의 장점을 가지고 있다커피추출방법상의 차이이다.

	드립	에스프레소
맛의 특성	부드럽고 깔끔한 맛	진하고 복합적인 맛
적용	주로 단종커피	블렌딩 커피 사용
추출시간	시간이 비교적 오래 걸림	신속한 추출이 가능
메뉴	메뉴가 제한	다양한 메뉴의 제공이 가능
기구	가격이 저렴, 추출기구가 다양	고가

2) 드립의 도구

(1) 드립퍼

여과지Filter Paper를 올려놓고 분쇄된 커피를 담는 기구를 말하며 재질과 구조 그리고 크기에 따라 다양한 종류가 있다. 그런데 각기 형태에 따라 같은 커피를 사용하여 추출하여도 커피의 맛이 달라지므로 종류별로 그 특성을 이해해야 원활한 추출이 이루어진다.

플라스틱	도기	금속
취급이 용이, 가격이 저렴	무게가 있어 안정감이 좋고 보온성이 뛰어남	동이나 스테인리스 재질
보온성이 좋지 않음	파손위험이 크다.	고가인 반면 보온성은 좋지 않음
지속적 사용 시 변형될 수 있음	추출 전에 예열해서 사용해야 함	장식적인 효과가 좋음
세척 시 흠이 생길 수 있음	물의 흐름이 나쁜 경우가 많음	

- 리브Rib : 드립퍼 내부의 요철을 말하며 물을 부었을 때 필터를 빠져나온 액체가 흘러내려가는 통로 역할을 해 준다. 드립퍼 종류에 따라 리브의 높이와 수가 다르게 설계되어 있는데 리브의 수가 많고 구 높이가 높을수록 물의 통과가 잘 된다. 또한 추출을 마친 후에 페이퍼 필터를 제거하기 쉽게 해 준다.

(2) 드립포트

물을 붓는 주전자를 드립포트라고 하는데, 그 모양이 일반 주전자와 다르며 드립을 위한 전용 주전자를 말한다.

■ **드립포트의 구조**

드립포트의 배출구는 s자 형태로 되어 있다. 이를 학구라고 부르며, 만일 직선형 구조로 되어있으면 유속이 너무 빨라져 커피에 충격을 주게 되므로 거칠게 추출된다. 배출구가 좁을수록 물줄기가 가늘어져 컨트롤이 원활하나 물의 힘은 약해지므로 이 점을 유의해서 구입해야 하며 손잡이가 편리한 것이 사용하기 좋다. 드립포트는 직접 불에 올려놓으면 안 되며 사용 후에는 물을 버리고 엎어놓고 보관하는 것이 좋다.

■ 드립포트의 선택

너무 크면 취급하는데 힘이 들어가고 섬세한 컨트롤이 어려우며 크기가 작으면 사용하기 쉬우나 물줄기의 힘이 약하고 중간에 물을 채워야 하는 불편이 따를 수 있으므로 평소 추출하는 양에 따라 선택하는 것이 좋다.

(3) 여과지 filter paper

여과지는 천연펄프와 표백 여과지가 있으며 표백여과지는 천연펄프 여과지에 비해 맛의 재현성이 우수하다. 페이퍼 드립은 페이퍼가 커피의 지방성분을 흡수하게 되어 깔끔한 느낌의 커피가 추출되고 융 드립은 커피가 걸쭉하면서 부드러운 맛이 난다. 페이퍼는 일회용이므로 융드립에 비해 사용이 간편하다.

3) 드립의 자세 및 물줄기

■ 자세

- 다리는 어깨너비 정도 벌려 안정감이 들도록 한다.
- 팔의 각도는 90~100°로 유지
- 팔을 어깨에 밀착: 손바닥 하나 들어갈 정도 간격 유지
- 한 쪽 어깨가 올라가지 않도록 주의할 것
- 팔에 무리한 힘을 빼 줄 것
- 드립포트와 엄지와 팔이 일직선이 되도록 할 것
- 손목이 아니라 팔 전체를 이용하여 스윙을 해야 흔들림이 적다.
- 드립 테이블의 높이는 70~80cm정도가 적당하다.
- 한 손은 테이블을 잡아 몸의 흔들림을 방지

■ 물줄기

물줄기 방법은 추출이론이나 개인마다 다양한데, 다음은 하나의 예이다.
- 두께는 직경 2~3mm 정도, 처음 부을 시 2mm / 후반부에는 3mm 정도

- 물을 붓는 것이 아니라 얹듯이 해야 한다.
- 수압과 물줄기의 굵기를 적절히 컨트롤 할 수 있어야 한다.
- 드립포트와 커피가루 사이의 간격은 되도록 가까운 것이 좋다.
- 물줄기는 커피 가루 면에 수직으로 주입될 수 있도록 부어야 한다.

4) 준비도구 및 준비과정

■ 준비도구

- 스톱워치, 계량스푼, 드립포트, 페이퍼필터, 드리퍼, 커피잔, 온도계, 서버, 커피, 그라인더

■ 준비과정

순서	내용
1	페이퍼를 접은 후 드리퍼에 잘 밀착시킨다.
2	커피를 계량한 후 적정한 그라인딩을 한 후 드리퍼에 담는다.
3	분쇄된 커피를 드리퍼에 담은 후 표면이 평평하게 될 수 있도록 살짝 쳐준다.
4	컵에 따뜻한 물을 부어 컵을 예열한다.
5	드립포트에 온도계를 꽂은 후 주전자의 끓는 물을 부어준다.
6	드립포트의 뜨거운 물을 서버에 부어준 뒤 다시 드립포트에 부어 주길 반복하여 물의 온도를 추출하기 적당한 온도로 유지한다.

5) 뜸적셔주기

드립 추출의 일 단계는 바로 뜸이다. 뜸이 잘 들어야 커피성분이 원활하게 뽑혀 맛있는 커피를 만들 수 있다. 그런데 초심자들이 가장 어려워하는 과정이 바로 뜸이다. 왜냐하면 커피가 팽창하기 전이고 포트에 물이 많아 기울이기 어려워 커피와 포트 사이의 거리가 멀어 물을 정확히 붓기 어렵기 때문이다.

■ 뜸 과정

물을 부어 뜸을 들이게 되면 반작용표면장력+가루팽창+탄산가스 압력에 의해 물이 균일하게 확산되면서 가루 전체에 고르게 퍼지게 되어 뜸이 들게 된다. 만일 위에서 부어주는 물의 힘이 가루의 반작용을 상회하면 한 쪽으로 힘이 쏠려 물길이 만들어지고 또 가루 표면이 꺼지게 된다.

■ 뜸을 들이는 이유

커피에 물을 주입하면 커피 입자가 물을 흡수하게 되어 커피의 수용성 성분이 물에 녹게 되어 추출이 원활하게 이루어진다. 만일 이런 뜸 과정 없이 바로 추출을 하게 되면 수용성 성분이 물에 용해될 시간이 없어 싱거운 커피가 추출될 수밖에 없게 된다. 또한 커피에 함유되어 있는 탄산가스와 공기를 빼주는 역할을 해 준다. 뜸이 제대로 들어 잘 부풀어 올라 활성화가 되어 커피가 가지고 있는 맛과 향을 제대로 표현할 수 있다.

■ 뜸의 종류

뜸을 줄때 커피의 상태에 따라 그에 맞는 양을 주입 해 주어야 하며 만일 물을 과도하게 주거나 너무 적게 주게 되면 커피가 제대로 추출되지 않게 된다.

뜸의 종류	내용	결과
주입량이 너무 적은 경우	활성화가 잘 안되어 원활한 추출이 이루어지지 않고 그에 따라 쓴맛, 신맛, 떫은맛, 텁텁한 맛 등 불필요한 맛까지 지나치게 추출될 수 있다.	Under추출
주입량이 너무 많은 경우	추출이 과다하게 되어 중후한 느낌이 떨어지며 개성이 없는 커피가 된다.	Over추출/추출과다
주입량이 적당한 경우	뜸을 주고 나서 서버에 커피 방울이 똑똑 떨어질 정도가 적당하다.	적정추출

■ 뜸 방법

뜸을 주는 방법은 여러 가지가 있으나 일반적으로 나선형 방법이 가장 널리 사용된다. 나선형은 중앙에서 시작하여 점차 외곽으로 나아가면서 원을 점차 키운다는 느낌으로 물을 주입하는 방법이다, 이 때 물을 가늘고 촘촘하게 빠짐없이 주어야 하며 한 곳에 계속 머물게 되면 의도하지 않을 추출이 이루어지게 되므로 주의해

야 한다. 또한 촘촘하게 주지 않으면 뜸이 들지 않는 부분이 생겨 커피 맛이 제대로 뽑히지 않게 된다. 뜸을 줄 때 페이퍼에 직접 물이 닿으면 드립퍼를 타고 물이 서버로 흘러 들어가게 되어 커피가 싱거워지므로 뜸을 줄 때 너무 끝까지 가지 않도록 한다.

6) 추출방법

(1) 나선형 추출

카리타나 메리타 추출 시 널리 쓰이는 방법이며, 중앙에서 시작하여 외곽으로 나갔다가 다시 중앙으로 원을 그리며 물을 주입하는 방법으로 결국 두 번을 물을 주입하게 된다. 따라서 커피 추출이 신속하게 이루어지며 부드러운 맛을 표현하는데 알맞은 방법이다. 이 때 드립퍼의 중앙 부분은 커피의 양이 외곽에 비해 상대적으로 많으므로 천천히 주입하고 외곽은 조금 빨리 물을 주입해 주어야 한다. 또한 익숙하지 않은 경우 밖으로 나아갈 때는 천천히 주고 안으로 들어 올 때는 빨리 주는 경향이 있는데 밖으로 나갈 때와 중앙으로 다시 들어 올 때 물을 주는 속도가 일정해야 한다.

(2) 꽃무늬 스프링식 추출

고노나 하리오 또는 융 추출 시 쓰이는 방법으로 나선형 보다 작은 원을 그리며 물을 주입하는 방법으로 1차 추출 시 대략 작은 원의 수가 12회 정도이며 점차 그 원이 커지면서 횟수가 줄어들게 된다. 주입하는 원이 작아 스윙 시에 잘못하면 물줄기가 끊기거나 출렁이게 되므로 보다 세심한 추출기술을 필요로 한다.

(3) 추출시 유의사항

- 물을 부어줄 때 수구의 높이는 가능한 한 낮게하여 충격을 방지해야한다.
- 지나치게 외곽으로 몰릴 경우 잡맛이 나올 가능성이 크다.
- 페이퍼에 물이 직접 닿지 않도록 해야 한다.
- 추출 시 스윙은 상하가 아니라 좌우로 할 것.
- 추출이 한 쪽으로 치우치거나 중심부에만 치중되지 않도록 면적이 넓게 추출해야 한다.
- 뜸을 들인 후 커피가 부풀어 오르다가 멈추는 시점에 추출을 하기 시작한다.

(4) 맛의 변화

(5) 상태별 물의 주입량과 추출 타이밍

커피를 잘 추출하기 위해서는 커피의 상태를 보고 주입하는 물의 양이 적당한지 또는 추출 타이밍이 적절한 지를 판단할 수 있는 능력을 키워야 한다. 즉 커피를 추출하기 전에 분쇄된 커피의 로스팅 단계 뿐만 아니라 로스팅을 한 후 얼마나 시간이 경과 되었는지 그리고 추출하려는 커피의 양에 따라 뜸을 들일 때 물의 양과 스윙속도가 달라지며 뜸을 들인 후 1차 추출시 들어가는 시간이 달라진다.

로스팅 정도	커피량	커피의 신선도	뜸줄 때의 주입량	1차 추출 타이밍
Light	적음	오래됨	적게 준다	빨리 들어간다
Medium	중간	중간	중간	중간
High	많음	신선함	많이 준다	천천히 들어간다

(6) 커피 양과 추출 양

인분	기준 커피량	기준 추출량	실제 커피량	실제 추출량
1인분	10g	150cc	13~15g	200cc
2인분	20g	300cc	18g(-2g)	300cc
3인분	30g	450cc	27g(-3g)	450cc

(7) 로스팅 단계에 따른 추출의 변화

로스팅 정도	수분 함량	조직 강도	맛	추출 온도	뜸 시간
Light	많음	단단함	신맛	87~90도	30~35초
Medium	중간	중간	신맛+쓴맛	84~87도	25초
High	적음	무름	쓴맛	80~84도	15초

7) 추출 시 발생하는 문제점

추출을 처음하게 되면 보통 커피 맛이 싱거우면서 뒷맛은 텁텁하거나 날카로운 맛이 나는 경우가 많은데 이는 뜸을 제대로 주지 못하고 일차 추출에서 커피 성분을 충분히 뽑아내지 못하기 때문이며 또한 물을 주는 방법이 익숙지 않아 물줄기에 힘이 약해 물을 부어주어도 추출이 잘 되지않고 드립퍼 안에 머무는 양이 많아 추출시간이 오래걸려 발생하는 현상이다.

원인	현상	결과
뜸을 제대로 못 준다.	■ 물줄기가 너무 굵어 커피액이 많이 추출되었다. ■ 활성화를 원활히 해주지 못한다 (잘 부풀어 오르지 않는다). ■ 물을 너무 적게 부어 주었다. ■ 커피에 고르게 물을 주지 못한다.	■ 커피 맛이 싱거워진다. ■ 플레버가 약하고 커피 맛이 단조롭다. ■ 추출시간이 오래 걸리게 되어 커피 맛이 텁텁해진다. ■ 물이 가지 않은 곳은 뜸이 들지 않고 추출할 때 비로소 뜸이 들게 되어 커피 맛이 싱거워진다.
물을 제대로 부어주지 못한다.	■ 1차 추출 시 서버에 커피액이 별로 추출되지 않았다. ■ 물을 부어주어도 커피가 잘 추출되지 않고 드리퍼에 머물러있는 물의 양이 너무 많다. ■ 스윙이 일정하지 않고 원을 제대로 그리지 못해 물을 주지 못하는 부분이 발생한다.	■ 커피 맛이 단조롭다. ■ 추출시간이 너무 길어져 과추출되고 이에 따른 잡미로 인해 뒷맛이 텁텁해진다. ■ 추출이 편중되어 실제 추출되는 커피양이 적어지게 되므로 커피 맛이 약해진다.
드립포트로 드리퍼를 건드린다.	■ 포트를 너무 들게 되어 물줄기가 가늘어진다.	■ 충분한 물이 주입되지 않아 추출이 원활하게 이루어지지 않는다.

4. 사이폰 추출하기

   1840년 경 영국의 로버트 네이피어가 진공방식의 추출기구를 개발하였고, 1924년 일본의 고노에 의해 사이폰이라는 명칭으로 상품화 하였다. 사이폰은 증기압의 차이를 이용해 추출하는 진공여과기로 퍼포먼스적 성격으로 보면 최고라 할 수 있지만 편의성 면에서 볼 때 뛰어난 매력을 가진 기구는 아니다. 사이폰으로 맛있게 커피를 내리기 위해서는 커피분쇄량과 물의 양을 조절해야 한다.
   사이폰은 로드와 플라스크하부, 필터, 열원으로 나뉜다.

■ 추출방법

① 플라스크에 물을 넣어 가열한다.
② 로드에 필터를 설치하고 분쇄한 커피를 골고루 담아서 물이 끓기 전까지 비스듬히 꽂아 둔다.
③ 로드를 플라스크에 결합한다.
④ 물이 로드로 밀려 올라오면 막대를 이용해 교반시켜 준다.
⑤ 열원을 제거한다.
⑥ 로드의 튜브를 통해 커피가 내려온다.
⑦ 추출이 끝나면 로드를 플라스크에서 분리하여 잔에 따른다.

5. 콜드 워터 브루잉 Cold Water Brewing, 찬물추출, 더치 추출하기

찬물추출 cold water brewing 의 시작은 여러 설이 존재한다. 더치커피 dutch coffee 라고 불리는 데서도 말에서 알 수 있듯이 네덜란드인들이 처음 고안하여 만들어 먹은 것도 있지만, 다들 알다시피 인도네시아에는 아라비카 종 보다는 로부스타 종이 많이 생산이 된다. 이 로부스타 종의 쓴맛을 없애기 위해 만들어 먹던 전통 방식중 하나이다. 그 후 네덜란드인들이 그 방식을 따라 고안해 지금의 더치커피가 되었다. 이것 또한 2가지 설이 있다.

하나는 한창 식민지 전쟁을 치르는 중에 사기가 떨어진 군인들을 위해 대량의 커피를 손쉽게 만들어 먹는 방식을 찾고자 100인분에 해당되는 커피를 간편히 내린 방식과 또 하나는 대항해시대 장시간 배로 이동하는 시간이 잦았는데 매번 뜨거운 물로 커피를 추출하는 것이 어려운 점과 변질되지 않게 보관 하는 것이 여의치 않아 오랫동안 커피를 마실 수 있는 방법으로 상온의 생수를 한 방울씩 떨어뜨려 추출하는 방법을 고안하게 됐다고 한다. 현대에 들어서는 다양한 사이즈, 디자인, 가격의 기구들이 천차만별로 존재한다.

우리나라에서는 더치커피로 많이 알려져 있고 마시고 있지만, 정식으로는 콜드 브루 커피 cold brew coffee, 또는 콜드 워터 드립 커피 cold water drip coffee 라고 하는 게 옳다.

■ 추출방법

커피의 맛과 향을 결정짓는 모든 요소들은 다음과 같다.
① 그린커피의 생산지, 종류
② 그린커피의 로스팅, 블렌딩 정도
③ 로스팅 된 커피 원두의 신선도
④ 커피 원두의 분쇄 입도
⑤ 분쇄된 커피의 사용량
⑥ 추출에 사용하는 물의 질과 양, 온도
⑦ 물과 분쇄된 커피와의 접촉시간과 물의 압력
⑧ 추출기구에 따른 여과지의 종류

콜드 워터 드립 커피 또한 여러 가지 추출 방법 중에 하나이다. 커피는 철저한 기호식품이므로 제일 맛있는 콜드 워터 드립 커피를 만드는 것 또한 매우 어려운 작업중 하나이다. 콜드 워터 드립 커피를 만드는데 있어 가장 먼저 해야 할 일은 맛의 표현, 즉 원두의 선택이다. 보통 한가지의 원두를 가지고 내리는 경우도 있지만 긴 시간 찬물로 내려야 하는 특성상 보통 3~4종류의 원두를 블렌딩해서 맛을 표현하는 방식을 많이 따르는 추세이다. 에스프레소 원두의 경우 보통 브라질, 콜롬비아를 베이스로 특성에 따라 다른 2종류의 원두를 더 블렌딩 하는 경우가 많다. 콜드 워터 드립 커피의 경우 주로 에티오피아나 아프리카 계열의 향이 뛰어난 커피들을 베이스로 선택하는 것이 좋다.

  원두가 결정 되었다면 그다음으로 중요한 작업은 분쇄이다. 보통 모카포트의 분쇄보다 약간 더 거칠게 하는 경우가 많지만 사용한 원두나 추출시간, 날씨등을 고려하여 조금씩 다르게 해주어야 한다. 커피 사용량은 보통 3리터의 커피를 만드는 기구를 기준으로 했을때 350~400g 정도의 원두를 사용한다.

6. 이브릭 추출하기

이브릭은 가장 오래 된 추출 도구로 곱게 분쇄한 커피를 물과 설탕을 넣어 끓이는 방식달임 방식이며 튀르키에 사람들이 굉장히 진하게 마시는 커피이다.

■ **추출방법**

① 이브릭에 커피가루, 설탕, 물을 넣는다.
② 열원에 올려 끓여 준다.
③ 약한 불에 끓이다가 저어 주면서 끓어 오르면
    열원에서 빼내주고를 2~3 차례 반복한다.
④ 커피가루가 가라앉기를 조금 기다렸다가
    따라 마신다.

기출문제 5. 커피 추출

01 커피 추출에 대한 의미로 알맞지 않은 것은?

① 커피 추출은 그린커피를 로스팅 한 후 원두가 가지고 있는 맛과 향을 우려내기 위한 과정이다.
② 적정한 크기로 분쇄 한 후 여러 가지 다양한 추출 기구를 이용하여 커피의 성분을 뽑아내는 것을 말한다.
③ 추출은 영어로 Extraction 또는 Brewing이라고 한다.
④ 커피 추출을 하기 위해 커피 성분을 뽑아 낼 때는 꼭 뜨거운 물을 사용해야 커피의 성분이 나올 수 있다.

해 설 콜드 워터 브루잉에서는 찬물로 추출한다.

02 커피 추출 과정의 순서가 알맞은 것은?

① 그린커피→로스팅→분쇄→물 투입→커피성분 용해→커피성분 용출
② 그린커피→로스팅→분쇄→커피성분 용출→물 투입→커피성분 용해
③ 로스팅→그린커피→분쇄→물 투입→커피성분 용해→커피성분 용출
④ 로스팅→그린커피→분쇄→커피성분 용출→물 투입→커피성분 용해

03 에스프레소 커피가 가늘게 떨어지다가 나오지 않는다. 문제점으로 알맞은 것은?

① 그라인더에서 원두 갈림 상태가 너무 가늘고 양이 많은 경우
② 매장의 온도가 갑자기 높아지는 경우
③ 포타필터에 원두가 적게 담겨 있을 경우
④ 탬핑 시 힘이 약한 경우

04 커피 추출 시 끓는 물에 분쇄한 커피를 넣고 같이 끓이는 방식을 무엇이라고 하는가?

① 가압추출법　　　　　　　　　② 달임법
③ 여과법　　　　　　　　　　　④ 진공여과법

해 설 튀르키예식 커피(터키식 커피)가 대표적인 달임법에 해당된다.

05 침지 원리에 의한 커피 추출기구가 아닌 것은?

① 이브릭　　② 사이폰　　③ 퍼컬레이터　　④ 프렌치 프레스

해 설　퍼컬레이터는 투과 원리에 의한 추출기구이다.

06 다음은 무엇에 관한 설명인가?

> 커피 추출방식 중 커피가루에 뜨거운 물을 부은 후에 3~4분 정도 기다린 다음 필터를 천천히 내려서 커피 찌꺼기를 분리하는 기구

① 에스프레소　　　　　　　　② 프렌치프레스
③ 드립커피　　　　　　　　　④ 콜드 브루 커피(더치커피)

07 커피 추출방식 중 드립에 대한 설명으로 알맞은 것은?

① 끓는 물에 분쇄한 커피를 넣고 같이 끓인 후 커피를 마시는 방법
② 커피가루에 뜨거운 물을 부은 후 압력을 가해 커피를 추출하는 방법
③ 여과용 필터에 커피가루를 담은 후 물을 부어 커피성분만을 추출하는 방법
④ 커피가루에 뜨거운 물을 압력을 가하여 통과시켜 커피액을 추출하는 방법

해 설　①달임법 ②우려내기 ④가압추출법에 대한 설명이다.

08 커피 추출 방식 중 여과용 필터에 커피가루를 넣은 후 물을 부어 커피성분만을 추출하는 방식으로 알맞지 않은 것은?

① 융 드립　　　　　　　　　② 페이퍼 드립
③ 콜드 워터 드립　　　　　　④ 모카포트

해 설　모카포트는 증기압에 의한 커피를 추출하는 방식이다.

09 커피 추출 방식 중 6~7g의 커피를 20~30초 동안 7~9bar의 압력으로 추출하는 커피를 무엇이라 하는가?

① 에스프레소 커피　　　　　② 콜드 브루 커피(더치커피)
③ 드립 커피　　　　　　　　④ 베트남커피

10 좋은 커피를 위한 조건으로 맞지 않는 것은?

① 신선한 원두로 로스팅 한지 3개월이 지난 원두를 사용한다.
② 추출기구와 로스팅 단계에 맞게 분쇄하여 사용한다.
③ 커피의 특성에 알맞은 추출기구를 선택한다.
④ 로스팅 단계에 따라 정확한 온도의 물로 추출한다.

> **해설** 신선한 원두는 로스팅한 지 1개월 이내의 원두이다. 실험에 의하면 로스팅한 지 2주일 후가 가장 좋다.

11 커피 추출을 하기 위해 분쇄 입자 크기를 결정해야 할 때 가장 중요하게 고려해야 할 사항은?

① 커피의 종류　　　　　　　② 로스팅의 정도
③ 온도와 습도　　　　　　　④ 추출 방식의 특성

> **해설** 에스프레소는 가는 분쇄, 드립은 중간분쇄 등 추출 방식에 따라 분쇄도를 달리 해야 한다.

12 커피 산패에 영향을 미치는 요인으로 보기 어려운 것은?

① 산소　　　　　　　　　　② 수분
③ 로스팅 시간　　　　　　　④ 온도

> **해설** 커피의 산패요인에는 산소와의 접촉, 온도와 습도, 로스팅 정도, 분쇄도, 포장 및 보관상태 등이 있다.

13 커피 추출 과정에 대한 설명으로 알맞지 않은 것은?

① 그룹헤드를 청결하게 유지해야 커피가 맛있다.
② 물기 있는 컵은 기계 위에 올려놓아야 잘 마른다.
③ 포타필터를 사용하지 않을 때는 그룹헤드에 장착해둔다.
④ 스팀노즐은 사용 전후로 반드시 닦아 준다.

> **해설** 컵워머의 기능의 기능은 내장된 히터에 의해 잔을 예열하는 역할을 한다.

14 커피 다지기를 할 때 고려해야할 요소들은?

㉠ 로스팅 상태	㉡ 분쇄 굵기
㉢ 담은 양	㉣ 온도

① ㉠, ㉡, ㉢　　　　　　　② ㉠, ㉢
③ ㉡, ㉣　　　　　　　　　④ ㉠, ㉡, ㉢, ㉣

> **해설** 분쇄도는 정확해야만 되며, 커피 다지기를 할 때 온도는 상관이 없다.

15 바리스타가 서두르는 과정에서 포타필터가 그룹헤드와 충돌 후 삽입되었을 때 나타나는 현상은?

㉠ 추출 수량 감소	㉡ 다진 커피에 균열발생
㉢ 추출 수 온도변화	㉣ 고른 추출에 불리

① ㉠, ㉡, ㉢　　　　　　　② ㉠, ㉢
③ ㉡, ㉣　　　　　　　　　④ ㉠, ㉡, ㉢, ㉣

> **해설** 균열 발생시 유속이 비정상적으로 빨라질 수 있다. 즉 과소 추출이 될 수 있다.

16 좋은 커피 추출을 하기 위한 물의 특성으로 알맞지 않은 것은?

① 연수(단물) 0~75ppm, 신맛과 부드러운 맛
② 경수(센물) 약경수 75~150ppm, 마일드한 맛
③ 중경수 미네랄 함량 150~300ppm, 볼륨감과 쓴맛
④ 수돗물(연수) 중경수보다 신맛이 강하고, 쓴맛은 약하다.

해 설 경수는 커피의 쓴맛이 강하고, 볼륨감을 높인다.

17 커피 추출을 위한 물의 조건으로 알맞지 않은 것은?

① 신선한 물을 사용해야 한다.
② 냄새나 색이 없어야 한다.
③ 미네랄이 적당량 함유되어 있어야 한다.
④ 염소 성분이 적당량 함유되어 있어야 한다.

해 설 염소 성분이 없으며 수온이 섭씨 10~15도 정도가 좋다.

18 커피 추출 시 물의 온도와 맛에 관한 설명으로 알맞은 것은?

① 낮은 온도의 물로 추출하면 떫은 맛이 약해진다.
② 낮은 온도의 물로 추출하면 쓴맛이 강해진다.
③ 높은 온도의 물로 추출하면 날카로운 맛이 강해진다.
④ 높은 온도의 물로 추출하면 신맛이 강해진다.

해 설 낮은 온도는 신맛과 떫은맛이 강해지고, 높은 온도는 날카로운 맛이 강해진다.

19 에스프레소 추출 동작 중 팩킹(packing)에 속하지 않는 것은?

① 도우징(dosing)
② 태핑(tapping)
③ 스티밍(steaming)
④ 탬핑(tamping)

해 설 팩킹은 에스프레소 추출을 위하여 분쇄된 커피를 도우징, 태핑, 탬핑의 동작을 말한다.

20 핸들레버(doser handle lever)를 이용하여 분쇄된 커피를 포타필터에 담는 과정을 무엇이라고 하는가?

① 도우징(dosing)
② 태핑(tapping)
③ 팩킹(packing)
④ 탬핑(tamping)

21 에스프레소의 추출 과정을 바르게 설명한 것은?

① 분쇄→포타필터 분리→물기제거→도우징→레벨링→팩킹→열수 흘리기→포타필터 결합→추출
② 분쇄→포타필터 분리→물기제거→도우징→팩킹→열수 흘리기→레벨링→포타필터 결합→추출
③ 분쇄→포타필터 분리→물기제거→레벨링→팩킹→도우징→열수 흘리기→포타필터 결합→추출
④ 분쇄→포타필터 분리→물기제거→레벨링→팩킹→열수 흘리기→도우징→포타필터 결합→추출

22 에스프레소 추출 동작 중 다지기(tamping)에 대한 설명으로 알맞지 않은 것은?

① 1차 탬핑은 포타필터의 작업대에 거치한 상태에서 3kg의 힘으로 살짝 다지면서 수평을 맞추는 과정이다.
② 2차 탬핑은 포타필터에 붙어 있는 커피 가루를 털어내야 하므로 탬퍼 손잡이로 포타필터 옆면을 세게 한 두 번 충격을 준다.
③ 2차 탬핑은 13~20kg의 힘으로 커피를 다지는 과정이다.
④ 다지기는 수평밀도를 맞추는 것이 제일 중요하며 탬핑의 세기에 따라서 추출상태의 변화는 거의 없다고 보면 된다.

> **해설** 탬핑은 필터바스켓 안쪽에 붙는 커피가루를 털어내기 위함이지만 커피 케이크에 균열이 생기는 현상과 가장자리 균열 등의 문제로 생략하거나 아주 살짝 충격을 준다.

23 에스프레소 추출 과정 중 열수 흘리기에 대한 설명으로 알맞지 않은 것은?

① 추출 전 열수 흘리기는 그룹이 공기와 접촉하여 온도가 떨어져 있어 산포망을 데워주는 역할을 한다.
② 추출 전 열수 흘리기는 산포망에 낀 커피 찌꺼기를 청소해 주는 역할을 한다.
③ 추출 전 열수 흘리기는 처음에 너무 낮은 온도로 커피가 추출되는 것을 막는 역할을 한다.
④ 추출 전 열수 흘리기는 대기 시간이 길어지면 추출 전 열수 흘리기의 시간을 늘려 90~95도의 알맞은 온도로 추출을 해야 한다.

> **해설** 추출 전 열수 흘리기는 처음에 너무 높은 온도로 커피가 추출되는 것을 막을 수 있다.

24 드립 추출을 할 때 처음 녹임물을 붓는 이유로 알맞은 것은?

① 커피입자가 물을 흡수하여 커피의 수용성 성분이 물에 녹게 되어 원활한 추출이 이루어지게 하기 위함이다.
② 커피의 수용성 성분이 용해될 시간을 주지 않기 위함이다.
③ 표면장력과 가루팽창을 주어 탄산가스가 나오는 것을 막기 위함이다.
④ 가루 전체에 퍼지게 되는 반작용을 막기 위함이다.

25 드립의 추출 방법 중 널리 쓰이는 방법으로 중앙에서 시작하여 외곽으로 나갔다가 다시 중앙으로 원을 그리며 물을 주입하는 방법은?

① 꽃무늬(스프링식) 추출방법
② 점적식(점식) 추출방법
③ 나선형 추출방법
④ 동전식 추출방법

26 에스프레소 커피를 추출하기 전 그룹헤드의 물을 흘리는 동작의 의미로 옳지 않은 것은?

① 포타필터를 청결하게 하기 위한 동작이다.
② 머신의 정상 작동여부를 확인하는 동작이다.
③ 포타필터에 커피를 담기 전 혹은 담은 후에 행하는 동작이다.
④ 과열되어 있을 수 있는 추출 수의 온도를 낮추기 위한 동작이다.

> **해설** 샤워필터(산포망)에 남아있는 커피 잔여물을 제거하기 위한 목적도 있다.

27 과소추출(under extraction)의 원인과 이에 따른 현상에 대한 설명으로 알맞지 않은 것은?

① 너무 굵은 입도의 분쇄커피의 사용
② 적정량보다 적은 양의 커피를 사용
③ 과다추출 (over extraction)보다 오랜 크레마의 지속성
④ 기준온도보다 낮은 추출 온도

> **해설** **원두분쇄정도(입자)** - 분쇄 입자가 너무 굵은 경우
> **커피투입량** - 커피 투입량이 너무 적은 경우
> **물의 온도** - 너무 낮은 온도인 경우
> **추출시간** - 추출시간이 너무 짧은 경우
> **바스켓 필터** - 구멍이 너무 큰 경우

28 커피 추출 방식 중 내열유리 하부 플라스크와 상부 로트로 구성되며, 수증기의 압력으로 하부 플라스크의 뜨거운 물을 로트로 밀어올려 추출하는 도구는?

① 드립퍼
② 사이폰
③ 이브릭
④ 프렌치 프레스

29 한 잔의 에스프레소 커피를 추출하는데 45초 이상 걸리는 문제를 해결하기 위한 방법은?

① 분쇄도를 조금 더 가늘게 조정한다.
② 사용하는 커피의 양을 조금 더 늘린다.
③ 탬핑을 조금 더 강하게 한다.
④ 분쇄도를 조금 굵게 한다.

> **해설** 분쇄도를 굵게 하던지 커피 양을 줄인다.

30 네델란드 상인들에 의해 알려진, 찬 물로 장시간 추출하는 커피는?

① 콜드 브루 커피(더치커피) ② 모카커피
③ 사이폰커피 ④ 베트남커피

해설 콜드 브루 커피(Cold Brew Coffee)는 상온의 물을 사용하여 추출하는 커피로 카페인도 적고 자극도 적으면서 독특한 향을 가지는 커피를 만들 수 있다.

31 달임방식의 커피로 커피를 거르지 않고 물과 함께 끓인 후 마시므로 강한 바디를 느낄 수 있는 커피는?

① 모카 커피 ② 사이폰 커피
③ 이브릭 커피 ④ 루왁 커피

32 커피의 추출방식과 커피의 연결로 틀린 것은?

① 달임방식 - 이브릭 커피 ② 압력방식 - 모카포트 커피
③ 여과방식 - 드립추출 커피 ④ 달임방식 - 찬물추출 커피

해설 콜드 브루 커피(Cold Brew Coffee): 찬물추출 커피, 더치커피

33 에스프레소 추출 동작 중 잔 데우기의 이유로 바르지 못한 것은?

① 온도를 유지시켜 맛과 향이 변하는 것을 방지한다.
② 잔의 온도를 올린다.
③ 온수로 잔의 청결을 유지한다.
④ 물의 온도는 40℃ 내외로 하여 위험을 방지한다.

34 커피 추출 방식 중 침지식 추출 방식에 해당하는 기구와 거리가 먼 것은?

① 프렌치 프레스 ② 콜드 워터 브루잉
③ 튀르키예식 커피(터키식 커피) ④ 퍼컬레이터

해설 콜드 워터 브루잉은 여과식 추출 방식이다.

35 다음은 추출의 방법 중 어느 것에 관한 설명인가?

> 뜨거운 물과 커피 추출액이 반복하여 커피 층을 통과하면서 가용 성분을 추출한다.

① 반복 여과 추출(percolation) ② 진공 여과 추출(vacuum filtration)
③ 침출 (leaching) ④ 가압 여과 추출(pressurized infusion)

해설 퍼컬레이터가 추출 도구이다.

36 커피를 추출하는 도구 중에서 드립 여과식 추출방법인 것은?

① 프렌치프레스 ② 튀르키예식 커피(터키식 커피)
③ 커피메이커 ④ 모카포트

해 설 **프렌치프레스** : 우려내기(추출 용기 안에 뜨거운 물과 커피가루를 섞은 후 커피 성분이 추출되도록 하는 방식)
터키식 커피 : 달이기(추출 용기 안에 물과 커피가루를 섞은 후 가열하여 커피 성분이 추출 되도록 하는 방식)
모카포트 : 가압 추출(기압 된 물이 커피 케이크를 통과아여 커피를 추출하는 방식)

37 커피 추출도구 중 에스프레소 커피기계와 유사한 추출방식의 가정용 에스프레소 추출도구는?

① 드립퍼 ② 사이폰
③ 프렌치프레스 ④ 모카포트

해 설 **드립퍼** : 드립여과
사이폰 : 베큐엄 브루어
프렌치프레스 : 우려내기

38 다음은 추출의 방법 중 어느 것에 관한 설명인가?

> 2~10 기압의 뜨거운 물이 커피 케이크을 빠르게 통과하면서 가용성 향미 성분과 불용성인 커피 기름과 미세한 섬유질 그리고 가스를 함께 유화시켜 짙은 농도의 커피를 만든다.

① 반복 여과 추출(percolation)
② 진공 여과 추출(vacuum filtration)
③ 달이기(decoction)
④ 가압 추출(pressurized infusion)

해 설 모카포트 추출 도구이다.

39 다음은 추출의 방법 중 어느 것에 관한 설명인가?

> 넬(nel) 드립이라고도 하는데, 이는 플란넬(flannel)의 일본식 표현이며, 드립 중 가장 풍성한 맛을 추출하는 기구로 '여과법의 제왕'으로 불린다

① 융 추출 ② 메리타 추출
③ 고노 추출 ④ 칼리타 추출

해 설 **메리타 추출** : 추출구가 한 개이므로 드립퍼 안에 머무는 물의 양이 많은 것이 특징이다.
고노 추출 : 같은 양의 커피를 담았을 때 커피층이 더 높으며 또한 리브가 짧고 수가 적으며 추출구가 한 개로 물이 커피를 통과하는 시간이 길어지므로 더 진한 커피를 추출 할 수 있다.
칼리타 추출 : 메리타 드립퍼를 변형하여 일본 칼리타사에서 추출구를 3개로 늘려 물이 잘 빠지도록 제작 하였다.

40 커피 추출 과정에서 항상 데워져 있어야 하는 것은?

㉠ 그룹헤드	㉡ 잔
㉢ 포타필터	㉣ 탬퍼

① ㉠, ㉡
② ㉠, ㉢
③ ㉡, ㉣
④ ㉠, ㉡, ㉢, ㉣

41 에스프레소 커피 추출에 사용되는 도구에 대한 설명으로 알맞은 것은?

① 블라인드 필터(blind filter) - 구멍이 막힌 필터로 그룹헤드 청소 시 사용된다.
② 개스킷(gasket) - 포타필터에서 필터바스켓이 빠지지 않도록 잡아주는 역할을 한다.
③ 넉박스(knock box) - 커피를 보관하는 도구이다.
④ 탬퍼(tamper) - 필터 바스켓에 분쇄된 커피를 담는 도구이다.

> **해설** 개스킷(gasket) - 추출시 고온 고압의 물이 새지 않도록 차단하는 역할을 한다.
> 넉박스(knock box) - 커피 케익 버리는 통
> 탬퍼(tamper) - 포타필터에 커피를 채우고 단단하게 눌러주는 도구이다.

42 커피 추출의 개념에 대한 설명으로 ( )에 적합한 것은?

> 추출은 커피가루 입자 표면에 있는 성분을 씻어내는 (㉠) 과정과 입자 내부에서 표면으로의 (㉡) 과정으로 나눌 수 있다.

① ㉠ 확산(diffusion) ㉡ 세정(washing)
② ㉠ 퍼콜레이션(percolation) ㉡ 세정(washing)
③ ㉠ 세정(washing) ㉡ 확산(diffusion)
④ ㉠ 확산(diffusion) ㉡ 퍼콜레이션(percolation)

> **해설** 커피층 내에서 물의 이동은 우선 가루와 가루 사이에 있는 공기를 물이 밀어내고 들어앉아 커피 가루를 적시고, 고체층커피 가루에 무엇인가를 축적시키지 않고 빠져나가는 것으로 이를 퍼콜레이션(percolation, 침출)이라고 한다.

정답

01 ④	02 ①	03 ①	04 ②	05 ②	06 ②	07 ③	08 ④	09 ①	10 ①
11 ④	12 ③	13 ②	14 ①	15 ③	16 ②	17 ④	18 ③	19 ③	20 ①
21 ①	22 ②	23 ③	24 ①	25 ①	26 ①	27 ③	28 ②	29 ④	30 ①
31 ③	32 ④	33 ④	34 ②	35 ①	36 ③	37 ④	38 ④	39 ①	40 ①
41 ①	42 ③								

Part 6
커피음료 우유포밍
Coffee Milk Foaming

You will become a Good Barista!

Part 6. 커피음료 우유 포밍

1. 우유

1) 우유의 성분

우유에는 단백질, 지방, 당질, 비타민, 칼슘, 등 여러 성분들이 있는데 단백질과 지방은 우유 거품을 만드는데 중요한 요소이다.

2) 우유 살균법

우유 살균법에는 여러 가지가 있는데 대표적으로 저온·고온·초고온살균법이 있다. 이들 중 초고온 가열살균법이 많이 사용되고 있다.

저온살균법	보통 60~80℃의 물 속에서 24시간마다 30~60분간씩 3~7회 가열하여 살균하는 방법.
고온단시간살균법	고온에서 연속적으로 단시간 가열하는 우유 살균법 표준가열조건은 72~75℃에서 15초 동안 가열.
초고온(UHT) 가열살균법	135℃에서 2초 동안 가열하거나, 150℃에서 0.75초 동안 가열

3) 온도의 변화

우유는 40℃가 넘어가면 수분이 증발해 우유가 농축되는 현상과 단백질이 변성하기 시작한다. 그리고 우유의 온도가 74℃가 넘어가면 단백질과 아미노산이 분해되면서 가열취가 나는데 이때 신선한 느낌이 떨어지게 된다.

2. 커피 음료용 우유 거품내기

1) 우유 포밍의 정의

포밍Foaming이란 스티밍Steaming, 거품을 내는 과정과 롤링Rolling, 안정화과정을 함께 하여 우유의 거품을 내는 과정을 말한다. 스티밍은 우유에 수증기를 불어넣어 우유의 온도를 높이면서 우유 표면의 공기를 끌어들여 거품을 만드는데, 이때 소리가 크면 굵은 거품이 만들어지고 미세한 소리가 나면 아주 고운 거품이 만들어지는데, 이를 보통 벨벳밀크velvet milk라고 한다.

스티밍이 잘된 우유는 점성이 있고 거품의 크기가 눈에 보이지 않을 정도로 고우며 부드러운 느낌을 주므로 음료의 균질성을 높일 수 있고 뚜렷하고 선명한 라떼아트를 할 수 있다. 반면 크고 불안정한 거품은 가벼운 느낌을 준다.

2) 우유 거품내기

우유 거품내기는 우유의 온도를 올리고 부드러운 거품을 형성시키는 과정이고, 거의 모든 커피 메뉴에 들어가는 우유를 각각의 메뉴에 알맞게 우유의 양, 거품의 두께, 온도를 조절하는 과정이다. 스팀 압력은 1.0~1.2bar이며 스팀을 틀어 스팀 압력 게이지를 통해 압력을 확인할 수 있다.

3) 공기주입

우유 속으로 공기를 주입시켜 거품을 생성시키는 과정으로, 공기주입의 시간과 양에 따라 거품 두께의 차이가 생기는데 공기주입이 많을수록 거품 두께는 두꺼워진다. 또 공기주입을 하는 스팀노즐의 위치가 거품의 크기를 변화시킨다.

공기주입은 스팀노즐을 1cm 정도 우유에 담고 시작하여 스팀노즐과 우유의 표면이 거의 맞닿게 하여 거품이 생성되는 과정을 눈으로 확인하고 소리로 판단해야 한다. 스팀노즐과 우유표면이 멀어질수록 큰 거품이 형성되고 가까울수록 고운 거품이 형성되는데, 밀크피쳐의 유동이 많으면 불안정한 거품이 형성되므로 주의하여야 한다. 우유의 온도가 40°C가 넘어가면서 단백질의 변성이 시작되고, 이후 불안정화된 거품은 다시 안정화시키기가 힘들다. 따라서 우유는 냉장고섭씨 3~4도에서 보관하는데, 실온에서 보관하면 온도가 쉽게 올라가고 그만큼 안정적으로 공기주입을 할 수 있는 시간이 짧아지기 때문이다.

4) 혼합과 안정화

혼합과 안정화 과정은 데워지는 우유와 거품을 혼합시키며 불안정한 거품을 안정화시킨다. 이 과정을 거치면서 곱고 균일한 우유거품을 만들 수 있다. 혼합과 안정화 과정은 우유의 회전을 이용해서 진행되며 회전이 되면서 크고 불안정한 거품들이 밀크피쳐의 벽면을 회전하며 깨지고 우유 중앙의 소용돌이를 형성하면서 안정화된다.

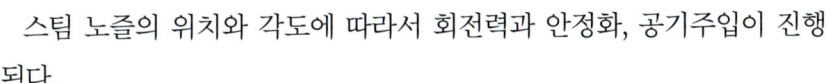

5) 스팀노즐의 위치

스팀노즐은 우유에 1cm 정도 담근 상태에서 시작되며 공기주입은 피쳐의 좌·우측 외각 쪽에서 우유의 표면에 위치한다. 혼합·안정화과정은 같은 위치에서 1cm 정도 다시 담가 공기주입을 조절하고 급격한 회전으로 우유가 넘치는 현상을 막는다.

스팀 노즐의 위치와 각도에 따라서 회전력과 안정화, 공기주입이 진행된다.

스팀 노즐의 위치가 밀크피쳐의 벽면에 너무 가까울 경우는 거품의 안정화와 공기주입에 문제가 생기며, 밀크피쳐의 많은 유동은 스팀 노즐의 위치를 변화시켜 회전력에 문제가 생긴다. 옆의 그림을 보면 우유 안쪽으로 들어가는 스팀B은 회전력을 형성하고, 우유 표면으로 분출되는 스팀A은 공기주입과 동시에 거품을 안정화 시킨다.

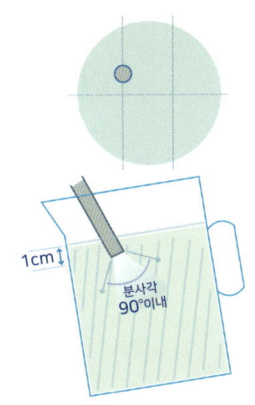

6) 잘못된 동작

동 작	결 과
노즐이 밀크피쳐의 벽면에 가까울 때	얇고 힘이 없는 거품. 뜬 거품.
노즐이 우유 깊숙이 담겨져 있을 때	거품층이 얇다.
노즐이 우유표면과 많이 떨어져 있을 경우	불안정하고 큰 거품 형성.
피쳐의 지나친 유동	불안정한 거품 형성.
우유의 회전이 없는 경우	불안정한 거품 형성.

7) 거품의 크기와 온도에 따른 맛의 변화

우유는 40°C가 넘어가면 수분이 증발해 농축현상과 단백질 변성이 시작하고, 74°C가 넘어가면 단백질과 아미노산이 분해되면서 가열취가 나는데, 이때 신선한 느낌이 떨어지게 된다. 또한 우유의 온도가 상승할수록 우유에 투입되는 수분 양이 점점 늘어나게 되어서 전체적으로 밋밋한 커피를 만들 수 있기 때문에 항상 메뉴에 알맞은 온도로 우유거품내기를 해야 한다.

3. 커피 스팀노즐 관리하기

스팀 사용 후 스팀 완드 및 스팀 팁에 우유 찌꺼기가 묻어 있으면 바로바로 젖은 수건으로 닦는다. 우유찌꺼기 등으로 스팀 분출구가 막힌 경우에는 분출구에 핀을 넣어 청소해 준다.

■ 스팀노즐 청소 - 매일

① 피처에 뜨거운 물을 받아 스팀노즐을 약 10분간 담궈 놓는다.
② 스팀노즐을 깨끗한 천으로 닦아 준다.
③ 수증기를 빼 준다.

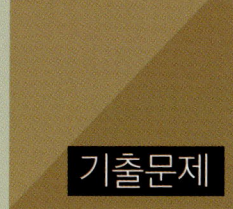

기출문제 6. 커피 음료 우유 포밍

01 스팀과 스팀노즐에 대한 설명으로 알맞지 않은 것은?

① 스팀배출로 스팀완드 내부의 응축수를 제거할 수 있다.
② 스티밍 시 스팀이 배출되기 때문에 우유가 노즐로 빨려 들어가는 경우는 있을 수 없다.
③ 스팀완드에 묻은 우유는 빠르게 굳어질 수 있다.
④ 젖은 행주로 스팀완드를 감싸고 우유 잔여물을 제거한다.

해설 스티밍이 끝나면 일부 우유가 빨려 들어가는 현상이 있는데, 우유가 노즐로 빨려 들어가는 경우 머신 고장의 원인이 된다.

02 거품내기를 위한 알맞은 사항이 아닌 것은?

① 70℃ 이상 스티밍을 한다.
② 스팀피처에 적당량 우유로 스티밍
③ 노즐을 항상 청결케 한다.
④ 차갑고 신선한 우유를 사용한다.

해설 우유는 40℃가 넘어가면 수분이 증발해 우유가 농축되는 현상과 단백질이 변성하기 시작한다.
그리고 우유의 온도가 74℃가 넘어가면 단백질과 아미노산이 분해되면서 가열취가 나는데 이때 신선한 느낌이 떨어지게 된다.

03 우유 스티밍(Steaming)과정에 대한 설명으로 알맞지 않은 것은?

① 메뉴에 알맞은 만큼의 우유를 사용한다.
② 우유의 최종 온도는 섭씨 60~70 ℃를 넘기지 않는다.
③ 공기유입을 최대한 많이 하기 위해 스팀피처를 가능한 큰 사이즈로 선택한다.
④ 항상 신선하고 차가운 우유를 사용해야 한다.

해설 피쳐의 크기는 350ml, 600ml, 1,200ml가 있으며, 350ml 피쳐의 경우 150~200ml로 1잔, 600ml 피쳐의 경우 2잔, 1,200ml 피쳐의 경우 4잔의 카푸치노를 만들 수 있다.

04 스팀을 이용하여 우유 거품을 만들 때 거품을 형성하는 우유의 가장 중요한 성분은?

① 칼슘　　　　　　　　　　　② 비타민
③ 단백질　　　　　　　　　　④ 지방

05 커피에 첨가되는 우유에 대한 설명으로 알맞지 않은 것은?

① 우유를 넣음으로서 칼슘 흡수에 도움을 준다.
② 커피의 맛을 전체적으로 부드럽게 해 준다.
③ 우유에 함유된 카제인 때문에 소화가 잘 되지 않는다.
④ 우유를 활용하여 시각적인 다양함을 줄 수 있다.

> **해설** 카제인은 우유속에 약 3% 함유되어 있으면서 우유에 함유된 전단백질의 약 80%를 차지한다.

06 커피와 함께하면 좋은 식품 중 일반적으로 가장 잘 어울리는 식품으로 알맞은 것은?

① 술　　　　　　　　　　　　② 버터
③ 초콜릿　　　　　　　　　　④ 우유

07 커피에 우유를 넣는 경우에 관한 설명으로 알맞지 않은 것은?

① 우유의 유당으로 단맛을 낸다.
② 우유를 첨가하면 부드러운 맛이 난다.
③ 우유에는 칼슘 함량이 낮아 커피와 잘 어울린다.
④ 우유는 커피와 가장 잘 어울리는 식품이다.

08 우유의 비율이 가장 높은 메뉴는?

① 마키아또　　　　　　　　　② 카레라떼
③ 카푸치노　　　　　　　　　④ 카페모카

> **해설** 카페라떼는 에스프레소에 우유의 비율이 1:4 정도로 우유의 양이 가장 많고 거품이 살짝 올라가 있다.
> 카푸치노는 에스프레소, 스팀우유, 우유거품 비율이 1:1:1이다.

09 우유 위생 및 보관방법으로 적절하지 않은 방법은?

① 우유는 쉽게 상하는 음료이기에 보관을 잘하여야 한다.
② 한번 스팀으로 열처리된 우유는 보관을 오래할 수록 좋다.
③ 우유를 가공하는 모든 기구와 도구들은 깨끗이 사용한다.
④ 스팀 행주는 스팀 막대 외에는 다른 어떤 것도 닦지 말아야 한다.

10 커피제조시 가장 많이 쓰이는 부재료 중 하나인 우유는 어떻게 보관하는 것이 좋은가?

① 냉장 5℃　　② 냉동 -5℃　　③ 냉장 15℃　　④ 냉동 -1℃

11 우유 스팀 후 위생관리 방법이 적절하지 않은 방법은?

① 스팀피쳐는 1회 사용 후 즉시 세척해서 냉장실에 보관해둔다.
② 스팀 후 우유양이 과도하게 남아 냉장실에 30분 이상 보관하는 것은 좋지 않다.
③ 우유양을 정확히 사용하는 습관을 가져야한다.
④ 스팀 후 남은 우유를 다시 사용하는 방법이 좋다.

12 스팀노즐 및 스팀피처 사용 설명으로 알맞지 않은 것은?

① 스팀노즐 사용 후 항상 1~2초 열어준다
② 스팀을 만들 때 스팀노즐 주위에 다른 냄새가 나지 않도록 주의 한다.
③ 스팀피처는 우유 온도와 일치 하는 것이 좋다.
④ 우유스팀 후 스팀노즐을 청소하지 않고 방치 해둔다.

13 스팀피처에 우유 담기 중 적절한 내용은?

① 스팀피처와 우유의 온도가 같으면 효과적이다.
② 스팀피처 보관 온도는 실온에 하는 것이 효과적이다.
③ 스팀피처 보다 우유 온도는 낮을수록 효과적이다.
④ 스팀피처와 우유 온도는 아무 관련이 없다.

14 스팀밸브를 열어는 이유로 알맞지 않은 것은?

① 스팀을 사용한 후 남아 있는 스팀이 식으면서 물이 되어 있기 때문
② 남아 있는 물이 우유에 섞이지 않기 위해
③ 우유의 맛이 달라지는 현상을 예방하기 위해
④ 밸브를 열어주는 시간은 길수록 좋다.

15 스팀피처를 스테인리스 재질로 사용하는 이유로 알맞지 않은 것은?

① 우유를 데울 때 다른 용기 보다 열전도율이 높다.
② 청소 등 관리하기에 유리하다.
③ 우유가 받을 열을 흡수해 데워지는 속도가 빠르게 함으로써 고품질 우유를 만든다.
④ 깨어지거나 변형될 염려가 적어서

> **해 설** 우유를 데울 때 우유가 받을 열을 스테인리스 용기가 흡수해 우유가 데워지는 속도를 지연시키므로 고품질의 우유 제품을 만들 수 있게 해 준다.

16 우유에 수증기를 불어넣어 우유의 온도를 높이면서 우유 표면의 공기를 끌어들여 거품을 만드는 용어는?

① Steaming   ② Tamping
③ Dosing   ④ Packing

해 설 스티밍은 우유에 수증기를 불어넣어 우유의 온도를 높이면서 우유 표면의 공기를 끌어들여 거품을 만드는데, 이때 소리가 크면 굵은 거품이 만들어지고 미세한 소리가 나면 아주 고운 거품이 만들어진다.

17 우유 살균법 중에서 135°C에서 2초 동안 가열하거나, 150°C에서 0.75초 동안 가열하는 방식의 살균법은?

① 저온 살균법
② 중온 살균법
③ 고온 단시간 살균법
④ 초고온 가열 살균법

해 설 **저온살균법** 보통 60~80°C의 물 속에서 24시간마다 30~60분간씩 3~7회 가열하여 살균하는 방법
고온단시간살균법 고온에서 연속적으로 단시간 가열하는 우유 살균법.표준가열조건은 72~75°C에서 15초 동안 가열
초고온(UHT) 가열살균법 많이 사용되는 방법으로, 135°C에서 2초 동안 가열하거나 150°C에서 0.75초 동안 가열

18 우유 거품내기 중에서 노즐이 우유 깊숙이 담겨져 있을 때의 현상은?

① 얇고 힘이 없는 거품
② 거품층이 얇다
③ 불안정하고 큰 거품 형성
④ 불안정한 거품 형성

해 설

동 작	결 과
노즐이 밀크피쳐의 벽면에 가까울 때	얇고 힘이 없는 거품. 뜬 거품.
노즐이 우유 깊숙이 담겨져 있을 때	거품층이 얇다.
노즐이 우유표면과 많이 떨어져 있을 경우	불안정하고 큰 거품 형성.
피쳐의 지나친 유동	불안정한 거품 형성.
우유의 회전이 없는 경우	불안정한 거품 형성.

19 우유 거품내기 중에서 공기 주입 설명으로 알맞지 않은 것은?

① 공기주입은 우유 속으로 공기를 주입시켜 거품을 생성시키는 과정이다
② 공기주입을 하는 스팀노즐의 위치와 우유 표면의 거리가 거품의 양을 결정한다.
③ 공기주입은 50°C 이전에 마무리한다.
④ 스팀노즐과 우유표면이 멀어질수록 많은 거품이 형성되고 가까울수록 고운 거품이 형성된다.

해 설 우유의 온도가 40°C가 넘어가면서 단백질의 변성이 시작된 후에는 불안정한 거품을 다시 안정화시키기가 힘들다. 처음 우유거품내기를 시작하는 온도를 3°C로 유지하는 이유도 그 이유이다. 우유를 실온에 보관하거나 밀크피쳐를 워머 위나 뜨겁게 보관하면 우유거품내기를 시작하는 온도가 올라가게 됨으로 안정적으로 공기 주입을 할 수 있는 시간이 그만큼 짧아지는 것이다.

정 답 01 ② 02 ① 03 ③ 04 ③ 05 ③ 06 ④ 07 ③ 08 ② 09 ② 10 ①
11 ④ 12 ④ 13 ① 14 ④ 15 ③ 16 ① 17 ④ 18 ② 19 ③

Part 7

에스프레소 커피음료 제조

Making the Espresso Coffee Beverage

You will become a Good Barista!
Part 7. 에스프레소 커피 음료제조

1. 에스프레소 잔

카페에서 주문한 메뉴가 나오면 가장 먼저 인지하게 되는 것은 음료의 맛이 아니라 잔의 스타일이다. 메뉴에 따라 담는 잔의 종류가 달라지는 것은 커피의 맛, 카페의 분위기 등에 영향을 끼치는 중요한 요소이다.

■ 데미타세

데미타세demitasse는 약 5cm 높이의 작은 잔으로 30mL 정도의 에스프레소가 담기기 때문에 공기와의 접촉으로 온도가 빠르게 떨어진다. 따라서 디자인보다는 보온성에 최대한 중점을 두어 만들어 진다. 먼저 잔과 손잡이는 두껍게 만들고 잔 바닥을 평평하지 않게 둘레로 턱을 만들어 외부 온도로부터 보호한다. 잔 받침 역시 바닥에 턱을 두는데 잔 아래부분과 잔 받침을 떨어뜨려 놓음으로써 열의 손실을 최소한으로 줄인다. 이 세트의 받침에는 데미타세를 균형 있게 잘 올려놓을 수 있도록 잔의 턱과 정확히 들어맞는 둥근 홈도 파여 있다.

보통 데미타세는 도자기와 유리 중 한 가지 재료를 택해 만드는데, 대부분의 커피전문점이 도자기 잔을 사용한다. 도자기 잔이 유리에 비해 보온력도 뛰어나고 잔 끝이 혀에 닿았을 때의 느낌이 더 부드럽기 때문이다. 유리로 된 데미타세는 디자인은 좋으나 실용성이 많이 떨어진다. 그러한 단점을 보완하기 위해 만들어진 것이 스테인리스 이중 데미타세이다. 스테인리스 재질은 뛰어난 보온력을 자랑하고 이중 스테인리스 잔은 잔 안쪽과 바깥쪽 공기를 차단시켜 주기 때문에 안의 외부 온도로 인해 발생하는 열 손실을 줄여줄 수 있다.

■ 머그잔

머그잔은 스타벅스나 커피빈 같은 대형 커피 체인점에서 사용되면서 우리나라에서도 보편화되었다. 머그잔의 가장 큰 장점은 형식과 격식이 필요 없고 간편하고 개성 있게 음료를 즐길 수 있다는 것이다. 커피, 차, 주스 등 어떤 용도로도 잘 어울리고 부담 없이 사용할 수 있다.

머그잔을 사용할 때는 심플한 디자인으로 보온력으로 높일 수 있도록 두툼한 두께를 고르는 것이 좋다. 머그잔의 디자인은 크게 세 가지로 나뉘는데, 직선형의 일자 모양과 가운데가 들어간 장구 모양, 그리고 곡선형의 둥근 잔이 일반적이다. 장구 모양의 머그잔은 커피의 내부 열 손실을 최대한 줄여주도록 설계되어 있다. 또 입술에 닿는 끝 부분은 바깥쪽으로 벌어져 있기 때문에 커피를 마실 때도 촉감과 목 넘김이 좋다. 뚜껑이 있는 머그잔은 음료를 오래 두고 마시기 편리하고, 거름망이 있어 홍차나 녹차를 간단하게 걸러 마실 수 있도록 만들어진 것 등 실용성을 강조한다.

■ 곡선형 잔

보통 커피잔이라고 일컫는 잔으로 둥근 곡선형의 카푸치노잔과 카페라떼잔을 말한다. 카푸치노용 커피잔의 경우 180~200mL 정도가 적당한 사이즈이며, 카페라떼용 커피잔은 250~350mL까지의 잔을 말한다. 예전에는 본차이나 재질의 얇은 커피잔을 많이 사용했지만 너무 얇으면 열 손실이 크기 때문에 두꺼운 도자기나 세라믹 재질의 커피잔을 점점 많이 사용하고 있는 추세이다.

곡선형 잔은 테두리가 넓어 음료를 마시기 편하기도 하지만 공기와 닿는 면적이 넓어 향을 즐기기에 좋다. 특별히 향을 즐기며 마시는 커피와 홍차, 과일차, 허브차 등을 담을 때 주로 사용하게 된다. 차를 담는 용도로 쓰이는 잔은 두꺼운 재질보다는 얇은 본차이나 재질의 화려한 꽃무늬가 들어간 잔을 많이 사용한다. 곡선형 잔은 내부를 들여다 볼 수 있는 형태이기 때문에 음료의 색감을 즐길 수 있고 농도로 제품의 품질 등을 확인할 수 있도록 안쪽이 휜 것을 고르는 것이 좋다.

■ 유리잔

유리잔은 보통 커피잔보다는 허브잔이나 홍차잔, 주스잔으로 많이 사용되고 있다. 유리잔은 크게 소다석회 유리와 내열 강화유리 두 가지로 나뉜다. 가정에서 일반적으로 사용하고 있는 잔은 소다석회 유리이다. 내열 강화유리는 티포트나 허브잔처럼 뜨거운 것을 담는 용기에 많이 사용된다. 소다석회로 만들어진 잔은 뜨거운 물을 붓고 바로 차가운 물을 붓게 되면

금방 갈라지거나 깨질 우려가 있다. 그래서 유리잔의 생명은 내열성에 있다. 소다석회 유리는 가격이 굉장히 저렴한 반면 잘 깨지고 내열강화 유리는 비싸지만 열에 무척 잘 견디고 강도도 튼튼하다.

2. 에스프레소 음료 만들기

에스프레소는 모든 커피 메뉴에 중심이 된다. 커피의 특성과 추출 기술에 따른 맛의 형성을 잘 알고 있다면 완벽한 에스프레소 메뉴를 만들 수 있을 것이다.

처음 바리스타에 입문했다면 기본적인 추출동작의 이해와 기술의 숙련도를 높이는데 집중해야 한다.

⑥ 쓴맛 **Lungo** (35~40mL)	**도피오(dopio)** 2배, double의 의미를 가진 이탈리아어. 데미타세(demitasse)에 에스프레소 2shot을 제공한다.
⑤ 쓴신맛 (30~35mL)	**룽고(lungo)** 길다는 의미를 가지고 있고, 35ml를 추출하여 묽으면서도 강한 쓴맛을 느낄 수 있는 커피이다.
④ 고소한맛 **Espresso** ③ 감칠맛 (20~30mL)	**에스프레소(espresso)** 모든 커피 메뉴에 중심이 되는 커피이며 20~30mL 정도를 추출하여 단맛, 신맛, 쓴맛이 조화를 이루는 커피이다.
② 신맛 **Ristretto** ① 잡맛 (15~20mL)	**리스트레토(ristretto)** 이탈리아어로 농축하다, 짧다라는 뜻으로 추출을 15~20mL정도만 추출하는 커피이다. 강한 신맛을 느낄 수 있으며, 아메리칸 커피나 카페라테에 주로 사용된다.

3. 카페 메뉴 응용 레시피

1) Hot Menu

■ 카페 아메리카노

에스프레소 1샷, 물 250ml

① 머그잔을 데운 후 뜨거운 물을 250ml 담는다.
② 에스프레소를 1샷 추출한다.
③ ①에 ②를 잘 부은 후 제공한다.

카페메뉴 사진제공_1883코리아

■ 카페라떼

에스프레소 2샷, 우유 180ml

① 머그잔을 데운 후 에스프레소 2샷을 뽑아 담아 준다.
② 우유를 데워 가벼운 거품의 부드러운 스팀밀크를 만들어 준다.
③ ①에 ②를 우유거품이 1cm 정도 위에 올라가도록 잘 부어 준다.

■ 카푸치노

에스프레소 1샷, 스팀밀크 150ml

① 카푸치노 잔을 데운 후 에스프레소를 1샷 추출하여 담아 준다.
② 우유를 데워 풍부한 거품의 부드러운 스팀밀크를 만들어 준다.
③ ①에 ②를 우유거품이 3cm 정도 위에 올라가도록 잘 부어 준다. * 기호에 따라 시나몬파우더를 뿌려 제공한다.

■ 바닐라 라떼

에스프레소 2샷, 우유 180ml, 바닐라시럽 20ml

① 머그잔을 데운 후 에스프레소 2샷을 뽑아 담아 준다.
② ①에 바닐라 시럽을 넣고 잘 섞어 준다.
③ 라떼정도의 스팀밀크를 만들어 준다.
④ ②에 우유거품이 1cm 정도 위에 올라가도록 잘 부어 준다.

■ 카라멜 마끼아토

에스프레소 2샷, 우유 180ml
카라멜소스 30ml, 카라멜소스 드리즐

① 머그잔을 데운 후 에스프레소 2샷을 뽑아 담아 준다.
② ①에 카라멜 소스를 넣어 준다.
③ 우유를 데워 가벼운 거품의 부드러운 스팀밀크를 만들어 준다.
④ ②에 스팀밀크를 잔에 30%정도 넣은 후 잘 섞어 준다.
⑤ 나머지 스팀밀크를 부은 후 카라멜 소스로 드리즐한다.

■ 헤이즐넛 라떼

에스프레소 2샷, 우유 180ml
헤이즐넛 시럽 20ml

① 머그잔을 데운 후 에스프레소 2샷을 추출하여 담아 준다.
② ①에 헤이즐넛 시럽을 넣고 잘 섞어 준다.
③ 우유를 데워 가벼운 거품의 부드러운 스팀밀크를 만들어 준다.
④ ②에 ③을 우유거품이 1cm 정도 위에 올라가도록 잘 부어 준다.

■ 카페모카

에스프레소 2샷, 우유 180ml
초코소스 30ml, 초코소스 드리즐

① 머그잔을 데운 후 에스프레소 2샷을 추출하여 담아 준다.
② ①에 초코소스를 넣어 준다.
③ 우유를 데워 가벼운 거품의 부드러운 스팀밀크를 만들어 준다.
④ ②에 스팀밀크를 잔에 30%정도 넣은 후 잘 섞어 준다.
⑤ 나머지 스팀밀크를 부은 후 초코소스로 드리즐한다.
* 기호에 따라 휘핑크림을 올려 준다.

아이리시 커피

에스프레소 1샷, 물 220ml, 아이리시 시럽 20ml, 생크림 3cm

① 아이리시 잔에 아이리시시럽을 넣은 후 물을 채워 준다.
② 에스프레소 1샷을 추출해 준다.
③ ①에 에스프레소를 넣고 살짝 저어 준다.
④ ③에 생크림을 3cm 올린 후 제공한다.
 * 기호에 따라 시나몬파우더나 소스를 뿌려 준다.

■ 화이트 모카

에스프레소 2샷, 우유 180ml
화이트초코소스 30ml, 화이트초코소스 드리즐

① 머그잔을 데운 후 에스프레소 2샷을 추출한다.
② ①에 초코소스를 넣어 준다.
③ 우유를 데워 가벼운 거품의 부드러운 스팀밀크를 만들어 준다.
④ ②에 스팀밀크를 잔에 30% 정도 넣은 후 잘 섞어 준다.
⑤ 나머지 스팀밀크를 부은 후 초코소스로 드리즐 한다.
* 기호에 따라 휘핑크림을 올려 준다.

■ 아인슈패너 비엔나 커피

에스프레소 1샷, 뜨거운 물 220ml
설탕 시럽 20ml, 생크림 3cm

① 머그잔에 설탕시럽을 넣은 후 물을 채운다.
② 에스프레소 1샷을 추출한다.
③ ①에 에스프레소를 넣고 잘 저어 준다.
④ ③에 생크림을 3cm 올린 후 제공한다.
* 기호에 따라 시나몬파우더나 소스를 뿌려 준다.

Part 7. Making the Espresso Coffee Beverage

2) Cold Menu

■ 아이스 아메리카노

에스프레소 2샷, 물 150ml, 얼음

① 에스프레소를 2샷 추출한다.
② 하이볼 잔에 얼음을 가득 채운 후 찬 물을 넣어 준다.
③ ②에 ①을 넣어 준다.

■ 아이스 카페라떼

에스프레소 2샷, 우유 150ml, 얼음

① 에스프레소를 2샷 추출한다.
② 하이볼 잔에 얼음을 가득 채운 후 찬 우유를 넣고 섞어 준다.
③ ②에 ①을 넣어 준다.

■ 아이스 바닐라 라떼

에스프레소 2샷, 우유 150ml
바닐라 시럽 20ml, 얼음

① 에스프레소를 2샷 추출한다.
② 하이볼 잔에 얼음을 채운 후 시럽과 찬 우유를 넣고 섞어 준다.
③ ②에 ①을 넣어 준다.

■ 아이스 카라멜 마끼아토

에스프레소 2샷, 우유 150ml
카라멜 소스 30ml, 얼음

① 샷 잔을 데운 후 에스프레소를 2샷 추출한다.
② 하이볼 잔에 소스와 ①을 넣고 잘 섞어 준다.
③ 잘 섞인 ②에 얼음과 우유를 넣고 잘 저어 준다.
 * 기호에 따라 휘핑크림을 올려주거나 카라멜 소스를 드리즐한다.

■ 아이스 카라멜 라떼

에스프레소 2샷, 우유 150ml
카라멜 시럽 20ml, 얼음

① 에스프레소를 2샷 추출한다.
② 하이볼 잔에 얼음을 채운 후 시럽과 찬 우유를 넣고 섞어 준다.
③ ②에 ①을 넣어 준다.

■ 아이스 카페모카

에스프레소 2샷, 우유 150ml
초코소스 30ml, 얼음

① 샷 잔을 데운 후 에스프레소를 2샷 추출한다.
② 하이볼 잔에 소스와 ①을 넣고 잘 섞어 준다.
③ 잘 섞인 ②에 얼음과 우유를 넣고 잘 저어 준다.
　＊ 기호에 따라 휘핑크림을 올려주거나 초코 소스를 드리즐 해 준다.

■ 아이스 카라멜모카

에스프레소 2샷, 우유 150ml
초코소스 15ml, 카라멜 시럽 20ml, 얼음

① 샷 잔을 데운 후 에스프레소를 2샷 추출한다.
② 하이볼 잔에 소스와 시럽, ①을 넣고 잘 섞어 준다.
③ 잘 섞인 ②에 얼음과 우유를 넣고 잘 저어 준다.
  * 기호에 따라 휘핑크림과 초코or 카라멜소스
    드리즐한다.

3) Beverage Menu

■ 핫초코

초코소스 30ml, 우유 180ml

① 머그 잔을 데운 후 초코소스 30ml를 넣어 준다.
② 우유를 데워 부드러운 스팀밀크를 만들어 준다.
③ ①에 ②를 넣고 잘 저어 제공한다.
  * 기호에 따라 초코파우더나 초코소스를
    드리즐한다.

■ 아이스초코

초코소스 30ml, 우유 150ml, 얼음

① 아이스 잔에 초코소스 30ml를 넣어 준다.
② ①에 우유를 30%정도 넣고 잘 섞어 준다.
③ 얼음을 넣고 나머지 우유를 넣은 후 잘 저어 준다.
* 기호에 따라 초코파우더or 초코소스 드리즐한다.

■ 녹차 라떼

더진한 그린티 파우더 30ml, 우유 180ml

① 머그 잔을 데운 후 더진한 그린티 파우더 30ml를 넣어 준다.
② 우유를 데워 부드러운 스팀밀크를 만들어 준다.
③ ①에 ②를 넣고 잘 저어 제공한다.
* 기호에 따라 녹차파우더를 토핑하여 제공한다.

■ 플레인 요거트 스무디

요거트파우더 60g, 우유 120ml, 얼음 180g

① 블렌더 컵에 파우더, 우유, 얼음 순으로 넣어 준다.
② ①을 부드러워질 때 까지 잘 갈아 준다.
③ 하이볼 잔에 ②를 잘 부어 준다.

■ 딸기 스무디

딸기 퓨레 60ml, 물 100ml, 얼음 180g

① 블렌더 컵에 퓨레, 물, 얼음 순으로 넣어 준다.
② ①을 부드러워질 때 까지 잘 갈아 준다.
③ 하이볼 잔에 ②를 잘 부어 준다.

Part 7. Making the Espresso Coffee Beverage

■ 모히또 스무디

모히또라임 퓨레 60ml, 물 100ml, 얼음 180g

① 블렌더 컵에 퓨레, 물, 얼음 순으로 넣어 준다.
② ①을 부드러워질 때 까지 잘 갈아 준다.
③ 하이볼 잔에 ②를 잘 부어 준다.

■ 우리 홍삼라떼

홍삼시럽 30ml, 설탕시럽 5ml, 우유 180ml

① 머그잔을 데운 후 시럽을 넣어 준다.
② 우유를 데워 가벼운 거품의 부드러운 스팀밀크를 만들어 준다.
③ 스팀우유를 30%정도 넣고 잘 섞은 후 나머지를 부어 섞어 준다.

■ 우리 매실초 아이스티

블랜딩샷 매실 시럽 30ml, 현미식초 10ml
설탕시럽 10ml, 물 150ml, 얼음

① 아이스 잔에 얼음을 가득 채운 후 시럽,
   식초를 넣어 준다.
② ①에 물을 넣은 후 잘 저어 준다.
* 매실을 몇 개 넣어 주면 더욱 좋다.

■ 블루 레몬 에이드

더진한 레몬퓨레 40ml
블루큐라소 시럽 5ml, 탄산수 150ml, 얼음

① 준비된 하이볼 잔에 퓨레와 시럽을 넣고
   얼음을 채워 준다.
② ②에 탄산수를 부운 후 잘 저어 준다.
③ 빨대를 꽂은 후 제공한다.
* 레몬 슬라이스를 몇 개 넣어 주면 더욱 좋다.

■ 우리 오미자 아이스티

히비스커스 티백 1개, 오미자 시럽 20ml
뜨거운물 50ml, 얼음

① 히비스커스 티백 1개를 50ml의 뜨거운 물에 3분간 우려 준다.
② 하이볼 잔에 얼음을 가득 채운 후 시럽을 넣어 준다.
③ ②에 우려진 ①을 넣고 녹은 만큼 얼음을 더 넣어 준다.
④ 잘 저어 섞은 후 제공한다.

■ 유자애플 에이드

더진한 유자애플 퓨레 40ml
탄산수 150ml, 얼음

① 준비된 하이볼 잔에 퓨레를 넣고 얼음을 채워 준다.
② ①에 탄산수를 부운 후 잘 저어 준다.
* 사과나 유자슬라이스를 넣어 주면 더욱 좋다.

■ 우리 한라봉 에이드

한라봉퓨레 40ml, 탄산수 150ml, 얼음

① 준비된 하이볼 잔에 퓨레를 넣고 얼음을 채워 준다.
② ②에 탄산수를 부운 후 잘 저어 준다.
* 한라봉이나 오렌지 슬라이스를 넣어 주면 더욱 좋다.

■ 레몬 아이스티

더진한 레몬 퓨레 40ml
물 150ml, 얼음

① 준비된 하이볼 잔에 퓨레를 넣고 얼음을 채워 준다.
② ②에 물을 부운 후 잘 저어 준다.
* 레몬 슬라이스를 넣어 주면 더욱 좋다.

4. 라떼아트 만들기

1) 라떼아트 Latte Art

라떼Latte는 우유, 아트Art는 예술을 뜻하며, 우유로 하는 예술적인 행위를 말한다. 음료를 받는 순간부터 고객을 행복하게 하는 라떼아트는 커피 문화의 한 층 높은 서비스이다.

바리스타들은 추출동작의 기술적인 면과 함께 다양한 디자인의 예술적인 면을 라떼아트로 나타내고, 라떼아트로 좀 더 폭 넓은 서비스와 즐거움을 고객들에게 선사할 수 있다.

라떼아트는 고객에게 제공되는 커피의 예술적인 서비스이며, 대중적인 커피 문화의 발전에 큰 도움이 된다.

(1) 라떼아트의 발전

라떼아트는 바리스타들이 커피에 우유거품을 혼합하던 중 우연히 생겨났으며, 지금은 라떼아트, 아트라떼, 디자인카푸치노 등으로 불리우고 있다. 커피의 미각적·후각적인 즐거움에 시각적인 아름다운 매력을 더하여 발전하고 있으며, 유럽과 미국에서 로제타, 하트, 사과 모양 등이 고안되면서 전파되었다. 일본에서는 캐릭터아트와 에칭기법으로 다양한 디자인을 전파하였고, 우리나라에 라떼아트가 보급되면서 급속도로 발전하고 있다.

(2) 카페 메뉴로서의 활용

라떼아트는 데코레이션이다. 라떼아트를 할 때는 디자인을 위한 커피가 아닌 커피를 위한 디자인으로 다가가야 한다. 그래서 그 메뉴에 맞는 디자인을 선택하는 것이 중요하다.

라떼아트는 대부분 사람들이 카푸치노나 카페라떼로 알고 있지만 우유거품이 들어가는 모든 메뉴에는 라떼아트가 가능하다. 커피 메뉴에도 에스프레소, 아메리칸 커피 등 우유가 들어가지 않는 메뉴를 제외한 모든 메뉴에 라떼아트가 활용 가능하다.

(3) 커피를 이용한 라떼아트 Latte Art의 3가지요소

■ 크레마

크레마는 그림을 그리는 도화지다. 좋은 크레마를 위해서는 신선한 커피와 정확한 추출이 필요하고 우유를 부을 때 크레마의 상태를 잘 확인하여야 한다.

■ 신선한 우유

우유는 그림을 그리는 물감이다. 라떼아트는 말 그대로 우유로 하는 예술이기 때문에 신선하고 질 좋은 우유가 필요하다. 신선한 우유로 곱고 윤기 흐르는 거품을 만들어야 고객의 입술에 닿는 부드러운 느낌과 고소한 맛을 가진 멋진 커피가 제공될 수 있다.

- 라떼아트를 위한 우유 스티밍 과정은 Part 8에 자세히 설명되어 있다.

■ 바리스타

바리스타는 그림 그리는 화가이다. 바리스타의 섬세하고 창의적인 솜씨가 고객에게 커피가 제공된 후 첫 미소를 선사할 것이다.

(4) 라떼아트의 기법

■ 에칭 etching

에칭이란 날카로운 도구로 하는 선에 의한 표현이며 동판화에서 많이 쓰는 기법이다. 라떼아트에서 에칭은 붓기 후 작업을 하여 우유거품 에칭, 초콜릿 에칭으로 응용된 동작이며, 하트, 로제타 아트보다 쉽게 할 수 있다. 고객들이 대체로 좋아하는 모양이며, 바리스타의 섬세하고 창의적인 감각을 나타낼 수 있다.

초콜릿 에칭	초콜릿 에칭이란 갈색의 크레마와 흰색의 우유거품, 검은색의 초콜릿 소스가 잘 조화되어 만들어지는 기법이며 세련되면서도 화려한 모양을 만들 수 있다.
우유 거품 에칭	우유거품 에칭이란 갈색의 크레마 위에 흰색의 거품으로 여러 가지 모양을 만드는 기법이다.

■ 바로붓기

바로 붓기는 피쳐의 각도와 손기술을 이용하여 직접 붓기를 하면서 모양을 만들어내는 기법이다. 바리스타의 손기술로 짧은 시간에 멋진 그림을 완성시킨다. 로제타와 하트 같은 디자인이 바로 붓기의 대표적인 디자인이며, 밀크피쳐의 사용과 잔의 각도, 붓는 양에 대한 이해가 필요하다.

■ 캐릭터 아트

캐릭터 에칭은 바로붓기와 에칭기법을 이용하여 동물, 꽃, 사람등과 같은 다양한 모양을 만들 수 있다. 다양한 캐릭터 아트를 만들기 위해서는 바로붓기에 대한 이해와 기술 적인 노력이 필요하다.

■ 파우더 아트

파우더 아트는 카푸치노 데코레이터 같은 데코레이션 도구를 이용하여 거품 위에 일정한 디자인을 만들 수 있는 장점이 있고, 매장의 로고나 이름을 커피 위에 디자인 할 수 있다. 개인이 직접 제작도 가능하다.

2) 우유거품과 크레마의 관계

(1) 그림이 그려지는 원리

그림이 그려지는 원리는 에스프레소에 우유 거품을 따르면 데운 우유는 에스프레소와 혼합되고, 우유 거품은 크레마와 혼합한다.

(2) 준비과정

준비과정은 그림을 그리기 위한 준비과정이다. 준비과정은 먼저 잔을 30° 정도 기울인 상태에서 커피의 중앙에 우유 붓기를 시작하여 피쳐를 위로 7cm 정도 올리고 그림을 그리기 전까지 채워주는 동작이다. 이때 다음 사항을 주의하도록 한다.

① 너무 많은 양을 붓기 시작하여 처음부터 크레마 위로 거품이 내려 앉아 얼룩이 지는 현상을 주의한다.
② 너무 높은 곳에서 붓기를 시작하여 크레마가 깨지는 현상을 주의한다.
③ 과감히 붓기를 한다. 스팀밀크의 줄기가 올바르지 못하면 크레마 표면에 불안정한 거품이 생긴다.

- 준비과정은 우유거품의 거품 양에 따라 시작하는 높이와 우유 붓기를 하는 우유의 두께를 잘 알고 시작하여야 한다.

3) 그리기 과정

준비과정이 끝나고 바로 밀크피쳐를 내려 그리기를 시작한다. 그리기 과정에서는 커피의 표면과 우유가 떨어지는 밀크피쳐의 입구부분이 가까워야 한다. 그림을 그릴 때도 과감히 붓기를 하며 그리는데, 밀크피쳐의 입구에서 나오는 우유의 두께가 1cm 정도 되는 것이 좋다.

그림의 크기나 그림의 두께에 따라서 피쳐 입구의 우유의 두께를 조정할 수 있다. 하지만 처음 라떼아트를 접하는 바리스타들은 과감히 붓는 연습과 그림이 그려지는 원리를 쉽게 알기 위해 1cm 정도의 두께로 붓는 연습을 하자.

■ 1자 긋기

- 커피 표면에 송곳을 1cm 정도 담근 채 원하는 방향으로 점점 위로 올리며 긋는다.
- 1자 긋기는 끝이 뾰족하게 나오는 것이 포인트다.

■ S자 긋기

- 커피 표면에 송곳을 1cm 정도 담근 상태에서 원하는 방향으로 S자를 그리며 긋는다.
- 에칭 기법에서 많이 응용되는 동작이며 균일한 S라인을 그리는 것이 포인트다.

■ O자 긋기

- 커피 표면에 송곳을 1cm 정도 담근 상태에서 원하는 방향으로 O자를 그리며 긋는다.
- O자 긋기는 원과 원이 겹치지 않게 긋는 것이 포인트다.

4) 디자인의 이해와 방법

(1) 꽃

① 준비과정으로 잔의 90%까지 채운다.
② 거품을 떠서 커피 중앙에 원을 만든다.
③ 초콜릿 소스로 거품 주위 한 번, 그 밖으로 한 번 원을 그린다.
④ 중앙에서 바깥을 향해 1자긋기로 8번, 안으로 8번 긋는다.

(2) 불꽃놀이

① 준비과정으로 잔의 80%까지 채운다.
② 거품을 이용해 중앙에 원 그 바깥쪽으로 흰 라인을 만든다.
③ 잔을 흔들어 가장자리의 크레마와 거품을 혼합시키면 연한 갈색이 나온다.
④ 중앙 흰라인 안쪽으로 초콜릿소스로 원을 그린다.
⑤ 안으로 8번 밖으로 8번 1자긋기 한다.

(3) 국화

① 준비과정으로 잔의 90%까지 채운다.
② 거품을 떠서 커피 중앙에 원을 만든다.
③ 밖에서 중앙으로 1자긋기를 반복한다.

(4) 프로펠러

① 준비과정으로 잔의 90%까지 채운다.

② 거품을 떠서 십자모양으로 올리고, 그 사이로 초콜릿소스를 르자로 그린다.

③ 밖에서 안으로 달팽이 모양을 그리며 중앙까지 긋기 한다.

(5) 마음

① 준비과정으로 잔의 90%까지 채운다.

② 거품을 떠서 커피 중앙에 원을 올린다.

③ 원의 중앙을 가로질러 원을 그리며 긋기 한다.

(6) 코스모스

① 준비과정으로 잔의 90%까지 채운다.
② 거품을 떠서 커피 중앙에 원을 만든다.
③ 안으로 1자긋기 8번

5) 바로 붓기

(1) 바로 붓기

바로 붓기는 피쳐의 각도와 손기술을 이용하여 직접 붓기를 하면서 모양을 만들어내는 기법이다. 바리스타의 손기술로 짧은 시간에 멋진 그림을 완성시킨다.

(2) 원

카푸치노의 가장 기본적인 모양이며 바로 붓기에서 크레마 위로 우유 거품이 떠오르는 원리를 파악할 수 있다.
① 준비과정으로 잔의 50%까지 채운다.
② 피쳐의 각도를 세워 커피의 중앙에 원이 올라올 수 있도록 붓기를 한다.

- 준비과정을 짧게/길게 하여 원의 크기를 조절해보자. 그림을 그리고자 할 때 과감히 붓기를 하는 것이 포인트, 흔들기를 이용하여 그림의 라인을 만들어보자.

(3) 하트

고정된 모양의 가장 기본이 되는 모양이며 그리기 어려운 모양이기도 하다. 커피와 스팀밀크의 밀도를 파악 할 수 있다.
① 준비과정으로 잔의 40~50%까지 채운다.
② 피쳐의 각도를 세워 원이 올라올 수 있도록 붓기를 한다.
③ 원이 올라오면 피쳐를 앞쪽으로 조금 이동하여 하트의 머리 부분을 만든다.
④ 피쳐를 점점 위로 올리며 하트의 꼬리 부분을 완성 한다.

- 준비과정에서 커피와 스팀밀크를 잘 조화시켜 그림이 찌그러지는 현상을 막는다.

(4) 로제타

라떼아트의 꽃이라고 할 수 있는 로제타는 나뭇잎모양으로 바리스타의 손기술에 따라 여러가지의 자연스러운 모양을 창조해 낼 수 있다.

① 준비과정으로 잔의 30%까지 채운다.
② 중앙에서 과감히 붓기를 하면서 흔들기 시작하여 유속이 형성되면 뒤로 빠지면서 계속 흔들기를 한다.
③ 로제타의 머리부분에서 피쳐를 위로 올려 직선으로 줄기를 만들며 완성한다.

흔들기는 피쳐의 흔들림 보다 피쳐 안의 스팀밀크의 흔들림을 알아야 한다. 불규칙적인 흔들기는 나뭇잎을 겹치게 하거나 한쪽만 나오게 된다. 과감히 붓기를 하면서 흔들기를 해야 선명한 그림이 나온다. 커피의 중앙에서 붓기를 하면서 유속이 형성되는 원리를 알자. 두꺼운 거품일수록 뒤로 빠르게 빠지고 얇은 거품일수록 유속을 더 이용하여 그린다. 줄기를 만들 때는 잎이 줄기로 빨려 들어가게 한다.

■ 로제타 만들기 세부 과정

① 준비과정 30% 주고, 왼쪽 1번 지점에서 정지된 상태로 3~5번 좌우 흔들기 한다.

② 피쳐 흔들기 : 피쳐의 좌우 흔들림이 일정해야 하며, 흔들리는 범위는 좌/우로 0.5cm 정도이다. 먼저 우유를 이용하여 흔드는 연습을 해보자.

③ 1번 위치에서 정지된 상태로 3~5번을 흔들었으면 이제는 피쳐를 뒤로 이동하면서 흔들기 한다. 잔의 오른쪽 끝 부분까지 8~12번 정도 흔들면서 빠진다2번위치. 피쳐의 입구와 커피 표면은 최대한 가깝게 유지한다.

④ 2번 위치까지 8~12번 정도 흔들었으면 커피 표면에서 7cm 정도 수직으로 상승시켜 가늘고, 천천히 앞으로 전진한다.

6) 캐릭터 에칭

캐릭터 에칭은 바로붓기와 에칭기법을 이용하여 동물, 꽃, 사람등과 같은 다양한 모양을 창조할 수 있다.

(1) 튤립

① 준비과정으로 잔의 30~40%까지 채운다.
② 하트를 응용하여 잔의 밑 부분에 큰 하트를 그리고 붓기를 멈춘다.
③ 다시 위에 작은 하트를 그리고 피쳐를 위로 올려 줄기를 만든다.

■ 튤립 만들기 세부 과정

① 1번 위치왼쪽지점 좌우로 3~5번 흔들어도 되고, 흔들지 않아도 상관 없다.
② 큰 원이 올라오도록 붓는다신속하게. 첫 번째 원을 신속하게 붓지 못하면 두 번째 원을 올릴 시간이 부족하여 튤립을 완성하기 힘들다.
③ 2번 위치오른쪽지점에서 잔의 90~95%까지 붓는다. 1번과 2번 붓기 모두 우유의 붓는 두께를 1cm이상으로 해야 한다.
④ 2번 위치에서 90~95%까지 붓고, 가늘고 천천히 피쳐를 위로 올리면서 전진한다.

(2) 곰

① 준비과정으로 잔의 40~50%까지 채운다.
② 원 그리기를 응용하여 중앙에 큰 원, 아래 작은 원을 바로붓기하여 그린다.
③ 티스푼을 이용하여 귀를 만들고, 송곳을 이용하여 코, 눈, 귀를 만들어 준다.

(3) 토끼

① 준비과정으로 잔의 30~40%까지 채운다.
② 하트와 원 그리기를 응용하여 잔의 윗 부분에 하트 머리를 만들고 흔들기를 하면서 앞으로 이동하여 큰 원을 만든다.

(4) 라인 꽃

① 여자와 마찬가지로 잔 중앙에서 시작하여 피쳐 흔들기를 하고 3~4라인이 나오면 중앙에 원으로 부어 준다.
② 바깥에서 안쪽으로 1자긋기를 6번 한다.
③ 원 중앙에 크레마로 점을 찍는다.
④ 거품을 찍어 줄기를 그려 준다.

(5) 나팔꽃

① 잔의 왼쪽에 살짝 흔들며 큰 하트, 그 위로 작은 하트, 그 위로 작은 원을 붓는다.
② 작은 원은 밖으로 4번 안으로 4번 1자긋기 한다.
③ 1자긋기로 중앙 줄기를 만든다.

기출문제   7. 에스프레소 커피음료 제조

01 카푸치노 커피의 조화를 위해서 필요한 것이 아닌 것은?

① 에스프레소 커피와 우유의 비율　　② 적절한 온도
③ 맛의 균형감　　④ 카푸치노 잔의 모양

02 가장 많은 양의 커피 성분이 추출되는 메뉴는?

① 리스트레또　　② 아메리카노
③ 도피오　　④ 에스프레소 룽고

[해설] 리스트레또(Ristretto) : 리스트레또는 이탈리아어로 농축하다 라는 뜻으로 추출 시간을 짧게하여 적은 양의 에스프레소를 단시간에 추출한 커피로 10~15초 동안 15~20ml 정도를 추출

03 카푸치노 커피 제조에 필요한 우유 스티밍에 대한 설명으로 알맞지 않은 것은?

① 필요한 만큼의 우유를 사용한다.　　② 공기주입과 회전을 적절하게 활용한다.
③ 항상 신선하고 차가운 우유를 사용한다.　　④ 많은 양의 거품을 만들수록 좋다.

[해설] 우유 거품은 곱게 마실 때 입에 느껴지는 감촉을 좋게하며 쉽게 거품이 사라지지 않게 거품을 만들어 한다.

04 커피에 우유를 넣는 경우에 관한 설명으로 알맞지 않은 것은?

① 커피와 가장 잘 어울리는 식품은 우유이다.
② 커피의 단점이 우리 몸의 비타민을 파괴하는데 우유가 이를 보완해 준다.
③ 커피에 우유를 넣어 마시는 유명한 카페오레도 원래 의료용으로 개발되었다.
④ 부드러운 커피의 맛이 나고, 우유의 유당으로 단맛까지 난다.

05 에스프레소 잔에 대한 설명으로 알맞지 않은 것은?

① 열 전도율이 높은 스테인리스가 좋다.
② 두꺼운 도자기 재질이 좋다.
③ 공기와 접촉을 최소화하기 위해서 2~3oz의 용량이 적당하다.
④ 바닥이 좁은 것이 좋다.

해설 재질은 도기이고 일반컵에 비해 두꺼워 커피가 빨리 식지 않도록 하여야 한다.

06 각 나라의 커피메뉴 중에서 성격이 다른 하나는 무엇인가?

① Caffè Latte ② Milch Kaffee
③ Kaffe Kapuziner ④ Café au Lait

해설 카푸치너(Kapuziner) : 오스트리아 커피로 카푸치노(Cappuccino)와 이름이 유사하지만 실제로는 많은 차이를 보이는데 카푸치노가 우유의 부드러움에 맛이 좌우되는 반면, 카푸치너는 진하게 추출한 커피와 우유 그리고 휘핑 크림의 적절한 조화가 중요시된다.

07 데미타세 잔에 제공될 수 없는 커피메뉴는?

① 카페 라떼 ② 에스프레소 마끼아또
③ 카페 리스트레또 ④ 카페 콘빠나

해설 커피잔이라고 일컫는 잔으로 둥근 곡선형의 카푸치노잔과 카페라떼잔을 말한다. 카푸치노용 커피잔의 경우 180~200ml 정도가 적당한 사이즈이며, 카페라떼용 커피잔은 250~350ml 까지의 잔을 말한다. 예전에는 본 차이나 재질의 얇은 커피잔을 많이 사용했지만 너무 얇으면 열 손실이 크기 때문에 두꺼운 도자기나 세라믹 재질의 커피잔을 점점 많이 사용하고 있는 추세이다.

08 에스프레소 메뉴의 종류가 아닌 것은 무엇인가?

① Lungo ② Vienna
③ Doppio ④ Ristretto

해설 리스트레토(ristretto) 이탈리아어로 농축하다/ 짧다라는 뜻으로 추출을 15~20ml정도만 추출하는 커피이다. 강한 신맛을 느낄 수 있으며, 아메리칸 커피나 카페라떼에 주로 사용된다.
롱고(lungo) '길다'라는 의미를 가지고 있고, 35ml 이상을 추출하여 강한 쓴맛을 느낄 수 있는 커피이다.
도피오(dopio) 2배, 'double'이라는 의미를 가진 이태리어이고, 데미타세(demitasse)에 에스프레소 2shot을 제공한다.

09 에스프레소 메뉴를 제공하는 컵은?

① 커피 컵 ② 머그 잔
③ 온스 잔 ④ 데미타세 잔

해설 데미타세는 약 5cm 높이의 작은 잔으로 30ml 정도의 에스프레소가 담기기 때문에 공기와의 접촉으로 온도가 빠르게 떨어진다. 따라서 디자인보다는 보온성에 최대한 중점을 두어 만들어진다.

10 다음 설명하는 커피로 알맞은 것은?

> 미국에서는 골드커피, 일본에서는 쿨커피라고 불리는 이 커피는 여름철에 제일 많이 찾는 메뉴로서, 이 커피의 생명은 커피의 쓴맛에 있다.

① 스노우볼 커피　　　　　　　　② 아이스 커피
③ 트로피칼 커피　　　　　　　　④ 아이리시 커피

> **해설**　스노우볼 커피 : 커피후랏빼(빙수얼음과 아이스크림, 콘덴스밀크를 이용한 커피)의 응용으로 어린아이 또는 여성에게 알맞은 메뉴이다. 아이스 커피와 아이스크림의 앙상블이 매력적인 여름철 커피이다.
> 　　트로피칼 커피 : 화이트 럼과 레몬, 여기에 불꽃을 피워 남국의 정열적인 이미지를 주는 커피
> 　　아이리시 커피 : 아이리시 위스키나 미스트를 넣어 뜨겁고 강렬한 알코올 기운을 느낄 수 있는 커피

11 에스프레소 메뉴 중 이탈리아어로 농축하다, 짧다라는 뜻으로 15~20mL 정도만 추출하는 커피는?

① 리스트레토(ristretto)　　　　② 에스프레소(espresso)
③ 룽고(lungo)　　　　　　　　④ 도피오(dopio)

> **해설**　레스트레토는 이탈리아어로 농축하다/ 짧다라는 뜻으로 추출을 15~20ml정도만 추출하는 커피이다. 강한 신맛을 느낄 수 있으며, 아메리칸 커피나 카페라테에 주로 사용된다.

12 에스프레소 메뉴 중에 추출량이 35mL 이상을 추출하여 강한 쓴맛을 느낄 수 있는 커피는?

① 리스트레토(ristretto)　　　　② 에스프레소(espresso)
③ 룽고(lungo)　　　　　　　　④ 도피오(dopio)

> **해설**　룽고는 '길다'라는 의미를 가지고 있고, 35ml 이상을 추출하여 강한 쓴맛을 느낄 수 있는 커피이다.

13 에스프레소의 추출량은?

① 15±5ml　　　　　　　　　② 25±5ml
③ 35±5ml　　　　　　　　　④ 45±5ml

> **해설**　에스프레소는 모든 커피 메뉴에 중심이 되는 커피이며 20~30ml정도를 추출하여 단맛, 신맛, 쓴맛이 조화를 이루는 커피이다.

14 이태리어로 커피우유라는 뜻으로 에스프레소 메뉴 중 리스트레토와 데운 우유를 혼합한 커피는?

① 카페라테(caffe latte)　　　　② 카푸치노(cappuccino)
③ 카페모카(caffe mocha)　　　④ 카페비엔나(caffe vienna)

> **해설**　커피우유라는 이태리어이며 리스트레토와 데운 우유를 혼합한 커피이다. 210ml 이상의 잔에 제공된다.

15 에스프레소 메뉴 중에 150~180mL 정도 잔에 에스프레소를 추출하여 데운 우유와 우유거품을 혼합한 커피는?

① 카페라테(caffe latte)　　　　② 카푸치노(cappuccino)
③ 카페모카(caffe mocha)　　　④ 카페비엔나(caffe vienna)

> **해설**　카푸치노는 150~180ml정도 잔에 에스프레소를 추출하여 데운 우유와 우유거품을 혼합한 음료이다.

16 커피 잔 중에 약 5cm 높이의 작은 잔으로 30mL 정도 담아 서비스하기에 적절한 잔은?

① 유리 잔　　　　　　　　　② 머그 잔
③ 곡선형 잔　　　　　　　　④ 데미타세 잔

> **해 설** 데미타세는 약 5cm 높이의 작은 잔으로 30ml 정도의 에스프레소가 담기기 때문에 공기와의 접촉으로 온도가 빠르게 떨어진다. 따라서 디자인보다는 보온성에 최대한 중점을 두어 만들어 진다.

17 머그잔의 특징으로 알맞지 않은 것은?

① 대형 커피 체인점에서 사용되면서 우리나라에서도 보편화 되었다.
② 장구 모양의 머그잔은 커피의 내부 열 손실을 최대한 줄여주도록 설계되어 있다
③ 커피, 차, 주스 등 어떤 용도로도 잘 어울리고 부담 없이 사용할 수 있다.
④ 보통 커피잔이라고 일컫는 잔으로 카푸치노잔과 카페라떼잔을 말한다.

> **해 설** 보통 커피잔이라고 일컫는 잔으로 둥근 곡선형의 카푸치노잔과 카페라떼잔을 말한다. 카푸치노용 커피잔의 경우 180~200ml 정도가 적당한 사이즈이며, 카페라떼용 커피잔은 250~350ml 까지의 잔을 말한다. 예전에는 본차이나 재질의 얇은 커피잔을 많이 사용했지만 너무 얇으면 열 손실이 크기 때문에 두꺼운 도자기나 세라믹 재질의 커피잔을 점점 많이 사용하고 있는 추세이다.

18 우유 거품내기의 스팀 압력은?

① 1.0bar ~ 1.2bar　　　　　② 1.8bar ~ 2.5bar
③ 3.0bar ~ 3.2bar　　　　　④ 4.0bar ~ 4.2bar

> **해 설** 게이지에 나타나는 스팀압력은 0.8~1.5bar이지만 외부압력을 '0'으로 표시하기 때문에 실제로는 1.8~2.5bar인 셈이다. 스팀을 틀어 스팀압력게이지를 통해 압력을 확인 할 수 있다.

19 라떼아트의 기법의 표현으로 알맞지 않은 것은?

① 애칭　　　　　　　　　　② 캐릭터 아트
③ 파우더 아트　　　　　　　④ 디자인카푸치노

> **해 설** 라떼아트는 바리스타들이 커피에 우유거품을 혼합하던 중 우연히 생겨났으며, 지금은 라떼아트/ 아트라떼/ 디자인카푸치노 등으로 불리우고 있다.

20 라떼아트의 종류가 아닌 것은?

① 에칭　　　　　　　　　　② 바로붓기
③ 크레마 아트　　　　　　　④ 파우더 아트

21 우유거품내기 중에서 우유 거품을 내는 주요 성분은?

① 지방　　　　　　　　　　② 단백질
③ 비타민　　　　　　　　　④ 당질

해 설 우유의 성분에는 단백질,지방,당질,비타민,칼슘 등 여러 성분들이 있는데 단백질과 지방은 우유 거품을 만드는데 중요한 요소이다.

22 애칭 동작 중에서 커피 표면에 송곳을 1cm정도 담근 상태에서 원하는 방향으로 점점 위로 올리며 긋는 기법은?

① 1자 긋기 ② S자 긋기
③ O자 긋기 ④ Y자 긋기

해 설 1자 긋기는 끝이 뾰족하게 나오는 것이 포인트다. 커피 표면에 송곳을 1cm정도 담근 상태에서 원하는 방향으로 점점 위로 올리며 긋는다.

23 라떼아트 종류 중에 피쳐의 각도와 잔의 각도 및 타이밍 그리고 손기술로 피쳐의 움직임을 이용하여 하트나 로제타를 만드는 기법은?

① 바로 붓기 ② 에칭
③ 캐릭터 아트 ④ 파우더 아트

24 라떼아트 중에서 하트를 만드는 순서로 알맞은 것은?

① 안정화하기 → 꼬리만들기 → 그림띄우기 ② 안정화하기 → 그림띄우기 → 꼬리만들기
③ 그림띄우기 → 안정화하기 → 꼬리만들기 ④ 그림띄우기 → 꼬리만들기 → 안정화하기

해 설 하트는 크레마 안정시키기, 둥근 원 그리기와 마무리로 이루어진다.

정 답										
	01 ④	02 ③	03 ④	04 ②	05 ①	06 ③	07 ①	08 ②	09 ④	10 ②
	11 ①	12 ③	13 ②	14 ①	15 ②	16 ④	17 ④	18 ①	19 ④	20 ③
	21 ②	22 ①	23 ①	24 ②						

Part 8
바리스타 실기시험 매뉴얼
Certificate Manual of the Barista

> 주관_ (사단법인)한국베버리지마스터협회 바리스타 분과

1. 응시자격

(1) 필기시험

① 커피에 관심 있는 모든 사람들
② 필기시험 유효기간 2년
③ 타 커피 협회 필기 시험 합격자 필기 시험 면제 단, 합격증명서 첨부
④ 응시료 : 30,000원
⑤ 전형방법 : 100점 / 60문항 객관식 4지 택1형 / 60분
⑥ 합격 기준 : 100점 만점에 60점 이상 36문제 이상

(2) 실기시험

① 필기시험 합격자에 한함.
② 필기시험 면제자는 증명서 첨부
③ 응시료 : 50,000원
④ 전형방법 : 100점 / 기술평가 60점, 맛평가 40점 / 15분
⑤ 평가 규정 - 준비 5분 : 시연을 위한 시연대와 시연 장소 준비
　　　　　　　　시연 10분 정리 포함 : 에스프레소 2잔, 카푸치노 2잔, 정리정돈
⑥ 합격 기준 : 100점 만점에 60점 이상

2. 준비물 및 복장

(1) 필기시험

- 신분증 학생증, 수험표, 컴퓨터용 사인펜

(2) 실기시험 (응시자 1인 기준)

- 개인 준비물 : 행주 5장, 신분증, 수험표
- 시험장 준비물 : 에스프레소 머신, 그라인다, 트레이, 에스프레소 잔, 카푸치노 잔, 티스푼, 앞치마, 초시계, 심사테이블
- 복장 : 학과 정장 착용

3. 심사기준

준비시간 (5분)	테크니컬 감독관	행주세팅, 머신·그라인더 점검, 잔 예열, 예비추출, 포타필터 청결, 머신·시연대 청결, 그라인더 청결 상태 확인
시연시간 (10분)	센서리 감독관	**에스프레소 평가** 　크레마 색상, 밀도, 추출량, 맛의 균형 **카푸치노 평가** 　시각적 평가, 맛의 균형, 적절한 온도 **서비스 평가** 　신속한 제공, 서비스 자세, 위생상태, 복장상태
	테크니컬 감독관	**에스프레소 평가** 　잔 받침·티스푼 준비, 포타필터 청결, 도징 시 흘림정도, 올바른 탬핑, 열수 흘리기, 신속한 장착, 추출 시간·량, 부자재 청결 상태 **카푸치노 평가** 　잔 받침·티스푼 준비, 포타필터 청결, 도징 시 흘림정도, 올바른 탬핑, 열수 흘리기, 신속한 장착, 추출 시간·량, 우유준비, 스팀노즐 청결 상태, 스티밍 기술력, 남은 우유량, 부자재 청결 상태 **정리 평가** 　그라인더 청결 상태, 머신·시연대 청결 상태, 포타필터 청결 상태

4. 감점 및 실격 사항

- 샷추출시간이 20초 미만, 30초 이상 초과 시 1초당 1점씩 감점
- 시연시간 10분 초과 시 10초당 1점씩 감점
- 장비·부자재 파손시 실격 처리
- 결시자 실격 처리

5. 문의사항 및 계좌번호

- 연락처 : 02.581.2911
- 계좌번호 : (사)한국베버리지마스터협회 우체국 012351-01-006101
- 홈페이지 : www.bartender.or.kr

6. 바리스타 실기시험 매뉴얼

■ **준비시간 5분** [준비 시작하겠습니다]

01 발표   "안녕하세요. 수험번호 00번 홍길동입니다".

02 행주 세팅   마른행주 2개, 젖은행주 3개 준비

                  ① 젖은 행주 하나는 접시에 담아 스팀 노즐 옆에,

                  ② 젖은 행주 하나는 작업대 위에,

                  ③ 젖은 행주 하나는 드립 트레이 위에,

                  ④ 마른 행주 하나는 접시에 담아 그라인더 옆에,

                  ⑤ 마른 행주 하나는 머신 상판 위에 올려 둔다.

03 머신점검 :   양쪽 스팀 노즐 점검을 한다.

                 온수를 확인한다.

                 양쪽 그룹을 점검한다.

QR code

바리스타 실기시험 준비 동영상

04 잔 예열　　　카푸치노 잔 2개와 에스프레소 잔 2개를 내려 놓는다.

　　　　　　　　스팀피처에 물을 받아, 스팀으로 한번 더 데운 후 잔에 7할 이상을 붓는다.

　　　　　　　　스팀피처는 ⑤마른 행주로 물기를 제거하여 기계 위에 올려 놓는다.

05 그라인더 점검　커피를 갈아서 시험 추출을 한다.

06 샷 테스트　　　분쇄 입자 상태 및 추출 줄기 확인

07_잔 건조　　　시험추출이 끝나면 잔을 비우고,

　　　　　　　　⑤마른 행주 물기를 제거하여 기계 위에 올려놓는다.

08 기계 청소　　　필터 홀더에 커피찌꺼기를 버리고 물로 씻어 준다.

　　　　　　　　③젖은 행주로 기계를 닦는다.

　　　　　　　　 ⑤마른 행주로 물기의 흔적을 지운다.

　　　　　　　　그라인더 안의 커피 가루를 모두 비운다. 기계와 그라인더 주위를 깨끗이 청소한다.

　　　　　　　　②젖은 행주로 기계 앞쪽 및 그라인더 주위를 닦는다.

09 기물확인　　　사용할 티스푼, 스팀피처의 청결 상태를 점검하고 닦는다.

10 우유와 커피 확인

11　전체적으로 준비상태를 다시 한 번 확인 한다.

　■ "준비 마치겠습니다."

■ 시연시간 10분 [시작하겠습니다]

01 발표 : "안녕하세요. 수험번호 00번 홍길동입니다."
02 메뉴 설명 : "에스프레소 2잔, 카푸치노 2잔 제공하겠습니다."
03 쟁반에 에스프레소 잔 받침 2개, 티스푼 2개 준비한다.
04 포타필터를 분리하여 마른 행주로 포타필터 닦는다.

QR code

바리스타 실기시험 시연 동영상

05 커피 분쇄 후 포타필터에 커피를 담는다.
06 패킹 및 탬핑을 한다.
07 열수흘리기 후 신속히 장착한다.
08 에스프레소 추출 에스프레소 잔에 1/2(20~30mL)가 채워지면 추출을 멈춘다.

09 추출된 잔의 손잡이를 잡고 잔 외부 이물질 확인한 후 잔 받침에 옮겨 놓는다.
10 "실례합니다"라고 한 후에 에스프레소 2잔 제공. 잔 손잡이 티스푼 손잡이 위치 확인.
11 쟁반에 잔 받침 2개 준비, 티스푼 2개 받침에 올려 놓는다.

12 스팀 피처에 우유를 담는다.
13 반대 포타필터를 분리하여 마른 행주로 닦는다.
14 패킹 및 탬핑을 한다.
15 열수흘리기 후 신속히 장착한다.
16 에스프레소 추출되면(카푸치노 잔에 1/6(20~30mL) 추출을 멈춘다.
17 ①젖은 행주를 이용하여 기계의 안쪽에서 스팀을 틀어 물기를 빼 준다.
18 우유 거품을 만든다.

19 우유 거품이 완성되면 스팀피처를 옆에 두고, 스팀 노즐을 청소한다.
20 기계 위에 있는 예열 스팀피처에 1/3정도 덜은 후 카푸치노 2잔을 만든다.
21 "실례합니다" 라고 한 후에 카푸치노 2잔 제공. 잔 손잡이 티스푼 손잡이 위치 확인
22 에스프레소를 추출한 포타필터를 청소한다.
23 커피 기계를 청소한다. -물기가 없도록 한다.
24 그라인더를 청소한다. -도우저에 커피 가루가 없도록 한다(옆에 솔이 있으면 솔 사용.)
25 작업대를 청소한다. 작업대에 물기가 없도록 한다.
26 본인이 준비한 기물은 모두 쟁반에 담고, 사용한 가물은 원위치시킨다.
27 "마치겠습니다"라고 한 후 감독관에게 신분증을 받아서 퇴장한다.

기출문제 8. 바리스타 실기시험 매뉴얼

01 바(Bar) 안에 서 있는 바리스타의 행동으로 알맞은 것은?

① 커피향기를 위해 진한 향수를 피한다.
② 입냄새 제거를 위해 껌을 씹는다.
③ 단정함을 위해 머리를 자주 매만진다.
④ 항상 진지함을 유지하기 위해 웃지 않는다.

02 한 잔의 맛있는 커피를 위하여 지켜야 할 사항으로서 가장 거리가 먼 것은?

① 추출 기구는 항상 청결하게 유지한다.
② 항상 신선한 커피를 사용한다.
③ 깨끗하고 알맞은 온도의 물을 사용한다.
④ 신속한 추출을 위해 커피는 미리 분쇄해두고 사용한다.

03 고객에게 커피를 서비스하는 방법에 대한 설명으로 옳지 않은 것은?

① 항상 미소를 띠고 밝은 표정으로 서비스한다.
② 커피를 서비스할 때 고객의 오른쪽에서 서비스한다.
③ 시계방향으로 서비스 한다.
④ 흘러넘치거나 잘 넘어지지 않는 안정적인 메뉴부터 서비스 한다.

04 올바른 바리스타의 직무가 아닌 것은?

① 커피는 신선도 유지를 위해 냉장 보관하며 사용 직전에 꺼내 사용한다.
② 사용하는 재료에 대한 유통기한을 정확하게 지킨다.
③ 복장 등 개인위생에 철저하게 신경을 쓴다.
④ 매장은 항상 깨끗하게 청소하고 수시로 정리정돈 해둔다.

05 준비 단계에서 바리스타가 지나치게 해놓았을 경우인 것은?

㉠ 분쇄커피를 만들어 놓는다.
㉡ 물 잔에 물을 따라 놓는다.
㉢ 포타필터에 분쇄커피를 채워 놓는다.
㉣ 잔을 예열해 놓는다.

① ㉠, ㉡, ㉢② ㉠, ㉢
③ ㉡, ㉣④ ㉠, ㉡, ㉢, ㉣

06 매장에서 식재료를 관리하는 원칙으로 알맞은 것은?

① 앞쪽부터 사용② 선입선출
③ 후입선출④ 큰 용량부터 사용

> **해 설** 선입 선출(First In First Out, 줄여서 FIFO) 먼저 온 것은 먼저 사용

07 바리스타 실기 시험 중 준비단계에서 테크니컬 감독관이 중점적으로 심사하는 기준이 아닌 것은?

① 행주 세팅과 머신 점검 실시 여부 확인② 에스프레소 잔과 잔 받침 예열 여부 확인
③ 포타필터 청결 여부 확인④ 시연대 청결 여부 확인

> **해 설** 테크니컬 감독관 준비단계 확인 사항 : 행주세팅, 머신 / 그라인더정검, 잔예열, 예비추출, 포타필터 청결, 머신 / 시연대 청결, 그라인더 청결 상태 확인

08 바리스타 실기 시험 중 센서리 감독관이 에스프레소 평가 항목이 아닌 것은?

① 크레마 색상 및 밀도② 에스프레소 추출량
③ 에스프레소 맛의 균형④ 에스프레소 추출 시간

> **해 설** 센서리 감독관 에스프레소 평가 : 크레마 색상, 밀도, 추출량, 맛의 균형

09 바리스타 실기 시험 중 센서리 감독관이 카푸치노 평가 항목이 아닌 것은?

① 스팀 후 남은 우유의 양과 피쳐의 청결② 카푸치노의 시각적 평가
③ 에스프레소와 우유의 맛의 균형④ 카푸치노의 적적한 온도

> **해 설** 센서리 감독관 카푸치노 평가 : 시각적 평가, 맛의 균형, 적절한 온도

10 바리스타 실기 시험 중 테크니컬 감독관이 에스프레소 평가 항목이 아닌 것은?

① 열수 흘리기 여부② 포타필터 신속한 장착 여부
③ 부자재 청결 상태 여부④ 스팀 노즐 청결 여부

> **해 설** 테크니컬 감독관 에스프레소 평가 : 잔받침/티스푼 준비, 포타필터 청결, 도우징 시 흘림정도, 올바른 탬핑, 열수흘리기, 신속한 장착, 추출 시간/량, 부자재 청결 상태

정답 01 ① 02 ④ 03 ④ 04 ① 05 ① 06 ② 07 ② 08 ④ 09 ① 10 ④

부록 1-1
카페메뉴플레너 자격증 시험 매뉴얼

■ 주관_ (사단법인)한국베버리지마스터협회 바리스타 분과

1. 응시방법

① 필기시험 : 수시(학교 사정에 따라서 검정위원이 정한다)
② 실기시험 : 수시(학교 사정에 따라서 검정위원이 정한다)

■ **자격증 문의사항**

① 연락처 : 02.581.2911
② 홈페이지 : www.bartender.or.kr

2. 응시자격

1) 필기시험

① 커피에 관심 있는 모든 사람들
② 필기시험 유효기간 2년
③ 본 협회 바리스타 필기 합격자 및 바리스타 자격증 소지자는 필기 시험 면제
④ 타 커피 협회 바리스타 자격증 취득한 자는 필기 시험 면제(단, 합격증명서 첨부)
⑤ 응시료 : 30,000원
⑥ 전형방법 : 100점 / 60문항(객관식 4지 택1형) / (60분)
⑦ 합격 기준 : 100점 만점에 60점 이상(36문제 이상)

2) 실기시험

① 필기시험 합격자에 한함
② 필기시험 면제자는 증명서 첨부에 한함
③ 응시료 : 50,000원
④ 전형방법 : 100점 / 기술평가(50점), 맛평가(50점) / (17분)
⑤ 평가 규정 - 준비 2분 : 시연을 위한 작업대와 시연 장소 준비
　　　　　　 - 시연 15분(정리 포함) : Hot Menu, Ice Menu, 일반음료 메뉴, 정리정돈
⑥ 합격 기준 : 100점 만점에 60점 이상

3. 시연 카페 메뉴 리스트상세 레시피는 부록 1-2 참고

NO	Hot Menu	Ice Menu	일반음료 메뉴
1	에스프레소 콤파냐	아이스 아메리카노	고구마 라떼
2	카푸치노	아이스 카페라떼	우리 홍삼라떼
3	아메리카노	샤케라토	우리 오미자 아이스티
4	카페라떼	아이스 바닐라 라떼	우리 한라봉 에이드
5	바닐라 라떼	아이스 카라멜 마끼아토	망고 스무디
6	아이리쉬 커피	아이스 카페모카	플레인 요거트 스무디
7	카페모카	카라멜 프라페	
8	카라멜 마끼아토	모카 프라페	

4. 준비물 및 복장

1) 필기시험 : 신분증(학생증), 수험표, 컴퓨터용 사인펜

2) 실기시험(응시자 1인 기준)

　① 개인 준비물 : 신분증, 수험표, 행주 3장, 앞치마
　② 시험장 준비물 : 에스프레소 머신, 그라인더, 트레이, 데미세타잔, 10oz 머그잔, 14oz 하이볼잔, 아이리시잔, 바스푼, 티스푼, 얼음, 아이스스쿱, 초시계, 심사테이블
　③ 복장 : 학과 정장 착용

5. 심사기준

준비시간 (2분)	테크니컬 감독관	행주세팅, 머신·그라인더 점검, 잔 예열, 머신·시연대 청결, 그라인더 청결 상태 확인, 작업 재료 구비
시연시간 (15분)	센서리 감독관	**카페라떼 평가** 　시각적 평가, 맛의 균형 **메뉴의 완성도 평가** 　데코레이션의 적절한 마무리 **서비스 평가** 　신속한 제공, 서비스 자세, 위생상태, 복장상태
	테크니컬 감독관	**메뉴 제조 평가** 　작업구도의 이해도, 레서피에 대한 이해도, 전체 작업의 흐름 **위생 관리 평가** 　전체적인 활용과 위생 관리, 제조시 위생 준수

6. 감점 및 실격 사항

　① 샷추출시간이 20초 미만, 30초 이상 초과 시 1초당 1점씩 감점
　② 시연시간 15분 초과 시 10초당 1점씩 감점
　③ 장비·부자재 파손시 실격 처리
　④ 결시자 실격 처리

부록 1-2 ┃ 카페 메뉴 상세 레시피

A. HOT MENU

1. 에스프레소 콤파냐 데미세타 / 3분

- **재 료** 에스프레소 1샷, 생크림 온 탑
- **방 법** ① 데미세타 잔을 데운 후 에스프레소를 1샷 추출한다.
  ② ①에 생크림을 3cm 정도 올려 준다.

2. 카푸치노 5.5oz 카푸치노잔 / 3분

- **재 료** 에스프레소 1샷, 스팀밀크 150ml
- **방 법** ① 카푸치노 잔을 데운 후 에스프레소를 1샷 추출한다.
  ② 우유를 데워 풍부한 거품의 부드러운 스팀밀크를 만들어 준다.
  ③ ①에 ②를 우유거품이 3cm 정도 위에 올라가도록 잘 부어 준다.

3. 아메리카노 10oz 머그잔 / 3분

- **재 료** 에스프레소 1샷, 물 250ml
- **방 법** ① 머그잔을 데운 후 뜨거운 물을 250ml 담아 준다.
  ② 에스프레소를 1샷 추출한다.
  ③ ①에 ②를 잘 부은 후 제공한다.

4. 카페라떼 10oz 머그잔 / 3분

- **재 료** 에스프레소 2샷, 우유 180ml
- **방 법** ① 머그잔을 데운 후 에스프레소 2샷을 뽑아 담아 준다.
  ② 우유를 데워 가벼운 거품의 부드러운 스팀밀크를 만들어 준다.
  ③ ①에 ②를 우유거품이 1cm 정도 위에 올라가도록 잘 부어 준다.

5. 바닐라 라떼 10oz 머그잔 / 5분

- **재 료** 에스프레소 2샷, 우유 180ml, 바닐라시럽 20ml
- **방 법** ① 머그잔을 데운 후 에스프레소 2샷을 뽑아 담아 준다.
  ② ①에 바닐라 시럽을 넣고 잘 섞어 준다.
  ③ 라떼정도의 스팀밀크를 만들어 준다.
  ④ ②에 우유거품이 1cm 정도 위에 올라가도록 잘 부어 준다.

6. 카페모카 10oz 머그잔 / 7분

재 료 에스프레소 2샷, 우유 180ml, 초코소스 30ml

방 법
① 머그잔을 데운 후 에스프레소 2샷을 뽑아 담아 준다.
② ①에 초코 소스를 넣어 준다.
③ 라떼정도의 스팀밀크를 만들어 준다.
④ ②에 스팀밀크를 잔에 30%정도 넣은 후 잘 섞어 준다.
⑤ 나머지 스팀밀크를 넣고 제공한다.

7. 카라멜 마끼아또 10oz 머그잔 / 7분

재 료 에스프레소 2샷, 우유 180ml, 카라멜소스 30ml

방 법
① 머그잔을 데운 후 에스프레소 2샷을 뽑아 담아 준다.
② ①에 카라멜 소스를 넣어 준다.
③ 라떼정도의 스팀밀크를 만들어 준다.
④ ②에 스팀밀크를 잔에 30%정도 넣은 후 잘 섞어 준다.
⑤ 나머지 스팀밀크를 넣고 제공한다.

8. 아이리시 커피 아이리시잔 / 7분

재 료 에스프레소 1샷, 물 220ml, 아이리시 시럽 20ml, 생크림 3cm

방 법
① 아이리시 잔에 아이리시시럽을 넣은 후 물을 채워 준다.
② 에스프레소 1샷을 추출해 준다.
③ ①에 에스프레소를 넣고 살짝 저어 준다.
④ ③에 생크림을 3cm 올린 후 제공하여 준다.

B. COLD MENU

1. 아이스 아메리카노 14oz 하이볼글라스 / 3분

재 료 에스프레소 2샷, 물 150ml, 얼음

방 법
① 샷 잔을 데운 후 에스프레소를 2샷 추출한다.
② 하이볼 잔에 얼음을 가득 채운 후 찬 물을 넣어 준다.
③ 빨대를 꽂은 후 제공한다.

2. 아이스 카페라떼 14oz 하이볼글라스 / 3분

재 료 에스프레소 2샷, 우유150ml, 얼음

방 법
① 샷 잔을 데운 후 에스프레소를 2샷 추출한다.
② 하이볼 잔에 얼음을 가득 채운 후 찬 우유를 넣어 준다.
③ ②에 ①을 넣고 잘 저어 섞어 준다.
④ 빨대를 꽂은 후 제공한다.

3. 샤케라토 14oz 하이볼글라스 / 5분

재　　료　에스프레소 2샷, 설탕 시럽 20ml, 얼음

방　　법　① 샷 잔을 데운 후 에스프레소를 2샷 추출한다.
　　　　　② 쉐이커에 얼음을 반 정도 채운 후 시럽을 넣어 준다.
　　　　　③ ②에 에스프레소 2샷을 넣은 후 캡을 닫고 흔들어 준다.
　　　　　④ 잘 흔들어진 ③을 셰이커의 캡을 열고 하이볼 글라스에 부어 준다.

4. 아이스 바닐라 라떼 14oz 하이볼글라스 / 5분

재　　료　에스프레소 2샷, 우유 150ml, 바닐라 시럽 20ml, 얼음

방　　법　① 샷 잔을 데운 후 에스프레소를 2샷 추출한다.
　　　　　② 하이볼 잔에 얼음을 채운 후 시럽과 찬 우유를 넣고 섞어 준다.
　　　　　③ ②에 ①을 넣고 잘 저어 준다.
　　　　　④ 빨대를 꽂은 후 제공한다.

5. 아이스 카라멜 마끼아토 14oz 하이볼글라스 / 7분

재　　료　에스프레소 2샷, 우유 150ml, 카라멜 소스 30ml, 얼음

방　　법　① 샷 잔을 데운 후 에스프레소를 2샷 추출한다.
　　　　　② 하이볼 잔에 소스와 ①을 넣고 잘 섞어 준다.
　　　　　③ 잘 섞인 ②에 얼음과 우유를 넣고 잘 저어 준다.
　　　　　④ 빨대를 꽂은 후 제공한다.

6. 아이스 카페모카 14oz 하이볼글라스 / 7분

재　　료　에스프레소 2샷, 우유 150ml, 초코소스 30ml, 얼음

방　　법　① 샷 잔을 데운 후 에스프레소를 2샷 추출한다.
　　　　　② 하이볼 잔에 소스와 ①을 넣고 잘 섞어 준다.
　　　　　③ 잘 섞인 ②에 얼음과 우유를 넣고 잘 저어 준다.
　　　　　④ 빨대를 꽂은 후 제공한다.

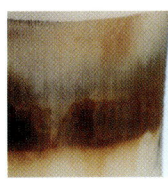

7. 카라멜 프라페 14oz 하이볼글라스 / 7분

재　　료　에스프레소 2샷, 우유 100ml, 카라멜 소스 30ml, 얼음 180g

방　　법　① 샷 잔을 데운 후 에스프레소를 2샷 추출한다.
　　　　　② 블렌더 컵에 에스프레소, 소스, 우유, 얼음 순으로 넣어 준다.
　　　　　③ ②를 부드러워질 때 까지 잘 갈아 준다.
　　　　　④ 하이볼 잔에 ③을 잘 부어 준다.
　　　　　⑤ 빨대를 꽂은 후 제공한다.

8. 모카 프라페 14oz 하이볼글라스 / 7분

재　　료　에스프레소 2샷, 우유 100ml, 초코 소스 30ml, 얼음 180g

방　　법　① 샷 잔을 데운 후 에스프레소를 2샷 추출한다.
　　　　　② 블렌더 컵에 에스프레소, 소스, 우유, 얼음 순으로 넣어 준다.
　　　　　③ ②를 부드러워질 때 까지 잘 갈아 준다.
　　　　　④ 하이볼 잔에 ③을 잘 부어 준다.
　　　　　⑤ 빨대를 꽂은 후 제공한다.

C. 일반음료 메뉴

1. 고구마 라떼 10oz 머그잔 / 5분

재　　료　고구마파우더 30g, 우유 180ml

방　　법　① 머그잔을 데운 후 고구마 파우더 30g을 넣습니다.
　　　　　② 우유를 데워 가벼운 거품의 부드러운 스팀밀크를 만들어 준다.
　　　　　③ 스팀우유를 30%정도 넣고 잘 섞은 후 나머지를 부어 섞어 준다.

2. 우리 홍삼라떼 10oz 머그잔 / 5분

재　　료　홍삼시럽 30ml, 설탕시럽 5ml, 우유 180ml

방　　법　① 머그잔을 데운 후 시럽을 넣어 준다.
　　　　　② 우유를 데워 가벼운 거품의 부드러운 스팀밀크를 만들어 준다.
　　　　　③ 스팀우유를 30%정도 넣고 잘 섞은 후 나머지를 부어 섞어 준다.

3. 우리 한라봉 에이드 14oz 하이볼글라스 / 5분

재　　료　한라봉퓨레 40ml, 탄산수 150ml, 얼음

방　　법　① 준비된 하이볼 잔에 퓨레를 넣고 얼음을 채워 준다.
　　　　　② ②에 탄산수를 부은 후 잘 저어 준다.
　　　　　③ 빨대를 꽂은 후 제공한다.

4. 우리 오미자 아이스티 14oz 하이볼글라스 / 5분

재　　료　히비스커스 티백 1개, 오미자 시럽 20ml, 뜨거운물 50ml, 얼음

방　　법　① 히비스커스 티백 1개를 50ml의 뜨거운물에 3분간 우려 준다.
　　　　　② 하이볼 잔에 얼음을 가득 채운 후 시럽을 넣어 준다.
　　　　　③ ②에 우려진①을 넣고 녹은 만큼 얼음을 더 넣어 준다.
　　　　　④ 잘 저어 섞어주고 빨대를 꽂은 후 제공한다.

5. 망고 스무디 14oz 하이볼글라스 / 7분

재　　료　망고퓨레 60ml, 물 100ml, 얼음 180g

방　　법　① 블렌더 컵에 퓨레, 물, 얼음 순으로 넣어 준다.
　　　　　② ①을 부드러워질 때 까지 잘 갈아 준다.
　　　　　③ 하이볼 잔에 ②를 잘 부은 후 빨대를 꽂은 후 제공한다.

6. 플레인 요거트 스무디 14oz 하이볼글라스 / 7분

재　　료　요거트파우더 40g, 우유 120ml, 얼음 180g

방　　법　① 블렌더 컵에 파우더, 우유, 얼음 순으로 넣어 준다.
　　　　　② ①을 부드러워질 때 까지 잘 갈아 준다.
　　　　　③ 하이볼 잔에 ②를 잘 부어 준다.
　　　　　④ 빨대를 꽂은 후 제공한다.

부록 2-1 | 바리스타 자격증 필기시험 답안지 예시

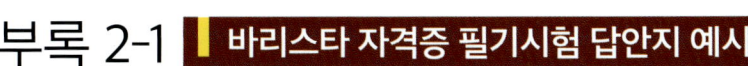

부록 2-2 | 바리스타 자격증 필기시험 시험지 예시

2025 제1회 KBMA 바리스타 필기시험

자격종목	필기유형	시험시간	수험번호	이름	소속
바리스타	A형	60분			

01 커피의 전파 순서로 옳은 것은? 1
① 에티오피아 – 예멘 – 터키 – 네덜란드
② 예멘 – 에티오피아 – 인도 – 인도네시아
③ 에티오피아 – 예멘 – 인도네시아 – 터키
④ 예멘 – 터키 – 인도네시아 – 네덜란드

02 유럽 국가 중 가장 먼저 커피나무를 경작하기 시작하였으며, 인도네시아에서 커피를 재배하여 대규모로 커피를 경작한 나라는? 1
① 네덜란드 ② 영국
③ 이탈리아 ④ 프랑스

03 우리나라의 기록상 커피를 가장 먼저 마신 사람은 누구인가? 1
① 고종황제 ② 세종대왕
③ 박영효 ④ 김홍집

04 아라비카 커피나무의 생육조건과 거리가 먼 것은? 3
① 해발 800m 이상의 고지대 토양
② 배수가 잘 되고 미네랄이 풍부한 화산재 토양
③ 병충해에 매우 강해 생존력이 강하다.
④ 연간 평균기온 약 20℃, 연간평균 강우량 1,500 – 2,000mm

05 각 국가별 커피의 어원이 잘못 연결된 것은? 3
① 프랑스 – cafe ② 이탈리아 – caffe
③ 터키 – kaffe ④ 영국 – coffee

06 커피나무에 대한 설명으로 틀린 것은? 1
① 다년생 외떡잎식물로 꼭두서니과이다.
② 아라비카종은 로부스타종보다 약하다.
③ 고온다습한 열대 및 아열대 지역에서 잘 자란다.
④ 최적의 강수량은 로부스타종이 아라비카종보다 많다.

07 커피나무의 원산지로서 현재 정설로 받아들여지는 지역은? 3
① 콩고 ② 프랑스 ③ 에티오피아 ④ 말레이시아

08 커피에 관한 식물학적 내용으로 맞게 설명된 것은? 3
① 커피나무는 꼭두서니과(Rubiaceae)과에 속하는 상록수로, 브라질이 원산지이다.
② 아라비카종은 평균 3%, 로부스타 종은 약1%의 카페인을 함유하고 있다.
③ 아라비카종은 연평균 강우량 1,500-2,000mm의 비와 충분한 햇볕을 받아야 한다.
④ 커피나무에 꽃이 피고 진 후 체리가 맺히기 시작한 뒤, 6-8주가 지나면 수확 가능하다.

09 커피나무에 대한 설명으로 틀린 것은? 1
① 다년생 외떡잎식물로 꼭두서니과이다.
② 아라비카종은 로부스타종보다 고온에 약하다.
③ 고온다습한 열대 및 아열대 지역에서 잘 자란다.
④ 최적의 강수량은 로부스타종이 아라비카종보다 많다.

10 커피에 관한 식물학적 내용으로 틀린 것은? 3
① 아라비카 커피는 세계 생산량의 70%를 차지한다.
② 아라비카 나무는 15~24도 사이의 계절성 기후에서 더 잘 자란다.
③ 최근 로부스타 커피 생산량이 감소하고 있다.
④ 로부스타 나무는 24~29도 사이의 일정한 온도와 따뜻한 기후에서 잘 자란다.

11 로부스타종 커피에 대한 설명 중 틀린 것은? 2
① 곰팡이 병에 대한 저항성이 강하기 때문에 동아시아 지역에서 주로 재배되고 있다.
② 생두의 입자가 매우 크나 품질이 떨어지고 세계커피 생산량 비중은 10% 이하이다.
③ 아라비카종에 비하여 풍미는 떨어지지만 재배가 쉽고, 수확량도 많다.
④ 배전 콩의 추출수율이 높기 때문에 인스턴트커피용으로 주로 사용된다.

12 다음 커피품종에 대한 설명이 잘못 연결된 것은? 1
① Catura – 인도의 고유 품종
② Boourbon – 티피카(Typica)의 돌연변이 품종
③ Typica – 아라비카 원종에 가장 가까운 품종
④ Catimor – 카투라와 HDT(Hibrido de timor)의 교배 품종

13 커피종자를 개량하는 목적이 아닌 것은? 4
① 단위 면적당 생산량 증가의 목적
② 병충해에 강한 품종 개발 목적
③ 가뭄과 서리에 강한 품종 개발 목적
④ 경작의 용이성을 위해 키 큰 품종 개발 목적

14 하와이에 관한 설명 중 틀린 것은? 4
① 세계적인 최고급 커피의 하나인 '코나(Kona)' 커피의 생산지다.
② 낮은 고도에서 경작됨에도 불구, 고지대에서와 같은 고품질의 커피가 생산되고 있다.
③ 와인과 과실에 비유되는 단맛과 신맛, 산뜻하고도 조화로운 기미로 평가되고 있다.
④ 중저급의 커피인 '프라임 워시드(Prime Washed)'를 생산한다.

15 커피 체리에 들어있는 1개와 2개의 콩을 가리키는 용어가 맞게 설명된 것은? 3
① 모노빈 – 피베리 ② 싱글빈 – 투와이스
③ 피베리 – 플랫빈 ④ 싱글빈 – 소이빈

16 북위 25도에 북회귀선, 남위 25도에 남회귀선 사이에 지루를 일주하는 환상지대에 위치한 70여 개국에서 커피가 생산되는데 이 지역을 가리키는 용어로 맞게 설명된 것은? 3

ⓐ Coffee Zone	ⓑ Coffee Area
ⓒ Coffee Belt	ⓓ Coffee Ground

① ⓐ,ⓑ ② ⓐ,ⓓ
③ ⓑ,ⓒ ④ ⓒ,ⓓ

17 커피재배환경에서 유기농법은 물론 커피나무 주변에 다른 여러 종의 작물들과 함께 경작하여, 새들도 날아들어 쉴 수 있다고 해서 일명 Bird-Friendly Coffee 라고도 하는 명칭은? 2
① 오가닉커피 (Organic Coffee)
② 쉐이드그로운 커피 (Shade-Grown Coffee)
③ 페어트레이드 커피 (Fair-Trade Coffee)
④ 서스테이너블 커피 (Sustainable Coffee)

18 커피체리(Coffee cherry)에 관한 설명 중 틀린 것은? 2
① 체리 안에는 일반적으로 2개의 씨앗이 들어있다.
② 건식건조가공방법으로 건조된 체리를 Whole bean이라 한다.
③ 체리는 익어감에 따라 초록색에서 노란색이나 빨간색으로 변화된다.
④ 유전적, 환경적 요인으로 씨앗이 하나만 들어있는 경우를 피베리(Peaberry)라고 한다.

19 커피명에 보통 'decaf' 표시로 사용되는 다음 중 어느 것인가? 4
① 향 커피 ② 콜롬비아 커피 ③ 레귤러 커피 ④ 카페인제거 커피

20 커피체리를 수확하는 방법 중 스트리핑(Stripping)에 대한 설명이 틀린 것은? 1
① 습식가공 방식 커피를 생산하는 지역에서 주로 사용하는 수확 방법이다.
② 나뭇잎, 나뭇가지 등의 이물질이 섞일 가능성이 크다.
③ 핸드피킹(Hand-picking)방식 보다 수확 시간을 단축할 수 있다.
④ 핸드피킹(Hand-picking)방식에 비해 인건비 부담이 적다.

21 다음에서 설명하는 그린커피의 가공과정은 무엇인가? 4

커피체리를 수확한 후 껍질과 과육을 그대로 햇빛에 건조시키는 가공방법으로, 단맛과 바디를 좋게 한다. 브라질과 인도네시아 등에서 주로 사용하는 방법이다.

① Semi-washed ② Washed ③ Pulped-natural ④ Natural

22 생두의 등급분류로 틀린 것은? 1
① 향에 따른 분류 ② 크기에 따른 분류
③ 재배 고도에 따른 분류 ④ 결점두에 따른 분류

23 다음 성분 중에서 커피 생두(Green Bean)에 가장 많이 함유되어 있는 성분은? 3
① 단백질 ② 지방 ③ 탄수화물 ④ 염분

24 생두의 가운데 골처럼 파인 부분의 명칭은? 4
① Pulp ② Outer skin ③ Parchment ④ Center cut

25 생두의 결점두 명칭으로 틀린 것은? 2
① Black Bean – 검게 변한 생두 ② Sour Bean – 조개 모양으로 깨진 생두
③ Broken Bean – 깨진 생두 ④ Unripe Bean – 덜 숙성된 생두

26 생두의 밀도에 관한 설명 중 맞는 것은? 2
① 생두의 밀도가 높을수록 커피 로스팅은 쉬워진다.
② 밀도가 높을수록 커피의 맛과 향이 풍부하다.
③ 고지대에서 재배된 커피나무의 생두는 저밀도이다.
④ 생두 크기가 클수록 밀도가 높다.

27 보기에서 설명하는 커피 생산국은? 2

- 세계적인 커피로는 단연 '타라주(Tarrazu)'다.
- 쿠바로부터 이식되면서 경작되기 시작하였다.
- 타라주 중에서도 '라 미니타(La Minita)' 농장의 커피가 최상급으로 알려져 있다.
- 완벽한 맛과 향의 조화, 너무나 완벽하게 깨끗한 생두의 생산으로 찬사를 받는다.

① 브라질 ② 코스타리카
③ 콜롬비아 ④ 예멘

28 생두 크기에 따라 커피 등급을 정하는 국가가 아닌 곳은? 4
① 탄자니아 ② 콜롬비아
③ 케냐 ④ 과테말라

CERTIFICATE of BARISTA in KAMA

References

강윤환 · 오수진(2005). 고종 스타벅스에 가다. 인물과사상사.
김윤태(2010). 카페인테리어. 윤김공간.
김일호 · 김진숙(2011). 카페인 뜨는 것. 백산출판사.
김일호 · 김진영 · 김진숙(2013). 카페트렌드 사용경영사례. 백산출판사.
김준(2004). 커피. 김영사.
데이비드 쇼머 · 사공정 옮김(2006). 에스프레소 카페인. 대웅책들이인.
떠가 오릴드 · 카트린 오릴드 오릴드(2012). 에스프레소 이탈리아 스타일. (주)동리아페리아.
문준용(2004). 카페의 첫. 웅진사.
(사)한국바리스타협회(2013). 동아페미스터. (주)카페트리아.
(사)한국바리스타협회(2011). 바리스타가 알고 싶은 카페(주) 코문사.
송주범(2009). 카페이인. 주리통과사.
양영 스틸러(2000). 카페 Cafe. 중해.
야동헌 · 질긴호(2004). coffee. 가나루.
우대용(2009). 카페이시아느. 해일.
이종진(2008). I love Coffee and Cafe. 중아일보사.
이정인(2002). 카페트레이닝. (주)아이리린.
이종호(2008). 성복한 환경의 카페를 찾아서. Wi미디어.
가브 트론지 · 홍지영 옮김(2010). 완벽한 커피 내리는 법. 북도서.
최병수(2010). 에스프레소 머시인 고든다이얼 든 것. (주)아이리린.
한국커피공학사(2010). 카페바리스타를 위한 카페나이스디. (주)아이리린.

A. illy and R. Viani(1995). Espresso Coffee. Academi Press.
David C. Schomer(2004). Espresso Coffee. Classic Day Publishing.
Instaurator(2008). The Espresso Quest. Loowedge Publishing.
Jon Thom(2006). The Coffee Companion. Running Press.
Kevin knox · Juile Sheldon Huffaker(1997). Coffee Basics. Wiley & Sons Inc.
SCAA Protocols / Cuppping Specialty Coffee(2009). The Specialty Coffee Association of America
The Art of Aroma Perception in Coffee(1997). The Specialty Coffee Association of America
Timothy James(1991). The Perfect Cup. DA CAPO Press.